삶의 시간을 잇는
문화예술교육

미적 인간은 어떻게 탄생하는가

삶의 시간을 잇는 문화예술교육

미적 인간은 어떻게 탄생하는가

초판 1쇄 발행 2020년 2월 28일
초판 3쇄 발행 2024년 11월 11일

지은이 고영직
펴낸이 김승희
펴낸곳 도서출판 살림터

기획 정광일
편집 조현주, 송승호, 이희연
북디자인 이순민

인쇄·제본 (주)신화프린팅
종이 (주)명동지류

주소 서울시 양천구 목동동로 293 22층 2215-1호
전화 02)3141-6553
팩스 02)3141-6555
출판등록 2008년 3월 18일 제313-1990-12호
이메일 gwang80@hanmail.net
블로그 https://blog.naver.com/dkffk1020
한국교육연구네트워크 https://www.kednetwork.or.kr

ISBN 979-11-5930-137-7 (03370)

이 도서의 국립중앙도서관 출판예정도서목록(CIP)은 서지정보유통지원시스템 홈페이지(http://seoji.nl.go.kr)와
국가자료공동목록시스템(http://www.nl.go.kr/kolisnet)에서 이용하실 수 있습니다. (CIP제어번호: CIP2020007812)

 '2019년 예술연구서적발간지원사업' 선정
서울문화재단의 지원을 받아 발간하는 Color Book 시리즈 - 메운한긴 / Silver Book

 서울특별시
SEOUL METROPOLITAN GOVERNMENT

 서울문화재단
Seoul Foundation for Arts and Culture

미적 인간은

어떻게

탄생하는가

삶의 시간을

잇는

문화예술교육

고영직 지음

삶림터

○ 차 례

책머리에 당신은 '누구를' 만나려 하는가? : 6

프롤로그 관행을 깨는 수업혁명을 위하여 : 20

제1장 총론 철학 없는 문화예술교육을 넘어 : 24

    사회적 접착제로서 문화예술교육 : 26

    교육철학 없는 문화예술교육을 넘어 : 41

제2장 어린이·청소년 아이들에게도 고독이 필요하다 : 52

    아이들도 고독이 필요하다 : 54

    로컬의 미래는 행복의 경제학에 있다 : 57

    아픈 10대를 위해서는 '예술'과 '어른'이 필요하다 : 62

    아이들은 '칭찬하는 마을'에서 살고 싶다 : 67

    '주말 부족(部族)', 어떻게 탄생하나 : 72

    함께하면 행복한 '의례'가 됩니다 : 82

    책 읽는 아이들, 철학하는 마을 : 93

    칼럼 아이 존재를 품는 '기쁨의 공화국' : 103

제3장 청년 또래압력은 힘이 세다 : 106

    '또래압력'은 힘이 세다 : 108

    '이야기' 생산자를 위한 예술교육자를 위하여 : 113

    덧글 '나로부터' 시작하는 소소한 기획 : 119

    "인간 세포는 이야기로 구성되어 있다" : 124

    기꺼이, 두려움 없이, 나답게 살기 : 132

    칼럼 사람과 사람을 잇는 힘을 위하여 : 137

제4장 성인 삶이 있는 저녁을 위하여 : 144

'삶이 있는 저녁'은 가능한가: 미하엘 엔데의 『모모』와 '시간혁명'에 대한 시론 : 146

생명의 감각이 깨어나는 마을 : 161

칼럼 '누구의' 것 아닌 '누구나'의 공간을 꿈꾸며 : 174

제5장 50+ / 노인 새로 쓰는 노년학개론 : 180

새로 쓰는 '노년학개론'을 위하여 : 182

전환의 삶, 야생의 교육 : 185

'전환'의 삶은 어떻게 가능한가 : 190

전환의 삶을 위한 문화예술교육 : 197

꽃대-되기를 위한 문화예술교육 : 211

자기 민족지를 구성하는 '노년예술' : 222

"나는 노인이 아니라 어르신이고 싶다" : 228

칼럼 정원에 구현한 작은 '월든': 영화 〈인생 후르츠〉(Life Is Fruity, 2017) : 234

제6장 북리뷰 '세계감'을 위한 예술교육 : 242

'세계감(世界感)'을 위한 예술교육 : 244

덧글 너덜너덜해진 나와 당신의 삶을 위하여 : 250

말은 가르치지만, 행동은 감동하게 한다 : 254

민주적 환경이 민주주의교육 낳는다 : 261

'케미의 정석' 이오덕과 권정생 : 268

'공유인 되기'는 지역을 구원할 수 있는가 : 272

칼럼 '거룩한 바보'를 위하여 : 276

에필로그 삶과 문화의 '근본'을 생각한다 : 281

당신은
'누구를'
만나려 하는가?

2018년 1월 문화체육관광부(이하 '문체부')와 한국문화예술교육진흥원(이하 '교육진흥원')은 「문화예술교육 종합계획」을 발표하며 '삶과 함께하는 문화예술교육'을 정책비전으로 제시하였다. 모든 국민이 전 생애에 걸쳐 양질의 문화예술교육을 누릴 수 있도록 지원함으로써 국민의 문화적 삶의 질과 국가의 문화역량을 높이는 데 기여하겠다는 정책의지를 표명한 것이다. 이에 따라 문화예술교육의 정책환경 또한 급변하고 있다. 영유아를 정책 대상에 포함하고 신중년을 아우르며 영유아에서 어르신에 이르기까지 생애주기별 '수요자 중심'의 문화예술교육이 더 중요해진 것이다.

수요자 중심의 교육/활동

정책사업의 변화도 감지된다. 2018년부터 교육진흥원의 정책사업이

'지역'과 활발히 소통하며 지역분권형 사업으로 패러다임이 급변하고 있다. 그동안 중앙정부 중심 공급자 위주의 '택배사업'이라는 비판에서 자유롭지 못했다는 점에서 의미 있는 진전이다. 그리고 생애주기별 수요자 중심의 문화예술교육이 부상함에 따라 전문인력/단체의 역량강화를 위한 프로그램이 더 중요해졌다. 2018년 교육진흥원이 지역 센터들과 협력해 지역 수요에 맞는 연수 프로그램을 처음 진행한 데 이어, 2019년에는 예비·신규·중견 등 경력별은 물론 대상 및 분야별 전문인력의 역량강화를 위해 더 섬세하고 세분화된 연수 과정을 설계·운영하고자 한 것은 당연한 변신이라고 할 수 있다.

그러나 대상의 확장이 곧장 문화예술교육(활동)의 질을 보장하지는 않는다. 대상의 확장은 현장의 문화예술교육자들에게 과연 새로운 '도전'으로 수용되고 있는가? 2018년 처음 교육 대상으로 포함된 영유아를 비롯해 최근 주요한 정책 대상으로 급부상한 신중년 대상의 교육/활동을 보면 대상에 대한 깊은 '이해'와 '소통'을 위한 과정이 여전히 중요하다는 생각을 지울 수 없다. 예를 들어 2018년 시범사업으로 추진되는 유아 문화예술교육은 현장에서 영유아 대상 교육용 키트(kit) 제작 열풍으로 나타났다. 일부 지역의 경우 전문단체가 없어 선정에 애를 먹었다는 소식도 자주 들려온다. 영유아들을 대상으로 한 '놀이치료'라는 이름의 프로그램도 적지 않았다.

신중년을 대상으로 한 프로그램도 큰 차이는 없어 보인다. 2018년부터 문체부와 교육진흥원이 5개 지역센터(경남·인천·대전·세종·충남)와 함께 시범사업으로 진행하는 신중년 대상의 〈생애전환 문화예술학교〉의 경우 어르신 대상의 기존 사업과 대상별 차별성이 잘 안 보이는 경우가 적지 않다. 특히 신중년 시기에 생애전환을 위해 가장 필요한 것으로 간주되는 가치들인 '멈추기, 머무르기, 딴 데 보기' 같은 가치와 의미들을 매개하는 프로그램 설계와 운영을 통해 신중년들이 자기 앞의 인생을 전환할 수 있는 '시간의 향기' 내지는 '머무름의 기술'을 과연 제공했는가 하는 차원에서 보면 조금은 아쉬운 것이 사실이다. 물론 이 점은 참여 센터 및 참여 동아리 혼자 고민하고 해결해야 할 문제는 아니다. 지금·여기의 신중년들은 생애'전환'보다는 새로운 (경제)'활동'에 더 관심이 많은 것이 사실이기 때문이다. 신중년 세대들이 제2의 인생설계보다는 제2의 활동설계에 더 관심이 높은 지금의 현상을 섬세하게 파악하고 고민해야 할 필요가 있다. 그렇지 않고서는 신중년 대상의 문화예술교육이 자칫 생애전환을 위한 설계와 운영보다는 이른바 사회공헌활동과 사회적 경제 위주의 활동으로 변질될 위험성이 늘 있다고 보아야 옳다. 다시 말해 지금의 신중년 세대 (50+)들의 인생 앞에는 생애전환을 가로막는 경제적 공포라는 '적(敵)'이 분명히 있는 셈이다. 50+ 세대의 경우 각종 연금을 받기 시작하는 만 65세까지 '재정절벽' 상태에 놓인다는 점을 간과해서는 안 된다.

'문제'가 아니라 '존재'로 보자

현장의 기획자 및 예술강사들이 2018년부터 교육(활동)의 새로운 대상으로 부상한 영유아 및 신중년을 대상으로 한 깊이 있는 '공부'와 재미있는 '실험'이 필요하다. 특히 영유아 대상의 다양한 교육(활동)을 통해 아이를 낳고 키우는 일이 여성들의 전유물처럼 간주되고, 심지어 '육아폭탄'인 양 취급되는 사회는 좋은 사회가 아니라는 인식을 공유하고 확산해야 한다. 그런 사회는 결코 지속가능하지도 않으며, 미래 또한 불투명하다. 프로그램에 참여한 영유아는 물론, 엄마들뿐만 아니라 우리 사회가 전반적으로 출산과 양육에 대한 시선을 전환해야 한다. 안심하고 아이를 낳을 수 있고, 안전하게 아이를 키울 수 있는 사회적 분위기를 조성하고, 관련 제도를 정비해야 한다. 그것은 우리 모두를 위해 영원히 필요한 일이기 때문이다.

최근 인류학자 새러 하디가 제안한 알로마더(allomother), 알로페어런츠(alloparents)처럼 확대가족의 가능성을 문화인류학적으로 탐색하는 개념들을 현장의 기획자 및 예술강사들이 깊이 공부하고 저마다의 개인/단체 사정에 맞게 응용할 수 있는 시선 전환이 강하게 요청된다. 우리에게는 '서로'가 절대적으로 필요하기 때문이다. 서로가 서로에게 '선물'이 되어야 한다는 점은 문화예술교육이 외면할 수 없는 가치와 철학이라고 확언할 수 있다. 이와 관련해 2019년 5월 넷째 주 세계문화예술교육 주간에 발표한 칼럼 「아이 존재를 품는 '기쁨의 공화국'」(《헤럴드경제》, 2019. 05. 22.)의 한 대목을 소개한다.

아이들을 '문제'가 아니라 '존재'로 보려는 시선 전환 또한 요청된다.

영유아 시절부터 아이들을 유능하게 만들기 위해 어른이 정한 미래의 직업 준비를 위해 학원 등지로 내모는 것이 아닐까 자문자답해야 한다. 영유아 시절 또래 친구들과 놀 줄 몰랐던 아이들이 훗날 더 이상 놀 줄 모르는 어른으로 변신하게 된다. 그런 어른들은 '드높은 문화의 힘'(김구)을 알지 못한다. 19세기 영국 시인 메리 보탐 호위트는 썼다. "신이 우리에게 아이들을 보내는 까닭은 / 시합에서 일등을 만들라고 보내는 것이 아니다"라고.

아이들을 '문제'가 아니라 '존재'로 보려는 시선 전환은 신중년을 비롯한 모든 대상의 문화예술교육에서도 여일(如一)하게 관철되어야 하는 핵심 철학이다. 사람을 문제로 보려는 시각 자체가 문제인 까닭이다. 그런 시각과 관점에서는 사람의 감추어진 역능(力能)을 끌어내기가 쉽지 않다. 이러한 태도는 영유아 및 신중년만이 아니라 특정 대상들, 예를 들어 장애인·노인·다문화 가족·탈북민 등 모든 대상에도 해당한다고 보아야 옳다. 다시 말해 사람에 대한 태도가 가장 중요하다. 자신보다 약한 사람에 대한 '태도'가 본질이라고까지 감히 자신 있게 말할 수 있다고 믿어 의심치 않는다. 아이들을 아이 '존재'로 보려 하지 않고 '돈벌이' 수단으로 취급해 온 일부 사립유치원들의 잘못된 행태에 학부모를 비롯한 다수 시민이 분노한 것도 그런 이유와 무관하지 않으리라. 우리는 지금의 아이들은 물론 미래의 아이들에게 '만인이 만인에게 늑대(homo homini lupus)'인 사회가 아니라, '인간은 인간에 대해 인간적이어야 하는(Homo homini Homo)' 사회를 물려

주어야 할 책임과 의무가 있는 것이다. 현장의 기획자 및 예술강사들의 책임과 의무 또한 결코 작지 않다고 할 수 있다.

이 점은 신중년을 대상으로 한 문화예술교육에서도 별반 다르지 않다. 신중년의 경우 지금까지 삶의 관성을 이루어온 '시간'의 궤도를 어떻게 되돌릴 것인지에 대한 공부가 특히 요청된다. 생애전환을 위해서는 성장중독의 시간이 아니라, 성장으로부터의 해방을 꾀하며 '탈성장사회'로 가는 길을 모색할 수 있는 '시간혁명'이 필요한 것이 아닌가 생각된다. 이러한 고민은 누구 혼자 고민한다고 해결되지 않는다. 지역에서, 분야별로, 함께 모여 고민하며 재미있고 의미 있는 '각자의 사례'들을 더 많이 만들어야 한다. 사람은 하루아침에 양성되는 것이 아니기 때문이다. 사람은 연결되며 진화할 따름이다. 그런 연결을 위한 매개(media) 역할을 하는 과정이 역량강화의 시간이 되어야 할 것이다.

책의 구성에 대하여

이 책은 현장의 기획자 및 예술강사들이 수업/활동에서 만나려는 대상에 대한 '이해'를 돕기 위해 쓴 것이다. 어린이·청소년, 청년, 성인, 50+ 신중년 및 어르신에 이르기까지 수업/활동 대상에 따라 문화예술교육적 접근법이 다르다는 점은 상식이다. 그럼에도 이러한 상식이 잘 통용되지 않기에 수업/활동혁명이 필요하다. 교육 또는 활동의 실은 교사의 수준을 넘지 못하기 때문이다. 그러므로 대상에 대한 깊은 이해는 아무리 강조해도 지나치지 않다고 생각한다. 그렇지 않은 상태에서 진행되는 수업/활동은 대체로 '대상화'의 유혹에 빠진다.

　내가 문화예술교육에 본격적으로 관심을 갖게 된 것은 2012년부터이다. 그 무렵 경기문화재단 경기문화예술교육지원센터에서 웹진《지지봄봄》(gbom.net)을 창간했고, 강원재·김경옥·박형주 선생님과 편집위원으로 참여하면서부터 관심을 갖게 되었다. 당시 경기센터 임재춘·전지영·문형순 센터장을 비롯해 편집위원 그리고 담당 실무자들과 함께 지역 현장들을 탐방하고, 문화예술교육 기획자 및 예술강사들과 고민을 나눈 시간들은 너무도 소중했다. 어쩌면 그런 시간들 속에서 특정 현장사례만이 아니라 고민을 공유했다고 할 수 있으리라. 그런 고민 과정에서 어느 사례를 특화하고 자기 현장에 이식하는 방식이 아니라, 각자 현장에서 각자의 사례를 낳는 것이 더 중요하다고 보았다. 연구가 사례를 낳는 것이 아니고, 현장에서는 동료비평(peer review)이 더 필요하다고 보았다. 이런 생각은 지금도 큰 변화는 없다. 2018년 7월 한국문화예술교육진흥원 이사로 참여하게 되었고, 2019년 봄부터 조은아·정원철·최보연 선생님 그리고 교육진흥원 김자현 교육기반본부장과 실무자(김가영)와 더불어《아르떼365》편집위원으로 참여하면서도 그런 마음으로 즐겁게 편집에 참여하고 있다.

　이 책은 6개 장(章)으로 구성되었다. '프롤로그'에서는 관행을 깨는 수업/활동 혁명의 필요성을 제기하였다. 교사 혹은 예술강사들이 저마다 현장에서 성찰과 성장을 위해 다른 동료들과 더 많은 '수업비평'을 시도해보았으면 하는 마음으로 썼다. 특정 예술장르의 '기법'을 가르치는 것이 전부인 것처럼 교육/활동이 진행되는 현장이 아직도 적지 않기 때문이다. "예술의 반대말은 추함이 아니라 '무감각'"이라고 누군가가 한 말을 깊이 성찰해야 할 필요가 있다.

　제1장 '총론'에서는 철학 없는 문화예술교육의 문제를 성찰하는 두 편의 글을 수록했다. 「사회적 접착제로서 문화예술교육」은 "지역은 사람이다"라는 관점에서 '삶의 예술'로서의 문화예술교육을 위한 내 생각을 적은 글이다. 마을과 학교가 분리된 상태의 '마을/학교'가 아니라 마을과 학교가 서로 손을 잡는 '마을-학교'로의 가능성을 진단하려 했다. 「교육철학 없는 문화예술교육을 넘어」는 "비전 없는 백성은 망한다"고 역설한 씨을 함석헌 선생의 가르침을 새기며 존 듀이와 비고츠키 이론에 대한 문화예술교육적 전유(專有)의 필요성을 제기한 글이다. '지식에서 역량으로' 패러다임이 대전환하는 시기에 문화예술교육이 더 이상 학력(學歷)이 아니라 학력(學力)을 위한 역량의 창조에 기여해야 한다는 마음으로 썼다.

　제2장부터 제5장까지는 어린이·청소년(제2장), 청년(제3장), 성인(제4장), 50+ 및 노인(제5장)에 대한 내 나름의 문제의식을 담은 논문, 현장 사례, 칼럼 등을 적절하게 수록했다. 웹진《지지봄봄》,《아르떼365》를 비롯해 강원문화재단·충북문화재단 웹진에 수록한 글들을 이 책의 구성에 맞게 재구성했음을 밝힌다. 각 장 말미에는 칼럼 형식의 글을 수록해 더 생각해 볼 문제들을 제안했다. 제2장에서는 어린이·청소년 대상의 문화예술교육에서 간과해서는 안 되는 '예술'과 '어른'이라는 존재의 의미에 대해 썼다. 그리고 우리 사회가 영유아를 비롯해 어린이와 청소년들의 존재를 오롯

이 품는 '기쁨의 공화국'이 되기를 바라는 마음을 행간에 담고자 했다. 특별히 애정이 가는 글은 「아픈 10대를 위해서는 '예술'과 '어른'이 필요하다」라는 글이다.

제3장에서는 청년 대상의 문화예술교육에서 생각해 볼 문제들을 주로 다루었다. 한 사람의 문화기획자 또는 문화예술교육자는 어떻게 탄생하는가 하는 관점에서 다룬 글들을 실었다. 청년 세대를 성장시키는 '또래압력'의 중요성을 제기하려 했고, 청년 세대가 '이야기 생산자' 혹은 '의미 생산자'가 되어야 한다는 점을 강조하려 했다. "살아 있는 한 살아 있는 것들의 편이 되어" 사람과 사람을 이으며 평생을 살았던 일본 시인 이바라키 노리코의 시집 리뷰를 주목해주었으면 한다.

제4장에서는 성인 대상의 문화예술교육을 생각할 때 패러다임 전환의 필요성을 제기하는 글들을 실었다. 특히 소비사회는 우리의 자원 중에서 가장 한정된 것, 즉 '시간'을 좀먹는다는 관점에서 지금, 여기의 문화예술교육은 '저녁이 있는 삶'에 만족해하는 교육/활동이 아니라, '삶이 있는 저녁'에 대해 더 많이 생각하고 소위 여가사회 패러다임을 깰 수 있는 문화예술교육적 개입을 더 많이 시도해야 한다는 점을 역설했다. 나는 지금도 주 52시간제 도입 이후에도 자발적 착취를 감행하는가 하면, '행복은 비행기를 타고 가야 갈 수 있는 곳에 있다'고 생각하는 우리 안의 견고한 여가사회 프레임을 깨야 문화예술교육의 질적인 도약이 가능하다고 생각한다. 2019년에 출간한 『인문적 인간』(삶창)에서도 다룬 미하엘 엔데의 『모모』(1970)를 재론하고, 하나의 현상처럼 전국적인 열풍으로 번지고 있는 생

활문화 정책사업의 담론 부재를 비판한 것도 그런 이유와 무관하지 않다.

제5장에서는 50+ 신중년 및 노인 대상의 문화예술교육에서 특히 '전환'이 갖는 의미(50+ 신중년)와 더불어 노인 세대 전체를 하나의 '덩어리'가 아니라 '개별성'을 잘 살리는 방식의 문화예술교육이 왜 중요한지를 주로 다루었다. 앞서 언급했지만 50+ 신중년 세대들은 돈이 되는 일자리 '활동'에는 관심이 매우 높지만, 자신의 생애에 대한 '전환'에는 상대적으로 관심이 적다. '전환'을 위한 삶과 사회는 어떻게 가능한가에 대한 내 나름의 고민을 담았다. 노인 대상의 문화예술교육에서는 연령폐쇄적인 시설에서 연령폐쇄적인 프로그램을 진행하는 방식으로 진행되는 지금의 상투성을 극복해야 한다는 주장을 담았다. 세대 게임 내지는 세대 전쟁 상태는 비슷한 연령대의 노인들끼리만 교육/활동하며 소통한다고 해소되는 것이 아니기 때문이다. 이 문제는 『노년예술수업』(2017) 출간 이후 계속 고민하는 점이다.

제6장에서는 문화예술교육 관련 북리뷰를 모았다. 한 사람의 기획자 혹은 예술강사들의 성장과 성숙을 돕는 도서들을 선정했다. 그렇다고는 하나 문화예술교육에 직접적인 지침과 노하우를 주는 책은 없다. 지금의 교육 문제가 그러하듯이, 교육 문제는 교육 문제가 아니라 사회 문제로 파악하고 풀어야 한다. 그리고 한 권의 책을 읽었다고 해서 지금 당장 내 수업/활동에서 써먹을 수 있는 것도 별로 없다. 그럼에도 불구하고 현장 기획자 혹은 예술강사들이 좋은 책을 읽고 깊이 성찰한다면 내가 만나는 교육/활동 대상들을 대하는 '태도'가 조금은 달라지리라는 점은 명확하다. 거듭 강조하지만, 결국 태도가 가장 중요한 법이다.

사람의 격(格)은 어디서 오는가

요즘 사람의 격(格)을 자주 생각한다. 사람의 격보다 아파트의 명예가 더 중시되는 사회에서 과연 우리 삶의 격은 제대로 보장되고 있는가? 삶의 격이란 사람이 존엄성을 지키며 살아가는 방법이다. 삶의 격이 존중되는 사회는 사람의 존엄성이 제대로 구현되는 '품위 있는 사회'(아비사이 마갈릿) 라고 할 수 있다. 나와 당신은 품위 있는 사회에서 살고 있다고 감히 자신할 수 있는가?

그러나 우리 사회에 사람의 격 따위는 존재하지 않는다. 세상이 포식자세상이 된 것과 무관해 보이지 않는다. 이제 사람은 더 이상 존엄한 존재가 아니라 쓰다 내버리는 물건 같은 신세가 되어버렸다. 그런 사회에서는 누구랄 것 없이 소비사회의 노예가 되어 오직 소비자로서의 정체성을 드러내는 데서 자신의 결핍된 것을 채우고 만족감을 얻으려 한다. 그러나 우리는 잘 알고 있다. 소비사회에 탐닉하면 탐닉할수록 소비사회에 더 중독되어 시기심의 문화를 견고히 형성하게 된다는 점을. 이른바 '남들처럼'의 덫에서 영원히 빠져나오지 못하는 악무한의 사슬에서 벗어날 수 없음을. 그런 사회에서는 "대세(大勢)를 따르라!"라는 정언명령만을 숙명처럼 행동의 매뉴얼로 내면화하게 된다.

지금, 여기의 문화예술교육은 '사람의 격'은 어디서 비롯하는지를 물어야 한다. 그것은 정책사업을 일방적으로 '추진'한다고 얻을 수 있는 가치는 아닐 것이다. 이제 정책사업은 무엇을 '추구'해야 하고 어떤 '인간'을 길러야 하는지 되물어야 한다. 이 책은 미적 인간을 길러내고, 사회 구성원이 자신의 개성을 신장하고 드러내며 사용가치를 한껏 발휘하여 스스로 존엄한 삶을 사는 한 사람의 문화시민이 되어야 한다는 점을 역설하는 책이라 할 수 있다. 그런 사람들이 대한민국을 '기쁨의 공화국(共和國)'으로 만드는 것이라고 나는 믿어 의심치 않는다.

문화예술교육을 비롯해 문화정책의 변화가 필요한 것은 당연하다. 문화예술교육의 '지역화'가 중요한 화두로 등장하는 이때, 지역에서 활동할 수 있는 '동네지식인'을 키우는 것이 중요하다고 생각한다. 여기서 말하는 '동네지식인'은 소위 오지라퍼의 대명사 격인 '홍반장'을 말하는 것이 아니다. 홍반장은 동네에서 봉사와 나눔을 실천하는 사람이라는 이미지가 너무 강하다. 그러나 오늘날 지역 문제 해결은 봉사와 나눔의 실천에 국한하는 것으로는 결코 충분하지 않다. 그런 봉사와 나눔 활동에 만족하는 한, 지역은 결국 현상 유지에 만족해할 따름이다. 동네지식인이란 예를 들어 문화예술활동-문화예술교육-평생학습-인생나눔교실-생활문화 같은 다양한 형태의 정책사업들을 아우르며 지역과 동네의 필요에 맞게 적절히 '통합'해서 운용(運用)할 수 있는 소셜 디자이너 같은 사람이라 할 수 있다.

그런 동네지식인은 인류학자 데이비드 그레이버가 사물을 바라볼 때 '낮은 이론가'의 눈으로 바라보아야 한다고 역설한 의미와 통한다고 생각한다. 그런 낮은 이론가 혹은 동네지식인은 누군가의 사연을 잘 헤아려 '듣는 것'에서 시작되는 것인지도 모르겠다. 그런 점에서 동네지식인은 이른바 '전문가주의'를 단호히 배격한다. 지역문화 속에서 다양한 정책사업들을 지역의 유·무형 자원들과 어떻게 연결하여 기존 사업을 재구조화할지 고민하고 실천하는 사람이기 때문이다. 나 또한 그런 '동네지식인'으로 몸을 바꾸기 위해 전전긍긍하고 있다.

메신저가 메시지다!

이 책을 출간하면서 감회가 없을 수 없다. 십여 년 전 더 이상 공적인 삶이 아니라 사적인 삶에 충실하자는 뜻에서 이른바 '멸공봉사'(멸사봉공이 아니라!)의 삶을 위해 직장을 그만두고 고독한 '홈뒹굴링'의 시간을 보내던 순간들이 떠오른다. 요즘 나는 '멸공봉사'의 직분을 망각하고 너무 바쁘게 사는 게 아닌가 생각한다. 사람들에게 '이생망'(이번 생은 망했다!) 정신을 예찬하고, '딴짓'의 이탈을 권장하며 자기 안 우물에서 벗어나려는 탈정(脫井)의 상상력을 권유하며 정작 나의 라이프스타일은 타임푸어(time-poor) 신세가 되어가는 듯해 씁쓸하다. 스피노자의 『에티카』를 읽고, 세르반테스의 『돈키호테』를 읽고, 전호근의 『한국철학사』를 읽던 고독한 홈뒹굴링의 시간들이 문득 그리워진다. 그런 고독한 시간에서 어느 시인이 말한 "바람은 딴 데에서 불어오고, 구원은 예기치 않은 순간에 온다"(김수영)고 한 말을 발견했을 때의 나 자신으로 돌아가야 한다. 나를 위한 시간을 빼앗아가는 '시간도둑'들에 맞서서 핸드폰을 끄고 마음의 불을 조용히 켜야 한다.

고마운 얼굴들이 있다. 특히 《지지봄봄》을 편집할 때의 즐거운 순간들이 떠오른다. 그 과정에서 고독과 우정의 소중함을 자주 생각했다. 위에서 언급한 강원재·김경옥·박형주 선생을 비롯해 경기센터 임재춘·전지영 센터장의 후의에 감사드린다. 실무를 맡았던 나하나·장혜윤·이기언·최지원 제씨들의 열정과 헌신도 특히 기억에 남는다. 아직 병석에서 투병 중인 이기언 아우의 회복을 염원하며, 그 얼굴에도 햇살이 비치기를 희망한다. 웹진 《아르떼365》 편집을 맡아 진행하는 프로젝트 궁리(남은정·주소진·최엄윤·성효선·강지영) 여러분께도 깊이 감사드린다. 좋은 웹진을 위해 고민하는 힘이 더 좋은 결실을 맺을 것이라고 믿어 의심치 않는다. 끝으로 추천사를 써주신 박신의 이사장님, 강원재 대표, 정민룡 관장님의 후의에도 감사드린다.

　이 책은 2019년 서울문화재단 "예술연구서적발간지원" 사업의 일환으로 발간되는 책이다. 서울문화재단에 깊이 감사드린다. 신세를 지게 된 도서출판 살림터 정광일 대표에게도 감사의 말을 하지 않을 수 없다. 이 책이 오랜 시간 교육출판사로서 명성을 착실히 쌓아온 출판사 이미지에 '민폐'가 안 되었으면 하는 마음뿐이다. 현장 기획자 및 예술강사 그리고 독자 여러분이 이 책을 읽고 '메신저가 바로 메시지!'라는 점을 느끼고, 삶의 현장에서 각자의 사례를 만들어가는 실천들을 담대하게 행할 때 작은 길라잡이로 활용했으면 하는 마음이다.

　　　　　2019년 가을, 서울 볕내[陽川] 집에서
　　　　　저자 쓰다

관행을 깨는 수업혁명을 위하여

　　교사 혹은 예술강사의 성찰과 성장은 어떻게 가능한가? 문화예술교육 현장을 자주 모니터링하면서 이런 질문을 자주 던진다. 교육의 질은 교사의 수준을 뛰어넘을 수 없다는 점에서 한 사람의 예술강사 혹은 교사의 성찰과 성장은 중요하다. 그러나 그런 성찰과 성장을 위한 '도구'가 부재하다는 것을 자주 실감한다. 한 사람의 교사 혹은 예술강사는 일종의 '사라지는 매개자'라고 할 때, 그런 매개자들을 '재(再)매개'할 수 있는 교육적 도구로서 '수업비평'을 활성화해야 하는 것이 아닐까 싶다.

　　문화예술교육 현장에서 진행되는 컨설팅 혹은 모니터링 같은 기존 제도들이 의미 없다는 게 아니다. 지금의 컨설팅과 모니터링 제도로는 '자폐의 나르시시즘'이라는 견고한 회로 안에 갇힌 것으로 간주되는 학교 안팎의 문화예술교육 현장을 바꾸는 데 한계가 있다고 생각하기 때문이다. 컨설팅은 교육방법론을 위한 하나의 팁(tip)에 불과하고, 모니터링은 현장에

환류되지 않은 채 참고자료로만 활용되는 경우가 적지 않기 때문이다. 이 점에서 '더 나은 실패'가 필요하다는 점을 인식하고, 2003년 12월부터 현재까지 학교 교사들이 중심이 되어 동료들과 〈수업비평 워크숍〉을 진행하는 교육과 나눔의 공동체 '다온'의 수업비평 경험은 학교 인팎에서 이루어지는 문화예술교육 수업의 변화를 위해 참조할 점들이 적지 않다. 윤양수 선생님이 "최신 트렌드와 메이크업 기술로 시선을 사로잡는 스펙터클한 수업공학이 탄생한다"고 비판하는 대목은 문화예술교육 또한 동일한 문제점이라 여겨지기 때문이다.

　윤양수 선생님의 『수업비평』(살림터, 2014)은 교육이 추구해야 할 새로운 '생성문법'을 수업비평에서 찾고자 한 학교 교사들이 모둠을 이루어 오랫동안 워크숍을 진행한 결과물을 묶은 것이다. 이 책에는 초등학생 및 고등학생들과 진행한 수업에 대한 자세한 비평문이 수록되어 있다. 초등학교 5-6학년생들과 함께 수양대군이 단종을 폐위한 계유정난을 다룬 조경삼 선생님의 수업에 대해 "이 수업에서는 '동전 던지기'를 생략하고 있다"고 언급하는 식이다. 재판 형식과 디베이트(debate) 포맷의 혼용에 따른 혼란이 원인이라는 것이다. 디베이트와 토론의 차이점을 분명히 할 필요가 있다는 예리한 지적이 인상적이다.

　『수업비평』에서 일본 교육자 사토 마나부가 제안한 '배움의 공동체'를 기반으로 한 협력수업을 수년째 진행하는 이우학교 방지현 선생님의 고3 대상 독서 수업이 퍽 이상적이다. 윤양수 선생님은 이 수업에 대해 "교과의 경계와 중력을 터널링(tunnelling)하고 있다"고 상찬한다. 수업문화의 변화를 꾀하려는 '균열의 쾌감'을 맛보았기에 가능한 표현이리라. 지금 여기의 교사는 학습하는 전문가(professional learner)로서 학인(學人)들의 공동체를 이루어야 한다고 제안하는 윤양수 선생님의 제안도 퍽 수긍이 된다. 수업비평을 내부자비평 혹은 동료비평이라고 하는 이유가 여기 있지 않을까.

그런데 이 수업비평은 문화예술교육 현장에서 더 절실히 필요한 교육적 도구가 아닐까 한다. 수업비평 워크숍을 통해 예술강사 동료들과 동반성장할 수 있기 때문이다. 문제는 문화예술교육에 참여하는 예술강사들이 수업 내용을 얼마나 외부에 '개방'할 수 있는 용기를 발휘하느냐. '자폐의 나르시시즘'을 벗어나기 위한 차원에서 한국문화예술교육진흥원과 각 센터에서 예술강사들에 대한 '재매개' 교육을 더 강화하고, 모니터링도 예술강사의 성장을 돕는다는 차원에서 새로운 변화를 주어야 하지 않을까 한다. 경기문화재단 경기문화예술교육지원센터에서 발행하는 웹진 《지지봄봄》(gbom.net) 창간 편집위원으로 참여한 바 있는데, 그러한 비평 웹진을 각 광역센터에서 발행하는 것도 적극 검토해 볼 수 있다. 수업혁명은 그야말로 현장에서 '수업의 전환'이 이루어져야 가능한 것이기 때문이다.

동료들과 함께 기존 수업 관행을 깨려는 역량강화 또한 당연히 필요하다. 이 점에서 『예술수업』(어크로스, 2015)은 좋은 참고서다. 성균관대 오종우 교수가 2009년부터 진행해온 교양강좌 〈예술의 말과 생각〉 강의록을 정리한 『예술수업』은 '인문학의 전위(前衛)'로서 예술(교육)의 중요성을 강조한 책이다. 인문학자의 강의실이라는 콘셉트에 맞게 예술 장르에 대한 해박한 지식과 안목으로 예술교육의 중요성을 역설하는 『예술수업』을 예술강사 동료들과 공부하는 것으로 수업비평을 시작하는 것도 좋겠다. 이 책은 특정 예술장르의 기법이 아니라 예술 전체를 관통하는 정신을 다룬다. 문화예술교육 수업 현장에 모니터링을 갈 때마다 곤혹스러울 때가 있다. 특정 예술장르의 '기법'을 가르치는 것이 전부인 것처럼 교육 또는 활동이 진행되는 경우가 있기 때문이다. 기법 혹은 기능교육 자체가 잘못된 것은 물론 아니다. 문제는 기법을 가르치느라 "예술의 반대말은 추함이 아니라 '무감각'"이라는 중요한 본질을 놓치고 있다는 점이다. 이 책에서 미국 화가 에드워드 호퍼의 〈간이휴게소〉(1927)라는 그림을 설명하면서 "타력(惰力)이 붙어 관습화하면 그것의 의미를 삭제한다"는 표현에 오래 눈길이 머문 것도 그런 이유와 무관하지 않을 것이다.

우리나라 문화예술교육의 타력(惰力)은 무엇인가. 이 질문의 답은 나도 알고 당신도 이미 알고 있을지도 모른다. 수업 현장을 함께 관찰하고 연구하고 소통하는 실천공동체에서 방법을 찾아야 한다. 예술강사의 성찰과 성장의 도구로서 '수업비평'을 적극 검토하며, 문화예술교육이라는 제도의 '외부'를 생각해야 할 때가 아닌가 싶다. 윤양수 선생님 등이 참여한 『수업의 정치』(살림터, 2015)라는 책을 곁들이면 더 좋은 길라잡이가 되리라 믿어 의심치 않는다. 안톤 체호프의 단편소설 「개를 데리고 다니는 부인」(1898)에 대해 러시아 작가 막심 고리키가 "이 작품을 읽고 나니 다른 작가의 작품들은 모두 펜이 아닌 막대기로 쓴 것처럼 여겨지는군요"라고 한 평이 『예술수업』을 덮고 난 뒤에도 잊히지 않는다. 문화예술교육 수업 현장에서도 그런 강렬한 경험을 느낄 수 있는 수업혁명이 이루어지길 희망한다.

제1장 총론

철학 없는
문화예술교육을 넘어

○ 사회적 접착제로서 문화예술교육

○ 교육철학 없는 문화예술교육을 넘어

○ 사회적
접착제로서
문화예술교육

'삶의 예술'로서 문화예술교육

미적 교육론을 제기한 미학자 프리드리히 실러(1759-1805)는 희곡『발
렌슈타인』프롤로그에서 "삶은 진지하고, 예술은 명랑하다"고 말한다. 생
존 자체를 위한 활동이 기본이 되는 현실의 삶과 달리 예술 작품의 내용
은 그것이 아무리 진지하고 아무리 비극적인 것일지라도 결국 현실이 아
닌 어디까지나 가상이기에 명랑하다는 언명이라고 할 수 있다. 다시 말해
예술 작품은 일상적 목적이 없는 미적인 가상의 영역에 속한다는 것이다.
미적 가상을 현실에서 분리하고자 한 실러의 이와 같은 주장은 예술에
자율성을 부여하려 한 것이라 할 수 있다. 실러가 "가상은 오직 정직한 한
에서만, 그리고 독자적인 한에서만 미적인 것"이라고 저 유명한『미학 편
지』(1795) 가운데「스물여섯째 편지」에서 말한 것에서도 잘 알 수 있다. 현
실과 미적 가상을 분리하는 실러 미학이 '자유를 통해 자유를 주는' 미적

국가를 꿈꾸는 것은 당연한 수순이었다 할 수 있다.

실러가 꿈꾼 '미적 국가'는 아직 지상에 구현되지 않았다. "인간은 권력을 획득하는 데는 매우 능하지만 권력을 행복으로 전환하는 데는 그리 능하지 못하다"(유발 하라리)는 사실과 무관하지 않을 법하다. 그럼에도 미적 국가로 가는 유일한 패스포트는 '자유를 통해 자유를 주는' 방법에 있다고 선언한 실러의 미적 교육론이 무의미해지는 것은 아니다. 희망은 행동을 요구하고, 행동은 희망 없이는 불가능한 노릇이기 때문이다. 우리가 미적 공화국(실러), 아름다운 나라(김구) 같은 미적 이상의 비전을 존중하고 신뢰하며 드높은 문화의 힘을 외면해서는 안 되는 이유가 여기에 있다. 그렇지 않는 한, 인간은 인간에 대해 늑대가 되는 홉스적 질서를 용인하게 되는 것과 다를 바 없다. 그리고 그런 사회는 먹고사는 것이 하나의 이데올로기가 되어버린 '먹고사니즘'의 사회가 될 것이고, 먹고사니즘이 득세하는 사회는 필연적으로 반(反)지성주의를 낳게 되기 때문이다. 그러나 우리는 잘 알고 있다. 주체의 자발성과 분방한 창의력은 반지성주의의 토양에서 결코 자라지 않는다는 사실을.

그러나 우리네 삶의 양상은 어떠한가. 우리 일상에 과연 진짜 '생활'이 존재하는가. '생존'에 대한 공포가 우리 내면과 일상을 압도하는 것은 아닌지 모르겠다. 그런 일상에서는 '축제'가 자리할 틈이 없다. 시인 백무산이 "축제를 몰아낸 공허한 몸에 노동이 자학처럼 물고 있다/ 노동이 다 빠져나갈 때를 죽음이라고 부른다"(「생과 사의 다리」)고 한 시적 언명에 자신 있게 '아니오!'라고 할 수 있는 사람은 몇이나 될까. 시인이 시에서 묘사하는 생(生)이 진짜 생활이라 할 수 있는가. 어쩌면 그런 삶은 생산성을 위해, 효율성을 위해, 철학자 푸코가 언명한 바 있는 자기 통치를 위한 기예(技藝, art)로서의 의례를 그저 반복적으로 행하는 노동에 불과할 수 있다. 나 자신의 진짜 생활을 복원하고, 나 자신의 존엄성을 회복하는 새로운 리듬을 형성하려는 노력이 요청되는 것은 당연하다. 소위 '저녁이 있는 삶'은 중요하지만, '삶이 있는 저녁'이야말로 더 중요한 것이다. 문화예술교육의 의미는 이런 측면에서 꽤 유효하다. 오직 노동에 대한 주의 집중을 요하는 일상의 강박된 리듬의 구속에서 벗어나 스스로에게 쉼의 자유를 허락하려는 측면에서 그러하다. 자신의 새로운 서사(敍事)를 스스로 연출하며 '삶의 예술(Lebenskunst)'을 실현하려는 의지와 열정은 그런 과정에서 회복될 수 있을 것이다.

다시 말해 문화예술교육은 나와 우리 안의 일상적 습속(Habitus)들에 저항하는 활동이라 할 수 있다. 인간을 훈육하고 통치하는 기예로서 기능하는 지금·여기의 상투화된 예술 혹은 의례를 넘어 문예적 공공성을 꾀하는 예술활동으로 새로운 리듬을 형성하려는 활동인 셈이다. 문화예술교육이 백화점 문화센터에서 하는 취미와 여가 활동과 다른 점은 바로 여기에 있다. 소위 백화점 문화센터 식 프로그램들이란 실상 '21세기형 꽃꽂이' 프로그램에 가깝다고 본다. 물론 꽃꽂이의 세계 또한 깊은 차원이 있음을 안다. 그러나, 그런 프로그램과 활동에서 모임의 자폐성(自閉性)을 넘어서는 것이 너무나 어렵다는 점은 무엇을 말하는가.

소위 브로치(brooch) 찬 사람들의 문제들이란 허위의식이 많고, 누군가에게 자신의 마음을 드러내는 걸 두려워한다는 점이다. 그래서 센 척하지만 내면은 허약하고 초라한 경우가 적지 않다. 나와 우리 사회의 회복탄력성(resilience)은 어디서 형성되는가 하는 관점에서 생각해보아야 한다. 자본주의적 교환가치가 아니라 나와 우리 안의 '사용가치'의 자율적 창조를 위한 저항의 방법으로서 문화예술교육의 의미와 방법론을 적극 고민해야 한다. 그런 사유와 일상적 행동이 연결되지 않는 문화예술교육이란 문화적 유행을 소비하는 딜레탕트(Dilettante, 好事家) 문화에 그칠 수 있다.

마을/학교에서 마을-학교로

우리나라 문화예술교육의 경우 양적 성장을 넘어 질적 도약을 고민해야 할 시점에 있다는 점은 누구나 동의한다. 그동안 문화예술교육은 2005년 문화예술교육지원법 제정과 함께 출범한 한국문화예술교육진흥원 설립 이후 정부 주도 정책사업으로 추진되면서 양적 성장을 거듭했다. 그러나 이제는 지원금 배분 위주의 중앙-지역 간 서비스 전달체계에서 벗어나 지원체계를 입체화할 수 있는 협력의 기술을 발휘해야 하는 상황에 처했다. 문화예술교육 정책사업의 철학과 행정의 지원원칙에 대한 새로운 사회적 합의를 마련하는 동시에, 지역이 주체가 되어 정책을 세우고 실행할 수 있는 '보충성의 원리'에 기반한 판짜기가 요구된다. 정책사업으로서 문화예술교육을 '추진'하는 것은 필요하지만, 이제는 문화예술교육이 어떤 가치를 '추구'해야 할지에 대한 깊은 성찰과 문화적 비전에 대한 사회적 합의가 요청되는 것이다. 쉽게 말해 문화예술교육을 통해 '어떤 인간을 길러내겠다'는 것인지에 대한 사회적 합의가 필요한 것이다. 이를 위해 문화체육관광부-한국문화예술교육진흥원-한국광역문화재단연합회-전국지역문화재단연합회 등이 위계화된 수직적 질서가 아니라 수평적 협력의 테이블을 마련하고 서로 손-잡기의 원리를 구현해야 한다. 지역 고유문화의 발전과 격차 해소를 통한 문화국가 실현, 지역문화 균형 발전과 문화자치의 건전한 육성, 지역 문화재단의 연대 강화와 협치를 통한 정책 개발 및 제도 개선 등은 중앙정부 및 어느 한 기관이 주도하여 실현되는 것은 아니기 때문이다. 각 기관들이 지역문화 진흥을 위해 아래로부터의 연대를 이루는 연합체를 구성하고 플랫폼 역할을 해야 한다.

문제는 한 지역 내 다양한 주체들이 협력할 수 있는 체계를 마련하고, 통합적 제도화를 준비하고 마련하는 일이 결코 녹록치 않다는 점이다. 업무 효율성을 위해 문화예술교육'만'을 대상으로 한 관련 주체들의 협력체계를 구성하는 방법이 있을 수도 있다. 그러나 지역의 경우 문화예술교육이라는 단일한 영역 내 협력체계를 마련하고 제도화하는 일뿐만 아니라, 지역 내 학교 안팎의 다양한 그룹의 참여를 보장하며 통합적인 협력체계를 구축하는 것이 더 중요하다. 광주 북구문화의집 정민룡 관장이 아르떼가 주최한 「2015 문화예술교육 포럼: 지역과 함께하는 문화예술교육의 현재와 미래」 발표문에서 "공교육, 생활문화영역, 사회복지, 문화복지, 공공예술, 평생교육, 문화향유시설 등의 분야가 함께 참여할 수 있는 사업 실행을 위한 지역사회 협력 실행 체계가 필요하다. 이러한 내용은 지역 단위에서 조례를 통해 제도화할 수 있다"고 언급한 점은 매우 적절하다.

현재 학교 안팎에서 이루어지는 문화예술교육이 교육과 사회 간 분리 현상을 극복하고, 모든 국민이 문화예술교육을 누릴 수 있는 기반을 지역에서 마련하자는 차원에서 적극적으로 검토되어야 한다. 우리가 공유하고 추구해야 할 '문화이념'에 대한 사회적 합의가 필요하다고 한 점은 바로 그런 측면 때문이다. 이를 위해 학교 문화예술교육의 경우 중앙정부 차원에서 교육부와 문화부 간 '분리장벽'을 제거하기 위한 대화 채널과 합의 과정이 요구된다. 학교의 변화 또한 시급하다. 다행히도 학교 현장에서 의미 있는 작은 변화들이 시도되고 있다. 정은균 선생(군산 영광중)이 『교사는 무엇으로 사는가』(살림터, 2016)에서 '아이들은 배움이 아니라 가르침에 저항한다'고 역설하며, "수업 고민을 함께 나누는 교사들이 늘고 있다. 교사의 교수법보다 학생의 배움에 초점을 맞추는 수업 연구 동아리가 많아졌다"고 한 말에 작은 희망을 품는다. 학교 안팎에서 진행되는 문화예술교육의 내실화를 위해 수업연구 역량 강화와 더불어 수업비평의 활성화가 필요한 것은 어쩌면 당연한 일이다.

지역특성화 문화예술교육에 국한해서 말하자면, 우리가 사는 지역의 경우 '터의 무늬'를 갈수록 잃어간다는 점을 간과해선 안 된다. 모든 장소에는 고유의 무늬와 리듬이 있는 법이다. 우리말에서 '터무니없다'는 말은 '터의 무늬'에서 파생된 말이다. 그러나 우리 사는 지역에 과연 '터의 무늬'가 있다고 할 수 있는가. 자본의 힘은 구체적인 장소(place)를 추상적인 차원의 공간(space)로 끊임없이 균질화한다. 최근 국가 당면과제인 조선업을 비롯한 산업계 구조조정의 결과 울산·거제를 비롯해 군산·통영 같은 지방 소도시들의 산업 생태계가 바뀌고 있고, 그에 따라 지역 주민의 삶의 양식이 어떻게 변화하는지 예의 주시해야 하는 것도 그런 이유와 무관하지 않다. 지금의 산업계 구조조정은 국제통화기금(IMF) 시절 단행한 기업 차원의 구조조정과는 질적으로 다르다는 점에서 지역의 회복력(recovery)을 걱정해야 할 시점이다.

지역에서 우리 사는 구체적인 장소(place)를 온기가 있고 인기척이 살아있는 생명의 '삶터'로 전환할 수 있는 준비를 해야 한다. 장소의 가치 보존을 위한 '지역권(地役權)'이랄까 하는 차원이 문화예술교육 정책과 실천에 내재되어 있기 때문이다. 장소의 가치를 보존한다는 것은 지역에 사는 사람과 문화적 공동체를 옹호한다는 의미이다. 미국 어느 상원의원이 야생 보호협회 회원들에게 "가슴은 은행 금고에 두고, 뇌는 휴대용 계산기로 바꾸라"라고 한 말에 내포된 이른바 '공리주의적 윤리'에 대항하는 문화예술교육을 의미하는 것이라 할 수 있다. 이러한 문화예술교육에 대해 '시적 정의'(마사 누스바움) 내지는 '타자의 타자성'(알폰소 링기스)을 실천하는 교육이라고도 할 수 있겠다.

이 점에서 1985년 일본에서 처음으로 도치기현 고쿠분지마치가 제정한 〈어린이칭찬조례〉가 제정되는 과정은 참조할 만하다. 2000년대까지 일본 전역으로 확산되면서 지역이 아이들을 품는 칭찬문화를 형성하는데 작은 계기를 마련한 것으로 잘 알려져 있다. 지역 전체가 어린이를 칭찬하면서 키우는 것을 목표로 초등학교 1학년~중학교 3학년 사이의 모든 아이들을 9년 동안 최소한 한 번은 표창하자는 조례 제정 운동이다. 일본 교육자 후쿠도메 쓰요시는 『아이의 미래를 바꾸는 칭찬학습법』(이매진, 2008)에서 "굳이 조례 형식을 선택한 것은 어린이들을 보호하고 육성하는 일의 중요성과 책임감을 지역 주민(어른) 전원이 가질 수 있게 하려면 규칙이나 규정으로는 한계가 있으며, 지역의 헌법에 가까운 조례 제정이 적합하다고 판단했기 때문이다"라고 말한다. 조례 제정 이후 지역 전체가 따뜻한 분위기로 변했음을 책에서 확인할 수 있다.

우리나라에서도 공교육의 변화를 위한 다양한 실험들이 교육청 차원에서 실현되고 있다. 예를 들어 경기도교육청의 경우 학교와 마을이 유기적으로 연결되는 마을학교 형태인 '마을교육공동체'를 '꿈의 학교'라는 이름으로 시도한다. 이것은 교육이 단순히 기능으로 작용하는 게 아니라 가치로 남는다는 점을 고민했다는 점에 의의가 있다. 문제는 어떻게 배움과 삶이 공존하는 삶의 공동체를 만드느냐다. 광역 및 기초자치단체에서 학교 안팎에서 이루어지는 문화예술교육에 대한 더 구체적인 고민이 어느 때보다 필요한 이유가 여기에 있다. 경기도교육청에서 중간조직 형태로 '경기교육협동조합' 등의 조직을 운영하는 것도 그런 이유에서다.

이러한 마을학교 플랜은 지역 사회에서 민주시민으로 성장하도록 하는 교육과정을 탑재하고 구현하는 것과 무관하지 않을 법하다. 생명 감각이 깨어나는 마을교육은 외부의 힘에 덜 의존하며 스스로의 힘으로 구현하려는 과정에서 형성되는 것이 아니겠는가. 끈끈한 관계의 차원을 넘어 단단한 구조를 만들기 위한 모의와 실험 그리고 연대와 협력이 필요한 것은 당연하다.

문제는 우리네 생활 자체에서 함께 살아가겠다는 생의 의지를 현장에서 어떻게 구현할 수 있을지를 계속 고민해야 한다는 점이다. 충북 옥천군 안남면 배바우도서관을 중심으로 한 마을학교의 예는 퍽 의미심장하다. 그리고 후원회원 방식이 아니라 활동가 구조를 통해 먹고살 수 있는 구조를 만들려고 애쓰는 청주 교육공동체 공룡('공부해서 용 되자')의 경우 또한 기억되어야 한다. 이러한 사례들은 모두 마을(교육)운동과 사회운동이 적절히 결합된 예다. 생태-생명-생활의 문제가 셋이되 셋으로 분리되어서는 안 되는 이유가 여기에 있지 않을까. 일터-삶터-놀터가 따로 분리된 우리 사회에서 그런 분절된 삶의 형식에서는 누구랄 것 없이 제대로 된 마음의 힘을 기를 수 없다는 점은 자명하다. 문화예술교육이 서로 '연결'을 촉진하는 역할을 해야 함은 물론이다. 마을이 학교가 되고, 학교가 마을이 되는 경지는 실현 불가능한 목표는 아니다. 마을/학교에서 마을-학교로 가는 길은 가능하다. 2011년경 광주에서 시작한 '삶과예술교육청'(배움터)의 활동 또한 그런 길을 적극 모색하는 사례다.

지역은 사람이다

"만사에 대해 그 고장의 신령에게 물어보라(Consult the genius of the place in all)." 영국 시인 알렉산더 포프(1688-1744)가 어느 시에서 한 말이다. 그가 언급한 '신령'이라는 말은 이른바 주술성의 의미를 강조한 맥락이 아니라,

지역의 자기 결정권을 강조하며 지역 역량을 강화하고자 한 언명으로 보아야 옳다. 지역 주민들이 참여함으로써 주민 주도성을 강조하는 자발적 '문화자치' 공동체의 형성과 강화가 문재인 정부 정책사업의 새로운 화두라고 할 때, 잊어서는 안 되는 명제다.

그런데 우리는 지역을 누구의 눈으로 보고 있는가. 우리 사는 지역에는 문화 인프라가 절대 부족하고, 인적 자원도 결여되어 있는 '결핍의 공간'으로 보고 있는 것이 아닐까. 그래서 우리 사는 지역을 개조(改造)해야하는 공간으로만 보는 것인지도 모르겠다. 이런 관점으로는 지역을 제대로 읽을 수 없을 뿐만 아니라, 지역에서 구현하는 문화예술(교육) 프로그램 또한 공급자의 시각에서 벗어나기 어렵다. 예를 들어 누구나 안전한 마을에서 살고 싶어 하지만, 그런 마을은 주민들의 자발적 참여 없이 중앙정부 및 지방정부에 의해 행정이 투입되고 재정이 집행되는 정책사업으로 절대 구현되지 않는다. 따라서 문화예술교육을 비롯해 지역에서 구현되는 정책사업을 진행할 때 "마을은 사람이다"라는 관점으로 전환을 꾀해야 할 시점이라 생각한다.

흥미로운 점은 스페인어 '푸에블로(pueblo)'라는 말은 원래 '마을'을 뜻하지만, '사람들'을 뜻하는 말이기도 하다는 점이다. 이중의 의미를 지닌이 단어의 의미를 풀어보면 "마을은 마을 사람이다"라는 의미를 동시에 함축한 것으로 이해할 수 있다. "마을은 사람이다"라는 명제는, 지역의 결정권은 그 지역에 사는 사람들의 의사가 십분 존중되어야 함을 뜻한다. 그리고 사람과 사람 사이의 관계가 발효(醱酵)될 수 있는 인내의 시간이 필요하며, 그런 관계의 발효는 결국 시간 속에 의미를 넣는 숙성 과정에서 생성된다는 점을 역설한 것이라 할 수 있다. 2015년 출간된『시가 뭐고?』(삶창, 2015)에 이어 칠곡 할매들이 쓴 시집『콩이나 쪼매 심고 놀지머』(삶창,

2016)와 월간『전라도닷컴』발행인 황풍년이 16년간 전라도 오일장 등지를 누비며 기록한『전라도, 촌스러움의 미학』(행성B, 2016)은 "마을은 마을 사람이다"라는 명제에 값하는 훌륭한 텍스트라 할 수 있다.

70~80대 칠곡 할매들이 쓴 시집『콩이나 쪼매 심고 놀지머』는 자연의 질서에 순응하며 흙의 리듬에 맞추어 사는 것의 유구한 문화적 의미를 생각하게 하는 시집이다. 시집 속 할매들의 삶이 '살아남기의 시간'이 아니라 자기 삶의 주인공으로서 '살아가기의 시간'을 보여주는 것은 그 때문이다. 특히 신위선 할매의 시「봄이 오는 소리」에서 그런 징후를 확인하게 된다.

봄이 오는 소리에 놀라

씨감자가 뿔이 났어요

밭에다 심었더니

새삭이 잘 자랏다

연보라색 꽃이

예쁘게 되었다

다 자랏다는 신호인 것 같다

토실토실한 감자가 얼마나 열였을까

생각만 해도 마음이 흐뭇하다

_ 신위선 시「봄이 오는 소리」전문

신위선 할매가 쓴 표기법을 그대로 살린 이 시에서 "봄이 오는 소리에 놀라/ 씨감자가 뿔이 났어요"라는 구절이야말로 땅에 뿌리박고 평생을 살아온 농민의 마음을 헤아릴 수 있는 생생한 표현이다. '씨감자-되기'

의 일종이랄까. 누군가에게 의존하지 않고 자연의 질서에 순응하며 자신의 삶을 살아가려는 생활인으로서의 당당하고 건강한 욕망을 이 시집에서 엿보는 것은 어렵지 않다. 이런 당당한 삶의 태도는 도시에 사는 할매/할배들의 태도와는 사뭇 다르다. 어쩌면 할매들은 칠곡 땅의 '신령들'이라고 보아도 무방하리라.

황풍년의 『전라도, 촌스러움의 미학』은 16년간 전라도 오일장 등지를 누비며 순정한 전라도 이야기들을 채록한 우리 시대의 패관(稗官)문학이다. '전라도의 힘', '전라도의 맛', '전라도의 맘', '전라도의 멋'이라는 네 범주로 묶은 이 산문집은 우리 시대 '지역연구'의 모범이 될 만한 책이며, 저자 황풍년은 우리 시대 패관이라고 감히 말할 수 있다. '촌스러움'에 바치는 헌사라고 할 수 있는 이 책을 보면, 지역은 위정자들의 눈이 아니라, (인류학자 데이비드 그레이버가 역설한 바 있는) '낮은 이론가'의 눈으로 바라볼 때 제대로 보인다는 점을 실감한다. 그리고 낮은 이론가는 누군가의 사연을 잘 헤아려 듣는 것에서 시작된다는 점을 실감할 수 있다. 특히 사람들에 관한 이야기를 담은 3부 '전라도의 맘'과 4부 '전라도의 멋'에 실린 글들을 보며 묵직한 감동을 받았음을 고백하지 않을 수 없다. 전남 순천 왕대마을에 사는 팔순의 윤순심 할매가 구술(口述)하는 이야기는, 지역을 누구의 눈으로 보아야 하는지와 지역에서 일한다는 것의 사회문화적 의미를 깊이 생각하게 하는 귀한 가르침을 담고 있다.

우리 손지가 공부허고 있으문 내가 말해. 아가, 공부 많이 헌 것들이 다 도둑놈 되드라. 맘 공부를 해야 헌다. 인간 공부를 해야 헌다, 그러고 말해. 착실허니 살고 놈 속이지 말고 나 뼈 빠지게 벌어묵어라. 놈의 것 돌라먹을라고 허지 말고 내 속에 든 것 지킴서 살아라. 사람은 속에 든 것에 따라 행동이 달라지는 법이니 내 마음을 지켜야제 돈 지키 느라고 애쓰지 말아라.

그렇다. 사람은 '속에 든 것'에 따라 행동이 달라지는 법이다. 그리고 우리 사는 지역에는 그런 사람들이 제 자리에 알알이 박혀 살아가고 있는 것이다. 문화예술교육을 비롯해 문화예술활동(교육) 프로젝트를 행할 때 '사람은 무엇으로 사는가'라는 교육철학에 대한 고민을 멈추지 말아야 하는 이유가 여기 있다. 문화예술교육자들이 단순한 기능주의자가 아니라 의미생산자가 되어야 하는 것은 말할 나위 없는 것이다. 고등교육을 받으면 받을수록 '똑똑한 나쁜 놈'이 되어버리는 지금의 근대교육 시스템 너머를 상상하며 지역에서 뿌리내리고 살아가는 사람들에 대한 존경심을 잃지 않으며, 그런 사람들의 사연을 들으려는 재미있고 의미 있는 활동들을 멈추지 말아야 한다. 황풍년이 시골 장터를 누비며 이 땅에 사는 장삼이 사(張三李四)들의 삶에 주목한 까닭도 여기 있을 법하다. 문화예술교육을 비롯해 자신이 사는 지역에서 문화예술(교육)활동 프로젝트를 진행하려는 사람이라면 마음 공부, 인간 공부를 깊이 생각했으면 좋겠다. 그런 사람들이야말로 미적 인간이라고 할 수 있으리라.

가까이 있는 사람이 기뻐야 한다

우리는 불안한 사회에 살고 있다. 사람과 사람을 연결하려는 문화예술교육 프로젝트에 주목하는 것도 우리가 불안한 사회에 살고 있는 것과 무관하지 않다. 시민들의 평균적 문화력(文化力)을 향상시키는 동시에, 사람과 사람의 마음을 느슨하게 이어주고 연결하는 힘을 문화예술교육을 통

해 구현해야 한다. 이 연결의 힘은 다른 데 있지 않다. 나는 그 힘이란 누군가에게 '곁'을 내주고, 누군가를 '편(便)'들어주고, 누군가를(특히 아이들!) '품' 어주려는 행위에서 비롯한다고 생각한다. '곁, 편, 품'은 문화예술교육에서 간과해서는 안 되는 소중한 가치라고 생각한다. 이런 가치들이 더 확장되면 우리 사는 대한민국이 일종의 '이바쇼'(いばしょ, 居場所)의 터전이 될 수 있을 것이다.

물론 성급한 낙관도 비관도 금물이다. 토론과 숙의 과정을 통해 서로가 우정을 회복하고 새로운 정치의 차원을 획득해야 한다. 엄기호는『교사도 학교가 두렵다』(따비, 2013)에서 소위 모범생의 상처를 안고 있는 젊은 교사(예술강사)들과 선배 교사(예술강사)들이 만나 대화를 나누며 소통공동체를 형성하자고 제안한다. 나는 그것이 바로 동료효과(peer effect)라고 생각한다. 엄기호의 문제의식은 찰스 디킨스의 소설『어려운 시절』(1853)의 마지막 문장과도 통한다. "독자 여러분! 여러분과 나의 인생에서 유사한 일이 벌어질지 안 벌어질지는 여러분과 나에게 달려 있습니다." 무관심과 무감동으로 질식할 것 같은 세상에서 학교 안팎에서 이루어지는 문화예술교육이 변해야 하고, 지속적으로 교육을 진행하기 위해서는 시민성의 회복이 필요한 것이다.

결국, 한 지역, 한 도시, 한 나라가 '문화예술교육 특구(特區)'가 되는 과정은 발효의 시간을 요구한다. 발효의 시간이란 인내의 시간이며, 시간 속에 의미를 넣는 과정에서 나온다. 그런 인내를 견디는 발효의 시간에서만 시민들의 공적인 삶이 가능한 공간이 회복될 수 있고, 문화적 공론장이 형성될 수 있다. 실재하는 공간이든 보이지 않는 공간이든 그런 공간들의 존재는 도시의 핵심적 교차로들을 연결하고 외부로 확장시킨다. 시민과 행정기관 간 협력적 거버넌스의 형성과 지속적인 상호신뢰가 중요한 것은 당연하다. 시민운동가 유창복이 『도시에서 행복한 마을은 가능한가』(휴머니스트, 2014)에서 '마을만들기'를 표방하는 정부 또는 지자체 정책과는 구별되는 의미로 '마을하기'를 강조한 이유가 여기 있을 것이다. 마을하기란 시민·주민이 자신의 삶터에서 자발적으로 이웃들과 생활 관계망을 만들어가는 움직임을 말한다. 시민과 주민의 자발적 참여와 실천이 중요함을 말하는 것이다. 이러한 원칙은 지역 내에서 협력의 거버넌스를 형성하는 과정에서도 마찬가지라 할 수 있다. 결국 지역에서 건강한 '공론장'을 형성하는 과정이 중요한 것이다.

문화예술교육의 새로운 혁명이 필요하다. 내 안의, 우리 안의 우물에서 벗어나려는 '탈정(脫井)'의 상상력이 요구된다. 교육이 나와 지역(사회)을 바꾸는 작은 회전(回轉)이 되는 의미를 생각해보아야 한다. 스스로 돕고 서로 도우면서 새로운 공공성을 만들어가는 현장의 기획자 및 문화예술교육 예술가들의 즐거운 분투가 필요하다. 정책 변화란 하루아침에 실감할 수 있는 게 아니다. 시간이 걸리는 일이다. 그렇다고 손 놓고 가만히 있는 것이 아니라, 내가 먼저 내가 서 있는 현장에서 '1인 혁명'을 시도하며 뭐라도 시도해야 한다.

한편 지역특성화 문화예술교육과 유사한 사업 유형으로 10년을 맞은 생활문화공동체 정책사업이 있다. 코뮤니타스(소장 신동호)가 정리한 《2015 생활문화공동체만들기 성과평가 보고서》를 보면, 사업 초기 예술가 단체 비중이 높았지만 점차 주민이 참여하고 주민 스스로 주도하는 사업 현장들에서 공동체성 강화를 비롯해 여러 의미 있는 성과들이 뚜렷이 나타나는 것을 실감할 수 있다. 문화예술교육 정책사업 또한 시민 개개인의 행복과 주민 주도성이라는 관점에서 접근해야 한다는 점을 말해주는 대목이다. 예를 들어 2016년 경기도 여주 설성면 주민자치위원회가 주관하고 지역 예술가들이 모여 일종의 신뢰의 커뮤니티를 형성해 프로그램을 진행한 방식에 나도 관심이 가는 것은 그런 이유 때문이다.

물론 지역은 생활세계다. 생활세계로서의 지역에 접근하기란 여전히 어렵다. 그래서 같이 고민해야 하는 것이다. 그러나 세상에 벽은 없다. "교육의 목적은 '벽을 문으로 만드는 행위'"(비노바 바베)라고 한 말은 그런 취지라고 생각된다. 마침표(.) 위에 내 귀 모양을 그리면 물음표(?)가 된다. 사람과 사람이 만나는 과정에서 질문하고 들을 수 있는 문화를 형성할 수 있다면, 그것은 변화로 가는 길이 된다고 할 수 있다. 참여하는 나 자신부터 가까이 있는 사람들과 기쁘게 함께하려는 마음가짐이 필요하다. 공자가 말한 '근자열원자래(近者悅遠者來)'는 진리다. 미적 공화국은 저 먼 곳에 있는 초월적인 이상이 아니고, 그곳으로 향하는 길은 누군가가 위에서 내려주는 방식으로는 결코 실현되지 않는다. 교육과 사회의 분리 현상을 극복할 수 있는 문화이념에 대한 사회적 합의가 우선 해결되어야 할 이유가 여기 있다. 우리는 이미 '답'을 알고 있다. 문제는 실천이다.

함석헌, "비전 없는 백성은 망한다"

우리나라 문화예술교육은 양적 성장을 넘어 질적 도약을 고민해야 할 시점에 있다. 그동안 문화예술교육은 2005년 문화예술교육지원법 제정과 함께 출범한 한국문화예술교육진흥원 개원 이후 정부 주도 정책사업으로 추진되면서 급속도로 양적 성장을 거듭했다. 그러나 이제는 질적 도약을 고민해야 하는 병목 현상에 처해 있다. 그 원인에 대해 여러 진단이 있겠으나, 문화예술교육의 철학을 깊이 고민하지 않으며 양적 성장을 꾀하는 데만 전력한 데에도 이유가 없지 않다. 정책사업으로서 문화예술교육을 '추진'하는 것은 필요하지만, 이제는 문화예술교육이 어떤 가치를 '추구'해야 하는지에 대한 깊은 성찰과 함께 문화적 이념에 대한 사회적 합의가 요청된다.

함석헌 선생은 '비전(vision)이 없는 백성은 망한다'고 했다. 함석헌 선생의 이러한 묵시록적 예언은 지금 여기 학교 안팎의 교육 현장에서 '배운 괴물'이 된 '착한 아이들의 역습' 현상을 자주 목격할 수 있는 데서도 확인할 수 있다. 아우슈비츠 강제수용소에서 간신히 생존한 이탈리아 작가 프리모 레비가 "괴물들은 존재한다. 그러나 실질적인 위협이 되기에는 그들의 수가 너무 적다. 가장 위험한 것은 보통 사람들이다"라고 말한 것도 나치라는 권위의 명령에 끝까지 따르려는 보통 사람들의 극단적인 자발성을 비판하고자 한 발언이다. 교육과 사회의 분리 현상을 극복할 수 있는 문화이념에 대한 사회적 합의가 필요한 이유다.

협력적·창의적 문화예술교육의 미래를 위한 교육철학에 대한 고민을 함께하지 않으면 안 된다. 이 점에서 성장이란 경험의 연속적인 갱신을 의미한다고 역설한 미국 철학자 존 듀이(John Dewey, 1859-1952)와 함께, 아동의 발달과 협력이라는 관점에서 근접발달영역(Zone of Proximal Development)이라는 이론을 제안하며 협력과 관계의 교육학을 숙고한 러시아 심리학자 비고츠키(1896-1934)의 교육사상을 깊이 연구해야 마땅하다. 두 사람의 교육사상은 철저한 민주주의, 역량 중심의 교육, 학교 교육과정 재구성이라는 목표 아래 추진되는 최근 혁신학교운동의 이론적 뿌리를 이루는 교육철학자들이다. 서용선의 『혁신교육 존 듀이에게 묻다』(살림터, 2012), 진보교육연구소 내 비고츠키교육학실천연구모임이 출간한 『관계의 교육학, 비고츠키』(살림터, 2015), 『비고츠키 생각과 말 쉽게 읽기』(살림터, 2013) 같은 연구서들은 두 거장의 교육학이 우리나라 교육 현장에서 어떤 유의미성을 갖는지 잘 요약한다. 특히 비고츠키의 경우 2003년 유로(EURO)교육위원회가 핵심 역량 중심의 교육을 표방하며 그의 이론을 교육정책에 적극 도입했고, 이미 핀란드·노르웨이·스웨덴 등 북유럽에서 교육 전반에 걸쳐 큰 영향을 미치고 있다는 점을 주목해야 한다. 협력적·창의적 문화예술교육의 미래를 고민해야 하는 우리나라 문화예술교육 현장에서 두 거장의 교육철학에 대한 이해와 적용 가능성을 모색하는 것은 당연한 일이다.

존 듀이, '어떤 하나의 경험'

존 듀이는 '행함으로써 배운다'(Learning by Doing)는 모토로 실험학교를 운영한 것으로 유명하다. 1894년부터 1904년까지 시카고대학에서 10년간 진행된 교육실험은 『경험과 자연』(1925), 『경험으로서의 예술』(1934), 『경험과 교육』(1938) 같은 저술들에서 구체화된다. 존 듀이 교육학의 핵심 원리는 책 제목에도 나타나듯이 성장이란 경험의 연속적인 갱신을 의미한다는 것이다. '배움은 경험의 재구성에서 시작된다'는 명제가 그것이다.

존 듀이가 말하는 경험은 우리가 생각하는 체험과는 관련이 없다. 그런데도 존 듀이가 말하는 경험을 체험과 혼동하는 경우가 적지 않다. 영어에서 경험과 체험 두 가지 현상을 경험(experience)이라는 하나의 개념에 뒤섞는 것과 무관하지 않으리라. 그러나 사회학자 지그문트 바우만이 『사회학의 쓸모』(2015)에서 강조하듯이, 경험이 우리가 세계와 교류하면서 '나에게 생기는 일(happens to me)'을 의미한다면, 체험은 우리가 세계와 조우하는 과정에서 '살면서 내가 겪는 일(I live through)'을 의미한다. 경험은 객관성의 상태를 획득하기 위한 노력이지만, 체험은 분명하고도 명시적으로 주관적인 것이다.

이 차이를 이해하는 것은 중요하다. 존 듀이는 『경험으로서의 예술』(원제: Art as Experience)에서 경험 속에서 작용하는 예술의 성격, 즉 예술적 경험에서 가장 잘 드러나는 경험의 구조와 성격을 고찰한다. 존 듀이는 "일상적 삶이 곧 경험"이라는 관점에서 자신의 사유를 시작하는데, 결론은 예술은 아름다운 경험이 된다고 규정하는 데 있다. 일상생활과 미적 경험을 분리하지 않고, 연속성의 관점에서 사유하는 것이다. 경험은 유기체와 환경의 '상호작용'으로 나타나는 결과이고, 상징이고, 보상이라는 것이다. 『경험으로서의 예술』에서 경험과 환경과의 교섭을 강조(제1장)하며, 환경과의 관계 속에서 '행함(doing)'과 '당함(suffering)'이 동시에 존재한다고 강조하는 것도 그런 맥락 때문이다. "경험은 자연 안에(in) 있을 뿐만 아니라 자연을 지니고(of) 있다. 경험되는 것은 경험이 아니라 자연이다"(제1장)라는 진술에서 자연주의적 경험론에 기초한 존 듀이의 교육학을 이해할 수 있다.

『경험으로서의 예술』은 14장으로 되어 있는데, 기존 번역본은 1~3장까지만 번역되었고, 최근(나남 2016.4.30)에야 완역본이 출간된 탓에 그 전모를 제대로 파악하기 어려웠다. 또 하나, 기존 번역본의 경우 경험을 '하나의 경험(an experience)'이라고 번역했는데, 존 듀이가 언제 어디서 이루어질지 모르는 특정할 수 없는 경험이라는 점을 강조한다는 점에서 '어떤 하나의 경험'이라고 번역해야 마땅하다(서용선)고 한 견해가 더 타당하다고 생각한다.

> 경험에는 하나의 통일성이 있어, 경험에 '그 식사', '그 폭풍', '우정의 결렬'이라는 이름을 부여한다. 이러한 통일성의 존재는 경험을 구성하는 부분들의 다양성에도 불구하고, 경험 전체에 충만한 하나의 단일 성질로 구성되게 된다. 이러한 통일성은 정서적이지도 않고 실천적이지도 않고 또한 지적이지도 않다. _제2장

그렇다면 경험과 교육은 즉각적으로 동일한 것인가. 존 듀이는 "그렇지 않다"고 하며, 결국 경험을 어떻게 조합하고 통합하느냐가 교육을 결

정짓는다고 덧붙인다. 한 번에 끝나지 않고 여러 번 이루어지기 때문에 '재'구성(reconstruction), '재'조직이라는 표현을 사용하는 것에서도 알 수 있다. 성장이란 경험의 연속적인 갱신을 의미한다고 한 존 듀이 교육학의 맥락이 이 점에 있을 것이다. 그가 "미적인 것의 적(敵)은 … 인습에만 의존하는 것"이라고 비판한 데는 타당한 이유가 있다. 그런 관행적인 교육에서는 이른바 '섬광'을 발견할 수 없기 때문이다. 그의 주장을 보라. "섬광이 암흑의 세계를 비출 때 대상의 순간적인 인지(recognition)가 이루어진다. 그러나 그 인지는 시간 속의 단순한 하나의 점이 아니다. 인지는 길고 느린 성숙의 과정에서 최정점이다"(제2장)

존 듀이 교육학에서는 '고통당함'이라는 의미가 퍽 의미심장하다. 그는 모든 경험에는 환경과의 관계 속에서 행함(doing)뿐만 아니라 고통당함(suffering)이 동시에 존재한다고 말한다. 이 말은 투쟁과 갈등 같은 '고통'의 경험이 배움이 되는 인식에서 한 부분을 차지한다는 그의 생각을 대변한다. 통증이 없는 문명을 의미하는 소위 무통문명(無痛文明)의 상태에서는 진정한 경험은 말할 것도 없고, 배움이 이루어지는 경험 또한 이루어질 수 없다는 의미로 풀이된다. 모든 국민이 부자 되기를 꿈꾸는 이상한 나라의 현실에서 '고통당함'을 긍정한 그의 철학은 재음미되어야 한다.

무엇보다 존 듀이 (예술)교육학에서 놓쳐서는 안 되는 관점은 학교는 이미 '작은 사회(micro society)'를 이룬다는 전제라고 할 수 있다. '학생 다음에 시민'이 있는 게 아니라는 것이다. 존 듀이가 창조적 민주주의를 위한 시민성(citizenship) 교육을 강조한 측면이 여기 있다. 서용선은 존 듀이의 경험 이론, 탐구 이론, 민주주의 이론을 '시민성 교육'의 관점에서 유기적으로 파악해야 한다고 말한다. 존 듀이의 민주주의 이론은 윤리적 이상으로서의 민주주의, 생활양식으로서의 민주주의, 창조적 민주주의라는 세

가지 차원을 갖는다. "단순한 정부 형태가 아닌 보다 근본적으로 공동생활의 양식이고, 경험을 전달하고 공유하는 방식"이라고 존 듀이는 민주주의를 정의한다. 이 관점을 수용하면, 학생들이 생활 속에서 갖게 된 경험으로부터 탐구하면서 창조적 민주주의를 지향하는 교육과정 설계와 운용이 중요하다. "경험을 전달하고 공유하는 방식"이야말로 (예술)교육이 아니던가. 존 듀이 교육학을 자신의 전공에 따라 편의대로 따로따로 분절하려는 시도가 얼마나 허망한 것인지를 말해준다. 문화예술교육 현장에서 존 듀이 교육학이 유의미한 것은 학교는 '작은 사회'라는 탐구 공동체의 관점을 어떻게 실제로 구현하며, 성장 그 자체를 추구하는 교육이 이루어질 수 있는지 고민하는 것이다. 우리는 그 과정에서 "교육은 발달이다"라는 존 듀이의 언명이 결국 "생활이 발달이요, 발달을 이끄는 성장이 생활이다"라는 점을 이해하게 되리라고 해도 좋을 법하다.

비고츠키, "우리는 존재한다, 고로 우리는 안다"

러시아 심리학자이며 문화역사적 교육이론가인 레프 비고츠키(1896-1934, Lev Semenovich Vygotsky)는 '핫'하지만 너무나 '어려운' 교육철학자다. 유작으로 출간된 『생각과 말』은 1934년 죽음을 앞둔 그가 병상에서 구술한 내용을 정리한 책으로, 너무나 난해한 저작이다. 국내에는 비고츠키가 1990년대부터 소개되었는데, 도서출판 살림터에서 '비고츠키 전집'이 속속 출간되고 있다. 비고츠키학의 대가인 마이클 콜 교수는 이 책에 대해 "인간 의식을 다룬 자본론"이라고 추천사를 썼고, 브라질 교육자 파울로 프레이리는 "비고츠키를 공부하지 않고서는 가르칠 준비가 충분히 되었다고 할 수 없다"고 높이 평가했다.

비고츠키 교육학은 아직 국내에서는 낯설다. 그러나 인간을 자율적이고 능동적인 존재로 파악하며 유물론적 변증법을 기반으로 하는 그의 교육학은 인간의 지식·인식이란 객관적 실재에서 유래한다는 문화역사주의 또는 문화-역사적 이론의 입장을 취한다. 이러한 비고츠키의 교육이론은 기존 피아제의 구성주의를 넘어서는 새로운 교육 패러다임으로서 전세계적으로 각광받고 있다. 구성주의는 인간의 지식과 인식이 각 개인에 의해 주관적으로 구성된다고 보는 입장이다. 이러한 견해에 맞서 비고츠키는 문화역사적 교육이론의 입장에서 발달과 협력의 교육학을 설파한다. 이 지면에서 비고츠키 교육학의 전모를 고찰하는 것은 나의 능력 밖의 일이다. 다만 비고츠키교육학실천연구모임에서 출간한『비고츠크 생각과 말 쉽게 읽기』와『관계의 교육학, 비고츠키』라는 책을 나침반 삼아 말 그대로 '장님 코끼리 더듬듯' 몇 자 끄적이는 것으로 나의 역할을 대신하고자 한다.

여러 논자들이 강조하듯이, 그의 주저(主著)인『생각과 말』은 기본적으로 생각과 말의 관계라는 심리학의 문제를 다룬다. 동시에, 발달과 협력이라는 교육의 핵심 문제가 전면에 등장한다.『생각과 말』의 핵심 주장은 "낱말 의미는 발달한다"라는 명제다. 이러한 관점에서 비고츠키는 저 유명한 '근접발달영역'이라는 개념을 제시한다. 이 개념은 그동안 오해가 없지 않았는데, 가장 널리 알려져 있는 정의는 다음과 같다.

근접발달영역은 실제적 발달 수준과 잠재적 발달 수준 사이의 거리이다. 실제적 발달 수준은 독립적 문제 해결에 의해 결정되고, 잠재적 발달 수준은 성인의 안내 혹은 더 능력 있는 또래들과의 협동을 통한 문제 해결에 의해 결정된다. _『마인드 인 소사이어티』

위에서 확인할 수 있듯이, 비고츠키는 '발달'을 교육의 핵심 문제로 파악한다. 기본적으로 경쟁 교육에 반대하며 협력의 가치를 적극 옹호한다. 비고츠키 교육학을 '발달과 협력'의 교육학이라고 부르는 이유가 여기 있다. 비고츠키가 문화역사적 교육이론가로 이해되고 수용되는 데는 그가 생각하는 발달이란 사회 속의 문화적 도구들, 다양한 고등정신 기능들, 꿈과 희망과 정신이 학습자 개개의 심리 과정에 녹아드는 것이라고 보았기 때문이다. 다시 말해 활동하고 나서야 의미를 알던 아이들이 나중에는 의미를 좇아 새로운 활동을 할 수 있는 아이들로 변해가는 과정에 주목한 것이다. 바로 그런 발달 과정을 통해 근접발달영역이 실현된다고 파악한 것이다. 그가 기존 피아제 식 교육철학을 신랄히 비판하며 "교육은 협력이다"라고 한 말의 의미가 여기 있을 법하다. 교육학자 심성보가 피아제의 개인적 구성주의와 비고츠키의 문화역사적 이론의 차이를 "나는 안다, 고로 나는 존재한다"(피아제)와 "우리는 존재한다, 고로 우리는 안다"(비고츠키)라고 간명히 정리한 대목은 비고츠키 교육학의 특성을 잘 요약한다. "동료 인간이 있었기 때문에 우리는 주체적 인간으로 발전할 수 있다"는 비고츠키의 인간관을 확인할 수 있으리라. 쉽게 말해 비고츠키는 동료효과의 의미를 선구적으로 선취한 셈이다.

이에 따라 비고츠키 교육학에서 중요한 것은 협력적인 인간관계 형성이다. 협력적인 인간관계가 형성되어야 협력적인 교육 활동을 통해 협력적인 태도를 내재화하기 때문이다. 또한 비고츠키는 모든 발달의 기본 법칙은 "첫 번째는 사회적 국면으로, 다음에는 개인적 국면으로 나타난다"(『역사와 발달』)고 본다. 모든 발달은 사회적인 것의 내면화(내재화)를 통해서만 주체화된다는 것이다. 이러한 배움의 교육 과정에서 '도구와 기호'가 차지하는 역할은 막중하다. 인간은 단순한 '자극-반응'이 아니라 '기호'를 통한 '매개적 심리과정'을 갖게 되는데, 기호 중에서 특히 인간의 언어, 즉 '말'이 지대하다. 결국, 상상의 발달 또한 말 발달과 밀접하다고 판단한다. 다시 말해 생각과 말의 만남이 중요한 것이다.

예를 들어 피아제가 아이들의 혼잣말을 '아직 자기중심성에서 벗어나지 못한 것'으로 보는 데 반해, 비고츠키는 '말과 생각 발달의 위대한 경로'라고 파악한다. 그리고 말 발달은 형태적으로 '외적 말→혼잣말→내적 말'의 발달 경로를 거친다고 주장한다. 여기서 비고츠키의 유명한 "낱말 의미는 발달한다"라는 테제를 만나게 된다. 말 발달 단계와 생각 발달 단계가 연관되면서 함께 발달해가는 것을 뜻하는 말이다. 비고츠키 교육학에서는 '교수-학습'은 분리되어 있지 않다. 이것은 러시아어 '오브체니'라는 말 자체가 교수-학습의 역동적 결합을 의미하는 것과도 통한다. 우리말의 '교학상장(教學相長)'이라는 말과 맥락이 통한다고 할 수 있으리라. 그가 지식의 누적이 목표가 아니라 고등정신기능(핵심역량)을 내재화하는 것이 교육의 목표라고 주장하는 것도 그런 맥락이다.

지식에서 역량으로: 학력(學歷)에서 학력(學力)으로

존 듀이와 비고츠키의 교육사상은 (문화예술)교육의 새로운 전환을 위한 나침반 역할을 충분히 할 것으로 판단된다. 『관계의 교육학, 비고츠키』 저자들에 따르면, 2003년 간행된 OECD 《생애핵심역량 보고서》에서 교육의 패러다임을 '지식에서 역량으로' 대전환을 해야 한다고 제안했다. 그런데 여기 등장하는 역량 개념이 비고츠키의 고등정신기능 개념과 매우 유사하다고 한다. 쉽게 풀어보면 이 의미는 학력(學歷)에서 학력(學力)으로 전환이 필요하다는 것이다. 인공지능 알파고의 등장 이후 학력(學歷)이 더 이상 무의미해지는 시대라는 점을 우리는 실감하며 살아가고 있다. 그리고 2019년 10월, 대통령 직속 김진경 국가교육회의 의장이 〈한-OECD 국제교육컨퍼런스〉에서 "이제는 학력을 '개념적 앎'이 아니라 '할 줄 앎', '살줄 앎'으로 확장할 필요가 있다"고 역설한 것에서도 알 수 있듯이, 삶과 분리된 교육 시스템이 아니라 삶의 과정에 스며드는 생태계형 교육 시스템으로 시급히 전환해야 할 필요성이 점점 커지고 있다.

우리나라 문화예술교육 현장에서 존 듀이 교육학을 공부하며 학교는 '작은 사회'라는 민주주의의 관점을 수용하여 '질적 경험이 일어나는 문화예술교육이 어떻게 가능한지' 고민해야 한다. 그리고 발달과 협력이라는 관점에서 교육 문제를 다시 보고자 한 비고츠키 연구를 통해 '적대'에서 '협력'으로의 교육과정 재편을 통해 성장 과정에서 협력의 태도와 실천 그리고 교사(예술강사)와 학생(수강생)이 함께 발달하는 기쁨을 경험해야 한다.

사람은 변하는가? (성인의 경우) 사람은 쉽게 변하지 않지만, 어떤 사건을 통해 변하기도 한다. 존 듀이의 '경험'이든 비고츠키의 '근접발달영역'이든 사람의 변화 가능성을 염두에 둔 교육이론이라고 할 수 있다. 학교 안에서 이루어지는 학교 문화예술교육이든 지역에서 이루어지는 사회문화예술교육이든, 두 사상가의 교육철학을 녹여낼 수 있는 예술강사들의 공부모임과 다양한 실험들이 필요하지 않을까 한다. 이를 위해서는 도전을 장려하고, 실패를 허용할 수 있는 정책적 유연함이 요구된다. 학자의 관점이 아니라 현장 교사들의 관점에서 비고츠키 교육학의 핵심 개념인 '근접발달영역'이 이루어지는 교실 속 진단 도구를 성찰한 『수업과 수업 사이』(살림터, 2016)의 경우 문화예술교육 측면에서 참조할 점이 적지 않다. 문화예술교육 수업 모니터링 및 컨설팅의 질적 고양 차원에서 자발적인 수업 연구 모임들이 더 많아져야 함은 물론이다. 그런 고민 과정 자체가 나와 당신의 경험(존 듀이)이 되고, 발달(비고츠키)을 이루는 '고통의 축제'가 되었으면 한다.

제 **2** 장 어린이·청소년

아이들에게도
고독이
필요하다

○ 아이들도 고독이 필요하다

○ 로컬의 미래는 행복의 경제학에 있다

○ 아픈 10대를 위해서는 '예술'과 '어른'이 필요하다

○ 아이들은 '칭찬하는 마을'에서 살고 싶다

○ '주말 부족(部族)', 어떻게 탄생하나

○ 함께하면 행복한 '의례'가 됩니다

○ 책 읽는 아이들, 철학하는 마을

칼럼 아이 존재를 품는 '기쁨의 공화국'

○ 아이들도
고독이
필요하다

아이들도 고독이 필요하다. 고독은 그저 심심한 것을 의미하는 것도 아니고, '고립'을 말하는 것은 더욱 아니다. 고독은 누가 시켜서 해야 하는 갖은 의무 따위로부터 자유로운 시간이고, 오로지 나를 위한 시간, 비어 있는 시간을 의미한다. 나 홀로 고독할 줄 아는 어린이와 청소년들은 그렇지 않은 아이들과는 조금 다른 태도를 갖게 된다. 고독할 줄 아는 힘을 의미하는 '고독력'을 갖게 되는 것이다. 여기서 나는 '조금 다른'이란 말이 퍽 중요하다고 생각한다. 사람의 생각과 삶은 하루아침에 획기적으로 변하는 것이 아니기 때문이다.

그러나 어린이와 청소년들이 고독할 시간이 있는가. 아이들은 너무나 바쁘다. 비어 있는 시간이라곤 거의 없다는 점에서 타임푸어 계층이라고 보아야 옳다. 아이들이 저마다 마음의 힘을 발휘하며 재(再)인간화될 수 있는 가능성은 제로 수준이다. '생명보다 돈!'이라는 우리 시대의 주술은 저 세월호 사건 이후에도 좀처럼 흔들린 적이 없기 때문이다. 세월호 후속대책으로 국회가 내놓은 인성교육진흥법이 발효된 이후 사교육 시장의 풍속도를 보라.

아이들을 위한 숨구멍이 필요하다. 2013년 9월 처음 도입되어 2016년부터 전면 시행되고 있는 자유학기제는 작은 기대를 갖게 한다. 자유학기제는 중등교육과정 중 한 학기 동안 학생들이 중간·기말고사 등 시험 부담에서 벗어나 꿈과 끼를 찾을 수 있도록 수업 운영을 토론, 실습 등 학생 참여형으로 개선하고, 진로탐색활동 등 다양한 체험활동이 가능하도록 교육과정을 유연하게 운영하는 제도이다. 2013년에 참여한 42개 학교 교사, 학생, 학부모 반응을 보면 대체로 긍정적이다. 아이들이 꾹 다문 입을 열고 꽁꽁 여민 마음을 열어 수업에 흥미를 갖게 된 것이다. 자유학기제가 뿌리내리기 위해서는 시간이 필요하다. 1970년대 초반 전환기 휴식을 도입한 아일랜드는 제도가 정착하는 데 수십 년이 흘러야 했다. '한 번에 한 아이씩'이라는 교육철학을 바탕으로 학교와 지역을 연계하고 연결하는 미국 메트스쿨의 생산적 학습 또한 하루아침에 이루어지지 않았다. 메트스쿨 초대 교장을 지낸 미국 교육자 엘리엇 워셔는 '넘나들며 배우기'(Leaving to Learn) 과정은 "심장이 뛰지 않는 사람들에게는 적합하지 않다"고 말한다.

자유학기제는 꿈과 끼를 키우는 교육이 될 것인가? 2016년 8월 6일 발표한 대통령 대국민담화를 보면, 국민들의 동의와 동참을 말하면서도 저 1970년대 국민을 '동원'했던 시절의 냄새를 지울 수 없다. 정부 정책의 지가 자유학기제 시행보다 '사회수요 맞춤형 인재 양성' 쪽에 더 쏠려 있는 사정과 무관하지 않다. 기업이 요구하는 창의·인성을 갖춘 인재 양성이 정책목표인 것이다. 그럼에도 자유학기제가 일종의 심리적 유예기간을 주는 역할을 할 수 있다면 더할 나위 없으리라. 중1 학생들이 앞으로 무엇을 하겠다는 것도 중요하지만, 자신에게 맞지 않는 일을 '함부로 하지 않겠다'고 생각할 수 있는 고독의 시간이 되기를 희망한다. 지역사회의 준비도 중요한데, 현실은 만만찮다. 과천의 두근두근방과후협동조합이 2002년 설립한 방과후학교가 '집값 떨어진다'는 지역 주민들의 원성 때문에 없어질 위기에 처했다는 소식은 씁쓸하다.

교육은 사람을 바꾸고, 사회를 바꿀 수 있을까? 나는 회의적이다. 전직 교사인 시인이 "아이들의 꿈에는/ 도무지 땀 흘리는 게 없다"(최기종)라고 쓴 표현을 보라. 상품화, 시장화, 경쟁을 철저히 내면화한 교육 현장에 필요한 것은 돌봄, 사랑 그리고 연대의 가치라고 할 수 있다. 학교와 지역이 분리되고, 교육과 사회가 분리되며, 배움과 운동이 서로를 외면하는 사회에 미래가 있는가. 그런 사회의 교육은 교육이라 쓰고 축산업이라 읽어야 마땅하다. 아이들의 교육을 생각할 때, 필요한 것은 마을이지 쇼핑몰은 아닐 것이다.

『오래된 미래』의 저자로 국내에도 잘 알려진 헬레나 노르베리-호지의 『행복의 경제학』에는 퍽 강렬한 장면이 등장한다. 1970년대 중반 히말라야 오지에 있는 '작은 티베트'라 불리는 라다크(Ladakh) 공동체를 처음 방문했을 당시 그곳의 한 청년에게 "이 마을에서 가장 가난한 집을 보여달라"고 하자 청년은 말한다. "여기에는 그런 집이 없어요." 검소한 생활방식을 추구하며 협동정신을 근간으로 하는 라다크 사회에는 '가난'이라는 개념 자체가 아예 없다는 것이었다. 그런데 십 년 후쯤 헬레나가 라다크를 다시 찾았을 때, 그때 만난 청년이 서양인 관광객들을 향해 "우리를 도와주셨으면 해요. 우리는 너무 가난해요"라고 구걸하는 장면을 목격하게 된다.

불과 십 년 남짓한 짧은 시간 동안 라다크 사회에는 무슨 일이 벌어진 건까. 라다크 청년은 자기 문화에 대한 열등감과 더불어 자기혐오 감정을 철저히 내면화하면서 '라다크적인 것'을 전적으로 부정하는 습관을 견고히 형성한 것이다. 그 원인은 무엇일까. 저 히말라야 오지 라다크 공동체에마저 진출한 글로벌경제라는 이름의 '세계화' 때문이다. 헬레나의 『행복의 경제학』은 라다크 사회를 지탱해온 오래된 지혜(Ancient Wisdom)의 회복을 촉구하며 '세계화'에 맞서는 진짜 힘은 자치의 정치와 자급의 경제 그리고 자존의 문화를 근간으로 하는 '지역화'에 있다는 점을 역설한다. 이른바 글로벌경제에 노출되면서 철저히 파괴된 생태학적 균형을 회복하고 공동체적 조화를 이루는 삶이야말로 인류의 '오래된 미래'라는 점을 역설하는 것이다. 결국, 지역을 누구의 눈으로 보느냐가 중요하다는 점을 말해주는 대목이 아닐 수 없다.

헬레나의 이러한 문제의식은 『로컬의 미래』(남해의봄날, 2018)에서도 여일(如一)하게 나타난다. 지역화를 통해 '지역 감각'을 회복함으로써 근본적인 변화로 나아가자고 주장하기 때문이다. 기동성, 경쟁력, 개인주의를 강요하는 '세계화'에 맞서 사랑과 연대의 힘을 서로 신뢰하며 '지역화'의 길을 찾아야 한다고 말한다. 그것이야말로 진정한 민주주의를 강화하는 것이고, 온전한 경제를 회복하는 길이라는 것이다. 그리고 세계 각지에서 벌어지는 로컬푸드 프로젝트, 로컬 비즈니스연맹, 로컬 금융기획, 공동체 기반의 신재생 에너지사업 같은 글로벌운동들을 소개하며 지금, 여기에서 당장 '큰 그림 행동주의'(big picture activism)를 실천하자고 주장한다. '바닥없는 경주'를 이용해 자기 이윤만 극단적으로 챙기는 '금융의 대량살상무기' 같은 길이 아니라, '경제를 지역으로 가져오기'(bring the economy home)를 통해 지역의 다양성을 살리자는 것이다. 헬레나가 대규모 단일 품종 농지보다 모자이크식 식량 생산, 소농(小農) 지원, 농업 다양성, 자급의 삶을 선택하자고 주장하는 것도 그런 이유 때문이다.

흥미 있는 것은, 이런 주장을 하는 헬레나의 어조에서 좀처럼 침통한 기운이 느껴지지 않는다는 점이다. 세계 각지에서 일어나는 다양한 운동들을 '명랑하게' 응시하려는 낙관적 태도와 어조마저 감지된다. 세계 각지에서 로컬의 미래를 위해 새로운 변화를 이끌어내며 결정적 다수를 만드는 '큰 그림 행동주의'를 깊이 신뢰하기 때문이리라. 예를 들어 국내총생산(GDP) 대신 실질진보지표(GPI) 혹은 국민총행복(GNH) 같은 다양한 대안들에 대한 탐색은 최근 1인당 국민소득 3만 달러를 돌파했다는 대한민국에서 갖는 의미가 남다르다. 국민소득 3만 달러 시대에도 우리는 왜 행복하지 못한지 진지하게 묻지 않을 수 없기 때문이다. 그래서 『로컬의 미래』를 보노라면 지역에 근거한 (문화예술)교육에 대해 사유하게 된다. 위에 인용한 라다크 청년의 모습은 바로 대한민국 어린이, 청소년, 청년, 성인, 어르신들의 자화상과 다를 바 없기 때문이다. 대안학교, 홈스쿨링, 숲속학교 같은 대안교육을 비롯해 생태마을, 전환마을, 지역사회권운동 같은 로컬 계획 공동체들의 탐색은 대한민국에서 더 이상 미룰 수 없는 예방적 사회정책이 되어야 마땅하다. 전쟁의 공포를 대체한 시장의 공포가 우리의 사고와 행동을 짓누르는 대한민국 사회를 바꾸려면 지역화에 근거한 새로운 협력의 습관 형성이 절대적으로 필요하다. 최근 포용국가를 표방한 정부의 국정기조는 문화예술(교육)적 실천을 통해 일종의 '문화안전망' 개념을 적용하는 것으로까지 육화되어야 한다.

우리에게는 '서로'가 필요하다

이 점에서 캐나다 주부 C. J. 슈나이더가 쓴 『엄마는 누가 돌보지?』(원제 'Mothers of the Village', 서유재, 2017)는 헬레나의 큰 그림 행동주의를 일상에서 실천하며 엄마를 위한, 엄마에 의한, 엄마들의 마을공동체를 역설하는 책이다. 다시 말해『로컬의 미래』도 그렇지만,『엄마는 누가 돌보지?』에서 강조하는 가치는 공동체적 유대와 확고한 상호의존이다. 한마디로 엄마들뿐만 아니라 우리에게는 '서로'가 필요하다는 것이다. 육아가 엄마 혼자 돌보는 '독박 육아'가 되고, 심지어 '육아 폭탄'으로 간주되는 사회는 결코 좋은 사회가 아니다.

잘사는 사회는 종종 "사회적 자본이 부식되는데," 그 이유는 이야기를 잘 들어주는 친구 대신 심리치료사를 고용하고, 집안 노인을 가족과 공동체 대신 돈을 내고 요양원에서 돌보게 하기 때문이다. 또한 아이들도 가족이나 공동체가 키우기보다 어린이집과 같은 보육 시설에 맡긴다. 사회적 관계가 정서적으로 훨씬 더 만족스러울 잠재성을 가졌음에도 시장이 서로 주고받을 수 있는 사회관계의 기능을 대체해버렸다.

위에서도 알 수 있듯이, 문제는 사회적 자본을 대체한 시장화라고 할 수 있다. 이 책은 헬레나의 문제의식과도 같이 육아와 엄마를 위해서라도 시장화의 길 대신 '사회적 자본'을 형성하고 강화하는 마을공동체가 절대적으로 필요하다는 점을 역설한다. 공동경작과 공동분배를 하는 멕시코의 '밀파'를 비롯한 사회적 관계망에 대한 작가의 탐색이 재미있다. 그러나 더 흥미 있는 것은 친자식이 아닌데도 아이의 양육에 중요한 역할을 하는 존재인 할머니/ 엄마/ 고모/ 이모/ 언니… 같은 알로마더(allomother)들의 역할과 알로페어런츠(alloparents)들이 연출하는 '확대가족'의 힘을 강조하는 대목이다. 쉽게 말해 분리되고 독립된 지금의 핵가족 형태는 그 역사가 오래된 것이 아니라는 점, 그리고 알로페어런츠 같은 확대가족이 모든 문화권에서 유적 존재인 인류를 진화시킨 핵심 동력이었음을 풀이하는 대목이다. 결론적으로 아이들을 위해 마을이 필요하고, 엄마들을 위해 마을이 필요하며, 우리 모두를 살리는 살림살이 경제를 위해 마을공동체가 필요하다는 것이다.

　이 두 책은 성장 중심의 경제 패러다임을 넘어설 새로운 사회문화적 비전의 필요성을 강조한다. 돈벌이 경제가 아니라 살림/살이 경제를 위한 사회문화 비전을 우리 모두 공유하고, 일상적 삶에서 그런 비전을 어떻게 구체적으로 실현해야 하는지 진지하게 숙고하게 한다. 전 세계적인 지역화 운동의 일환으로 헬레나가 제시하는 다섯 단계의 행동 강령은 연대(Connect), 교육(Educate), 저항(Resist), 재건(Renew), 기념(Celebrate)의 가치다. 이 다섯 가지 행동 강령은 결국 사랑과 연대가 우리를 구원할 것이라는 말과 같다. 그리고 당신이, 우리가 사는 지역의 안녕을 위해 우리 모두 '마을 큐레이터'가 되어 뭐라도 해야 한다고 말해주는 것이라고 보아도 좋다. 마을은, 세상은, 저절로 바뀌는 것이 아니기 때문이다.

아픈 10대를 위해서는 '예술'과 '어른'이 필요하다

시인 W. 블레이크가 남긴 아포리즘 가운데 "새의 보금자리/ 거미의 거미줄/ 사람의 우정"이라는 말이 있다. 사람 사는 세상의 핵심적 작동 원리를 이 말처럼 간단명료하게 표현한 말이 또 있을까. 사람의 우정으로 작동하는 사회는 저마다 환대(歡待)하는 삶의 실천으로 환대하는 마을공동체를 구현하는 사회다. 그런 마을 공동체에서는 아이들의 성장과 성숙을 위해서는 '서로 손-잡기'의 원리가 제일 가치라는 점을 암묵적 전제로 하는 사회라고 보아야 옳다. 아이들의 교육을 위해서는 격려와 기대와 지원 외에 다른 것은 전혀 불필요하다는 점을 자각한 사회를 품위 있는 사회라고 할 수 있으리라.

그러나 우리 사회는 어떠한가. 아이들은 저마다 생애 최대의 풍경이 되어야 할 유년 시절부터 낙오에 대한 공포와 부자 되는 것에 대한 선망의 문화를 먼저 배운다. 아이들은 우정의 가치를 더 이상 믿지 않고, '숫자

(=돈!)'의 주술을 더 신뢰한다. 어디선가 저 『어린왕자』의 장탄식이 들려오는 듯도 하다. 누구랄 것 없이 아이들은 저마다 대한민국에서 10대로 사는 괴로움을 호소한다. 경향신문 특별취재팀이 쓴 『10대가 아프다』(위즈덤하우스, 2012)에는 학교폭력과 '왕따'에 시달리는가 하면 극단적 자살을 선택하는 아이들의 핏빛 절규가 쟁쟁하다. 이런 문제의 원인에 대해 저자들은 "10대 아이들과 사회가 철저히 분리되어 있었다"고 진단한다. 10대 아이들의 '죽음'이 일상화된 사회를 정상사회라고 할 수 있을까. 10대 아이들이 죽음으로 말하는 메시지에 무심한 우리는 괴물일지 모른다.

10대 아이들을 위한 감동적인 문화예술교육이 필요하다. 예술교육의 강렬한 경험은 아이들의 인생길을 단수(單數)에서 복수(複數)로 변형시키는 강력한 마음의 힘으로 작용할 수 있다는 점에서 그렇다. 나의 경우도 그랬다. 고2 때 셋째형의 자살 이후 치른 나 혼자만의 고독한 '홈스쿨링'이었지만, 나는 그때의 대책 없는 책읽기 과정에서 '소유하는 삶보다 자기 자신을 표현하는 삶이 더 멋질 수 있다'는 점을 자각했다. 그때의 강렬한 마음의 임팩트는, 나 자신이 처한 현재의 삶에 대한 태도는 물론 미래의 꿈을 확고히 하는 마음의 힘으로 작용했다.

경기도 연천군 청산면 푸른꿈지역아동센터(센터장 조무선)에서 만난 아이들 또한 예술교육의 효과를 입증하는 하나의 사례가 될 수 있으리라고 본다. 맨발로 대지(大地) 위에서 힘차게 뛰어노는 흙의 아이들이라니! 배움터를 겸한 이곳 아동센터 아이들은 편부모 슬하이거나 조손(祖孫) 가정인 경우가 많다.

오늘날 가난과 소외를 광범위하게 정의하는 말이 있다면 그것은 바로 '제외'라고 할 수 있다. 이런 관점에서 본다면, 이곳 아이들이 정서적 반응을 선택하고 통제하는 힘을 뜻하는 정서적 자원을 갖출 수 있는 교육과 인간관계는 필요하다. 아이들은 자신에게 도움이 되고 자기 파괴적인 행동에 빠지지 않도록 이야기를 들어줄 줄 아는 '어른'과 자주 만나야 한다. 예술문화단 놀패(대표 문미정) 소속 연극인들이 3년 전에 만난 것도 그런 이유 때문이었으리라. 3년째 진행되는 "자기표현을 위한 열린 연극놀이"에 참여하는 아이들의 얼굴 표정에는 그늘이 느껴지지 않는다. 놀이와 예술이 어우러진 예술교육에 참여한 아이들은 장차 어떤 삶을 살아야 할 것인가 하는 '선택'을 놓고 고민하고 있다. 어쩌면 누군가는 '나 자신의 노래'(W. 휘트먼)를 부르며 사는 삶을 당당히 선택할 것이라고 나는 믿어 의심치 않는다.

대물림되는 가난과 상황에 따른 가난에 처한 아이들을 위한 예술교육은 일종의 계층이동의 사다리 역할을 해야 한다. 아하!프로세스(aha!Process)는 참조 사례가 된다. 아하!프로세스의 설립자로서 30여 년 동안 빈곤층 아이들의 삶과 교육에 헌신해온 미국 교육자 루비 페인은 『계층이동의 사다리』(황금사자, 2011)에서 "계층 간에 가장 큰 차이는 '세계'를 정의하는 방식"이라고 말한다. 각자의 계층에 따라 집단 내에 적용되는 암묵적 신호와 관습을 뜻하는 불문율이 다르기 때문이라는 것이다. 쉬운 예로 식사 후 가족들이 나누는 핵심 대화 내용을 보면, 각 계층에 따라 "배부르게 먹었니?"(빈곤층), "맛있게 먹었니?"(중산층), "차려진 음식이 보기 좋게 나왔니?"(부유층) 식으로 다르다는 것이다. 그는 이런 계층 간의 불문율을 넘어 빈곤층 아이들이 어른의 목소리를 의미하는 일종의 협상 언어를 배울 수 있는 교육과 인간관계는 다른 무엇보다 필요하다고 역설한다.

오늘의 문화예술교육이 교육 자체에 그치지 않고, 아이들의 내면과 일상은 물론 세상을 바꾸려는 프로젝트로서 역할을 해야 하는 이유가 여기에 있다. 문화소외 지역의 빈곤층 아이들과 함께하는 예술교육은 아이들 마음의 불문율을 깨고 새로운 정서적 자원을 얻을 수 있는 좋은 계기가 될 것이다. 비유적으로 말하자면, 나는 이곳 연천의 예술교육 프로젝트는 〈미래의 꿈을 위한 '괜찮아 프로젝트'〉라고 명명할 수도 있다고 본다. 수필가 장영희는 「괜찮아」(『살아온 기적 살아갈 기적』, 샘터, 2009)라는 글에서 이렇게 썼다.

> '괜찮아! 괜찮아!'. '그만하면 참 잘했다'고 용기를 북돋아 주는 말, '너라면 뭐든지 다 눈감아 주겠다'는 용서의 말, '무슨 일이 있어도 나는 네 편이니 넌 절대 외롭지 않다'는 격려의 말, '지금은 아파도 슬퍼하지 말라'는 나눔의 말, 그리고 마음으로 일으켜 주는 부축의 말, 괜찮아.

이러한 예술교육은 결국 사람의 우정을 회복하려는 프로젝트라고 할 수 있다. 센터(동네)-예술가-아이들이 함께하는 일종의 사회통합 프로그램의 속성을 띠기 때문이다. 나는 연천 푸른꿈지역아동센터에서 진행되는 예술교육 프로그램 "자기표현을 위한 열린 연극놀이"가 고유한 '사례'가 되기를 진심으로 희망한다. 이러한 나의 생각은 생태사상가 E. F. 슈마허의 가르침에 빚진 바 크다. 슈마허는 『굿워크』(느린걸음, 2011)라는 책에서 "예술가가 특별한 인간이 아니라 모든 인간이 특별한 인간입니다. 이것이 바로 좋은 노동의 형이상학입니다"라고 말한다.

오늘날 이런 좋은 노동의 형이상학을 보여주는 국내외 사례는 무수히 많다. 엘 시스테마(El Systema, 베네수엘라), 몸의 학교(콜롬비아), 클레멘트 코스(미국), 지혜의등대도서관(브라질) 같은 사례들을 생각할 수 있다. 그러나 과문한 탓인지 모르겠지만, 우리 문화예술교육 현장의 경우 자족(自足)적 경험에 그치는 경우가 많다는 혐의를 지울 수 없다. 전국 어디서나 비슷비슷한 기능교육과 체험교육 위주로 짜인 어린이·청소년 대상 프로그램이 성행하고 있는 것은 무엇을 말하는가. 10대에 대한 깊은 이해와 공감, 예술교육에 관한 철학적 고민, 교육 목표에 대한 철저한 고민이 더 요구되어야 하는 것이 아닐까. 그렇지 못한 예술교육은 자아도취의 유혹과 매너리즘의 관성 사이에서 길을 잃게 된다.

예술강사의 역량 강화를 위한 지원과 협력 방안 또한 더 적극적으로 고민해야 한다. 이 문제는 전국 어디랄 것 없이 해당하는 해결과제다. 수업에서 아이들의 미래 행동에 영향을 주는 문제들을 끄집어내 다른 삶의 가능성을 상상하고 사유할 수 있게 하는 교사의 역량은 절대적으로 중요하다. 그러나 문제는 그런 내공과 열정과 노하우는 하루아침에 습득되지 않는다는 점이다.

전문가 네트워크를 구축·운영하고, 전통연희 교육 모델과 교안 제작 관련 워크숍을 여는 등, 자기 진화(進化)를 위한 적극적인 모색을 하는 줄로 알고 있다. 그런 열정을 위한 진정한 여행 속에서 탄생한 예술강사는 우리 시대 '아픈 10대'들과 소통하면서 아이들의 마음에 이 세상은 그런대로 살 만한 곳이라는 확고한 믿음을 선물할 수 있으리라 믿는다. 나는 아이들에게 그런 가치를 심어줄 수 있는 예술강사를 말의 바른 의미에서 '한 사람의 어른'이라고 부르련다. 그런 어른은 입은 줄이고 귀를 키울 줄 아는 능력을 갖추었다. 10대로 사는 고통을 호소하는 지금 이곳 아이들을 위해 가장 필요한 존재는 바로 그런 능력을 갖춘 한 사람의 어른이다. 모두 아름다운 아이들을 위하여!

○ 아이들은
'칭찬하는 마을'에서
살고 싶다

'행동하는 대로 사느냐, 생각하는 대로 행동하느냐?'

어린이와 청소년 시절에는 이 물음에 대해 생각해보고 인간관계의 기초체력을 기를 수 있는 경험이 필요하다. 인간관계의 기초체력이 부족한 아이들은 무기력한 모습뿐만 아니라 감정 폭발과 공격적인 행동을 보이는 경우가 잦다. 자신을 소중하게 받아들이는 자아 존중감이 부족하기 때문이다. 자아 존중감이 높으면 친구를 잘 사귀고 활발하게 생활하는 반면, 자아존중감이 낮으면 스스로를 열등히 여겨 자신감이 없어지고 위축되기 마련이다. 아이들의 자아 존중감 형성에는 부모와 선생님의 말이 결정적인 역할을 한다. 아이들의 말을 인정하고 들어주며 장점을 칭찬하면 아이들은 자신을 '괜찮은 존재'라고 생각하게 된다. 어린이와 청소년을 위해 '칭찬'이 필요한 것도 그런 이유 때문이다. 칭찬은 아이들의 존재를 있는 그대로 다 긍정해주려는 사랑의 마음에서 우러나온다.

이웃나라 일본에서는 히키코모리(은둔형 외톨이), 리스트커트(wristcut, 손목을 칼로 긋는 자해 행위), 거식증 같은 병적 징후를 보이는 아이들이 급증해 골머리를 앓고 있다. 이런 문제를 해결하기 위해 시민운동 차원에서 시작한 것이 '칭찬조례' 제정운동이다. "아이를 칭찬하며 키우자"는 것이다. 이 운동에서 주목할 만한 점은 마을(자치구)의 모든 어른들이 아이들을 칭찬하는 것이다. 칭찬받는 아이를 위해서는 '칭찬하는 마을'이 있어야 한다는 것이다. 일본 교육자 후쿠도메 쓰요시는 『아이의 미래를 바꾸는 칭찬학습법』(이매진, 2008)에서 "칭찬은 아이를 밝게 만들고 자기 자신을 긍정하게 만들며, 결국 한 사람의 능력을 최대한 발휘하게 한다"고 말한다. 칭찬조례 제정을 통해 아이들의 심성이 어떻게 변했고, '칭찬을 잊은 사회'인 일본 사회에 어떤 작은 변화들이 일어났는지 이 책에서 확인할 수 있다.

컬처커뮤니티 '동네'(대표 양재혁)가 안산의 지역아동센터에서 진행하는 "생활문화 버라이어티—우리동네 히어로" 프로젝트에 눈길이 가는 이유는 미적 교육의 방법으로 아이들의 성장과 성숙을 위해 '칭찬하는 마을'을 만들려는 야심찬 의도 때문이다. "우리동네 히어로" 프로젝트는 와동 책키북키지역아동센터에서 진행되는 〈책키북키 스파이더맨의 칭찬 거미줄〉 사업과 선부동 하늘꿈지역아동센터에서 진행하는 〈하늘꿈 캡틴플래닛의 대신농장〉 프로그램으로 진행되고 있다.

와동에서 진행되는 프로젝트는 지역아동센터 아이들이 동네에서 칭찬받아 '마땅한' 유·무형의 문화재(사람 및 장소)들을 선정해 사진을 찍고 인터뷰한 뒤 '동네 문화재'로 선정해 『동네문화재』라는 책에 수록한다는 것이 주요 활동의 골자다. 아이들은 4명이 한 모둠을 이루어 직접 만든 종이깃발을 앞세우고 칭찬받아 마땅한 동네 어른들은 물론 특정 장소를 탐방해 취재한다. 어른들이 어린이를 칭찬하는 방식이 아니라 칭찬받아 마땅한 동네 어른들을 아이들이 선정한다는 점이 퍽 흥미롭다. 흥미 있는 점은 또 있다. 아동센터 앞 사세충렬공원에 야외캠프를 차려 아이들끼리 옥신각신하면서 프로젝트를 수행하는 것이다. 공원을 찾은 마을 어르신들께 차(茶)를 대접하는 등의 시시콜콜한 이벤트를 진행하고 있다.

이러한 프로그램의 의미는 작지 않다. A. 토크빌이 "상부상조하는 법을 배우지 않으면 그들은 모두 무기력한 존재가 된다"고 한 것처럼, 예술교육을 통해 상부상조하는 법을 배우는 것은 민주주의 학습 과정이 될 수 있기 때문이다. 그리고 나의 성장과 강화를 위해서는 너의 성장과 강화 또한 필요하다는 점을 배울 수 있다는 점에서 매우 중요하다. 어쩌면 야외캠프는 지역아동센터 아이들에게 '빈 구석' 같은 것이라고 해야 할지 모르겠다. 앞으로 지역아동센터 아이들은 물론 동네 어른들을 초청해 〈주먹밥 콘서트〉도 열 예정이다. 이러한 야외캠프 경험이 아이들에게 동네를 생각하는 즐거운 추억이 되었으면 한다.

안산 선부동 하늘꿈지역아동센터 아이들과 함께하는 〈하늘꿈 캡틴 플래닛의 대신농장〉 프로그램 또한 우리의 각별한 관심을 요한다. 차상위 계층, 그룹홈, 다문화 가정 아동·청소년들이 스스로 주인이 되어 마을에 소재한 정원에 주인을 대신(substitute)하여 갖은 꽃과 식물을 기르고 생육한 식물들을 주민들에게 분양한다는 프로젝트다. 마을 어른들로부터 일상적인 시선의 차별을 받아온 저소득층 아이들이 '소통하는 나눔' 활동을 통해 스스로에 대한 존경심을 높이고, 마을 어른들과 친숙한 관계를 형성함으로써 인정과 지지를 받는 일은 얼마나 멋진가? 사람은 누구나 어딘가에 단단히 결속되기를 바라는 욕망이 있다. 가정이 해체되고 사회적 관계 또한 절연된 그룹홈 아이들이라면 이러한 소속감에의 열망은 너 높을 것이다. 식물을 기르고 분양하는 프로그램을 통해 아이들이 사회적 낙인(stigma)을 극복하고, 마을 어른들 또한 아이들에 대한 왜곡된 시선에 작은 '균열'이 이루어질 수 있다면 그 자체가 큰 변화가 될 것이다.

실제 어른들의 언행에 작은 변화가 감지되고 있다. 특히 할아버지들의 변화가 눈에 띈다고 한다. 아이들만 보면 사나운 포식동물의 눈빛을 내비치던 동네 할아버지들의 눈빛이 다소 부드러워진 것이다. 어떤 말과 행동을 하기 전에 먼저 "이 얘기를 해도 될까?", "이 행동이 저 아이에게 상처 되지 않을까?" 하는 생각을 하기 시작했다고 보아도 무리는 없을 것이다. 이런 작은 변화는 아이들의 마음에도 감지되고 있다. 이런 변화가 아이들 자신이 마을에서 진정으로 존중받는다는 '확신'으로 이어지길 바란다. 아이들과 마을 어른들 사이에 서로에 대한 신뢰와 관심이 더욱 형성될 때 실현 가능하리라 믿는다.

안산에서 진행되는 "생활문화 버라이어티—우리동네 히어로" 프로젝트는 문화예술교육을 통해 아이들을 보살피는 '칭찬하는 마을'을 가꾸려는 커뮤니티 기반 예술교육사업이라고 할 수 있다. 아이들과 함께하는 예술교육 프로그램 과정에서 자신의 촉감(觸感)을 살리는 재미와 즐거움을 느끼고, 미적 교육을 통한 아름다움을 통해 자유를 느낄 수 있다는 점에서 그렇다. 미적 교육의 효과 면에서도 놀이를 통한 즐거운 방식으로 나와 다른 존재를 인정하고 강렬한 소속감을 느낄 수 있다는 점에서도 의미가 깊다. 우리 시대 가난 문제를 깊이 성찰하는 시편들을 써온 최금진 시인이 어느 시에서 "웃음엔 민주주의가 있는가"라고 썼듯이, 우리 사회 양극화 문제는 '웃음의 양극화' 현상을 낳는다는 점에서 심각하다. "계통이 훌륭한 웃음일수록,/ 말없이 고개 숙이고 달그락달그락 숟가락질만 해야 하는/ 깨진 알전구의 저녁식사에 대한 이해가 없"("웃는 사람들」)기 때문이다. 6학년 아이가 쓴 다음 시 「그림자」는 이 아이들이 무엇을 가장 바라고 있는지를 표현하는 적절한 예다. 그것은 '칭찬'과 '친구'다. "내 친구들 학원 간 뒤 나 혼자 외롭다/ 이럴 때 놀아주는 그림자/ 난 괜찮다 하지만/ 계속 붙어 있는/ 내 마음 아는 그림자."

안산에서 진행된 이 프로젝트는 지역 공동체를 기반으로 하는 문화예술교육의 좋은 사례다. 커뮤니티 아트에 대한 관심과 활동은 많지만, 예술교육을 기반으로 하는 진정한 '미적 교육'은 여전히 취약하다. 문제는 정책적 관심과 지원이다. 어떤 정책이든 결국 ①과연 바람직한가, ②과연 효율성이 있는가, ③과연 지속가능한가 하는 세 가지 측면을 고려해야 한다. 여기서 '효율성'이란 경제효과를 따지는 효율성이 아니라 사업 목표와 의미를 제대로 달성했느냐 하는 차원의 문제다. 안산 "생활문화 버라이어티—우리동네 히어로" 프로젝트는 '지속가능성' 측면에서 정책적 관심과 배려가 필요하다. 이 사업이 끝나고 나면, 이 아이들은 예전 현실로 돌아간다. 그런 아이들을 위해 동네에서 '인기척'을 느낄 수 있는 문화예술교육 프로젝트는 사회안전망을 구축하는 일과 다름없다.

아이들은 좀비도 괴물도 아니다. 아이들을 그렇게 만드는 어른이 있고, 그런 사회가 있는 것이다. 이 아이들은 '칭찬하는 마을'에서 살 권리가 있다.

아이들이 나무토막에 이쑤시개와 면봉 따위로 헝겊을 고정해 만든 '걱정 인형'을 손에 들고 친구 집을 방문한다. 집은 의자 뚜껑 안에 마련한 작은 미니어처 형식의 보석상자(cassette) 같다. 아이들은 저마다 개성을 한껏 살려 자기 집을 꾸미고 인형을 만들어 손님을 맞이하고 친구 집들이에 마실을 간다. 손님과 주인은 자기 분신(分身)과도 같은 인형을 마주하며 시시콜콜한 대화를 주고받는다. '아무 방'이라고 이름 붙인 아홉 살 김병준 군은 "내가 하고 싶어 하던 일이어서 더 빠져든다"며 즐거워한다. 신난 것은 아이들만이 아니다. 네 살짜리 아이와 프로그램에 참여한 도연이 엄마는 "어린아이가 된 것처럼 제가 더 신나서 열심히 한다"며 계면쩍은 웃음을 짓는다.

서로에게 곁을 내어주는 소꿉놀이

시간 가는 줄 모르고 소꿉놀이에 빠져드는 참여자들의 모습에서 차분한 명랑함의 기운이 느껴진다. 지아정원의 〈우리는 가족이야, 아니야?〉는 소꿉놀이 형식을 빌려 옆 친구와 얼굴을 익히고 인기척을 느끼며 우애로운 마주침의 순간들을 연출하는 프로그램이다. 아이들의 무구한 표정을 보노라면 자기 앞의 인생을 변화시키는 한순간의 경험을 의미하는 에피파니(epiphany)의 순간이 될 수도 있다고 해야 할지도 모르겠다. 동화작가 권정생 선생이 「소꿉놀이」라는 동시에서 "돌담 너머/ 대추나무 밑이/ 따사해서/ 아이들이 꼬마 살림 차렸다"라고 쓴 것도 그런 에피파니의 순간을 노래한 것이라고 봐도 좋으리라.

2016년 〈타인의 자리〉에 이어 진행되는 2017년 지아정원의 〈우리는 가족이야, 아니야?〉라는 프로그램은 서로가 서로에게 곁을 내주며 선물이 되는 절대적 환대를 경험하게 한다는 데 의미가 있다. 어느 문화인류학자가 "사람이 된다는 것은 자리/장소를 갖는다는 것이다"(김현경)라고 한 것처럼, 참여자들은 소꿉놀이라는 유구한 놀이 형식을 통해 다른 사람의 존재를 상상하고 사회적 성원권(成員權)을 이해하는 문화예술교육 프로젝트로서 의미가 있는 것이다. 사람이 된다는 것은 사람으로 인정된다는 것을 전제로 할 때만 가능하다는 점을 깊이 생각하고, 실제 문화예술교육 현장에서 어떻게 풀어내야 할지 고민해야 한다.

지아정원의 〈우리는 가족이야, 아니야?〉는 2016년 경기문화재단이 주관하는 지역특성화 문화예술교육사업에 처음으로 참여하며 진행한 〈타인의 자리〉의 연장선상에서 구상되었다. 〈타인의 자리〉는 참여자들과 의자를 제작하고, 제작한 의자를 멋지게 꾸민 후, 가면을 쓰고 의자에 앉아

'그 사람'이 되어 전하고 싶은 사연을 말하는 장르통합 프로그램이다. 자신이 만든 의자가 놓인 무대에서 스포트라이트를 받으며 소소한 감정을 표현하는 글을 발표하는 모노드라마 형식은 뭉클한 감동과 재미를 주었다. 혼자 지내는 시간이 많은 아이는 같이 소풍 가서 놀 친구를 그리워하는 마음을 적었고, 병석에 누운 친정어머니를 자주 찾지 못해 미안해하는 마음을 간직한 딸은 엄마에게 편지를 띄웠다. 어쩌면 그런 사소한 말들의 풍경이야말로 저마다의 진심(眞心)이었다고 확언할 수 있으리라. 결국, 의자를 만드는 행위 자체가 중요한 것이 아니었고, 가까운 타인을 생각하고 그 사람의 자리(place)를 잊지 않으려는 교육 프로젝트였던 셈이다.

혈연에 기초하지 않은 가족의 가능성

물론 '흑역사' 시절도 없지 않았다. 2015년 경기문화재단 CoP사업을 통해 처음 문화예술교육에 입문한 지아정원 이현정 대표와 정인교 기획자 모두 아이들과 함께하는 교육 경험이 적어 처음에는 참여자들과 눈맞춤하는 것조차 버거워했다. 이론과 실제 현장의 사정은 달랐던 것이랄까. 당시 첫 수업 현장 모니터링을 했던 나는 지아정원의 두 강사가 무대에서 '독백'을 하는 배우 같다는 인상을 받은 기억이 새롭다. 그런데 두 사람의 분투는 놀라웠다. 안산 강서고등학교 동창인 두 사람은 가르침(teaching)의 관점이 아닌 참여자들의 배움(learning)이라는 관점에서 문화예술교육에 대해 고민하며 문제를 하나씩 풀어갔다. 그때 두 사람이 지지고 볶으며 싸운 이야기를 잘 정리만 해도 한 사람의 (예술)교사는 어떻게 탄생하는가 하는 측면에서 흥미 있는 '간증 자료'가 되리라 믿어 의심치 않는다.

여하튼 2016년에 진행된 교육 경험은 2017년 프로그램 설계와 운영에도 적잖이 영향을 미쳤다. 의자를 만드는 데 그치지 않고, 식기와 식탁을 만들며 함께 밥을 먹는 가족으로 변신하는 과정을 구상했다. '드루와'의 환대가 가능한 조각보 가족, 다시 말해 패치워크 패밀리(Patchwork Family)로서의 가능성을 적극 모색하고자 했다. 여기에는 정인교 강사의 초등학생 조카가 성별이 다른 한 쌍의 부부와 자녀 둘을 보통의 가족이라고 가르치는 초등학교 2학년 교과서 내용에 의문을 제기한 사건이 하나의 계기가 되었다. 조카가 "삼촌, 우리는 가족이야 아니야?"라고 의문을 제기한 것이다. 두 사람은 이러한 문제의식을 아이들의 소꿉놀이와 연계해 혈연에 기초하지 않은 가족의 가능성을 탐색하고자 했다.

아이들은 소꿉놀이를 통해 생존의 기술, 관계의 기술을 배운다. 아이들이 자신의 분신인 걱정 인형을 들고 누군가의 집들이에 가는 형식에서 관계의 기술을 익히게 되기를 희망한다.

_ 정인교/ 지아정원 기획자, 강사

실제 아이들은 집주인으로서 자기 주도성이 커지는 경험을 맛보았다. 초등학교 3학년인 형 이은수와 같이 참여한 1학년 이은성은 미니어처로 만든 음료수를 자랑하며 손님과 대화하느라 여념이 없다. 그런데 약속이나 한 듯이 정인교 강사가 아이들 집을 방문하면 은근히 '디스'하며 딴청을 부리는 것이었다. 비유적으로 말하면 '친밀한 적'이 되었을 만큼 친해진 셈이랄까.

존중과 환대가 있는 주말 부족

여기에는 이유가 있었다. 지아정원의 프로그램은 수업 때 만나는 것으로 그치지 않았다. 안산에 사는 두 사람은 아이들과 일상적으로 자주 얼굴을 보며 지낸다. 이현정 대표는 한부모 가족이든 조손 가정이든 프로그램에 참여한 모든 아이 집을 방문할 계획이다. 평소에도 자주 아이들 집을 오가는 사이여서 어려움은 없다. 정인교 강사도 평소 아이들과 연극을 관람하는 등 자주 어울리며 지낸다. 지역특성화 문화예술교육 프로그램에서 만난 작은 인연이 서로의 관계를 바꾸고, 동네를 바꾸는 마음의 힘으로 작용할 수 있다는 점에서 의미가 작지 않다. 그런 아이들은 회복 탄력성이 높은 아이들로 성장할 수 있는 사회적 자본(social capital)을 형성하게 된다. '세상에 믿을 놈 없다' 따위의 적자생존식 가치를 맹신하는 게 아니라, 개인들 사이의 연계와 사회적 네트워크 형성 그리고 호혜성과 신뢰의 규범을 더 신뢰하게 된다. 그런 아이들은 자신의 노력 부족을 능력 부족으로 착각하지 않는 습관을 형성하며 건강한 마음생태학을 갖게 된다.

흥미 있는 점은 또 있다. 2017년의 경우 2016년에 비해 아빠들의 변화가 눈에 보인다는 점이다. 지난여름 캠프에는 아빠들이 여럿 참여했고, 아빠와 아이가 함께 식탁을 만드는 교육과정 또한 후반부에 배치했다. 내 시간을 들여 땀 흘리며 수고해 제작한 식탁에서 사람들과 함께 밥 먹는 행위를 생각하면 벌써부터 마음이 설레는 것은 어찌할 수 없다. 그런 행위야말로 서로에게 주는 뜻 깊은 선물이 되고, 큰 밥상공동체[大同]로 가는 작은 실마리가 될 수 있으리라. 교육철학자 존 듀이(John Dewey) 식으로 말하자면 그런 경험은 하나의 불꽃놀이처럼 '어떤 하나의 경험'을 이루게 될 것이다. 전체 과정을 잘 정리해 지난해처럼 전시회도 할 생각이다. 정인교 강사는 "결과를 중시해서 전시회를 여는 게 아니다. 오히려 과정을 더 중요시했기 때문에 여는 것이다"라고 말한다.

그렇게 안산시 상록구 한양대학교 에리카캠퍼스 앞 석호상가 지하에서는 매주 토요일 주말 가족이 모였다가 흩어지며 가족 밖 가족을 이루어가고 있었다. 가족 밖 가족 구성원이라는 성원권을 존중하며 절대적 환대가 이루어지고 있고, 이 사회가 하나의 신뢰의 서클을 이루는 가족일 수 있다는 인식이 조금씩 자란다고 하면 지나친 억측일까. 안산 지아정원 〈우리는 가족이야, 아니야?〉 참여자들은 지금 '주말 부족(部族)'으로 공진화(共進化)하는 중이다!

우리 동네는 살아있는 학교
_ 인천 마을n사람 '우리동네 문화복덕방-사람책'

한가위를 앞둔 9월의 어느 주말, 인천 동암역 북광장에서 593번 버스를 탔다. 열우물(십정동)을 지나 가좌동으로 향하는 차로 변에는 갖은 플래카드들이 눈에 띄었다. 재개발을 알리고, 부동산의 가치를 높이자는 문구들이었다. 인천 서구 가좌동 일대는 2016년 개통된 인천지하철 2호선 공사로 재개발의 몸살을 심하게 앓고 있었다. '대한민국은 공사중'이라는 말이 실감된다. 누군가가 "건물은 높아졌지만 인격은 더 작아졌다"(밥 무어헤드)고 한 표현이 떠오른다. 무엇이 우리 삶에서 진짜 인생을 사는 것인지 묻고 있는 표현일 법하다. 어쩌면 그것은 돈을 어떻게 쓰느냐가 아니라 시간을 어떻게 활용하느냐에 달려 있다는 의미는 아닐까. 차창 풍경을 바라보며 이런저런 생각을 하는 사이, 이윽고 버스기 기좌교회 앞 정류장에 멈춘다. 나의 상념도 잠시 멈춘다.

공간이 네트워크를 만든다

마을n사람(대표 권순정)이 2014년 가을부터 한국문화예술교육진흥원의 시민문화예술교육활동 지원사업 '시시콜콜'의 일환으로 두 해째 청소년인 문학도서관 느루에서 진행하는 '우리동네 문화복덕방'은 우리 사는 동네 가 부동산 가치가 아니라 복덕방(福德房)의 문화적 의미를 회복하자는 차원 에서 수행하는 프로젝트다. 지금은 죽은 말이 되어버린 '복덕방'이라는 말 에 스며있는 인정(人情)과 온기의 의미를 동네에서 복원하자는 것이다. 마 을n사람이 선택한 방법은 사람책 프로그램이다. 청소년인문학도서관에 서 진행하는 프로그램인 만큼 사람책 프로그램은 퍽 적절하다고 본다. 휴 먼라이브러리(Human Library)라는 이름으로 불리는 사람책 프로그램은 누 구나 동네에서 일상에서 사람책을 읽을 수 있다는 장점을 지닌 커뮤니티 활동이다. 청소년인문학도서관 '느루'를 오가는 가좌동 일대 청소년들도 사람책들과의 만남과 교류를 통해 자신의 진로 탐구를 적극 모색하는 듯 했다. '느루'라는 말은 "한꺼번에 몰아치지 않고 길게 늘여서"라는 뜻의 우 리말이다.

나는 청소년인문학도서관 '느루'라는 공간에 퍽 매료되었다. '느루'라 는 공간의 탄생 과정이야말로 가좌동 일대 마을 사람들의 회복력을 보여 주는 생생한 사례라고 생각되기 때문이다. 2008년 무렵부터 가좌동 일대 청소년들을 위한 공간의 필요성을 절감한 동네 사람들이 오직 민간의 힘 으로 십시일반의 마음으로 자금을 모아 2011년에 오픈한 곳이 바로 '느루' 였다. 우리는 아직도 도서관 하나 짓는데 '기적' 운운하는 사회에 살고 있 다. 그러나 진짜 기적은 느루 탄생 과정이 실증하듯이, 행정이 주도하는 방식보다는 공동체의 필요에 의해 자발적으로 움직이려는 마음 자체에 있다고 본다. 이 관점이야말로 "누구를 위한 마을인가?"라는 측면에서 더 없이 중요한 공통의 문화적 경험을 형성하게 될 것이다. 마을은 마을을 생각하는 이러한 마음들에서 비롯하는 것 아니겠는가.

느루에서 놀란 점은 이뿐만이 아니다. 주민들이 주도적으로 운영하는 방식에 다시 한 번 놀랐다. 처음에는 어른들이 중심이 되어 '아이들을 위한' 다양한 프로그램을 마련했다. 그러나 아이들 반응이 영 신통치 않았다. "우리가 언제 그런 프로그램을 원했나요?" 권순정 도서관장은 "아이들의 그런 반응을 보고 난 후 아이들의 의견을 수렴하는 작업이 중요하다는 것을 알았다"고 한다. 그리고 청소년 운영위원회를 꾸려 아이들에게 도서관 운영에 관한 권한을 대폭 이양했다. 결과는 성공적이었다. 지금까지 5기째 운영되는 청소년 운영위원회는 어른들과 동등한 권리와 자격으로 도서관 운영에 관해 발언권을 갖고 함께 책임을 진다. '우리 공간은 우리가 디자인하고 책임진다'는 운영철학이 2011년 설립 이후부터 지금까지 계속 유지되는 것이다. 아이들의 발언권이 어른들에 의해 억압당하지 않고, 협력과 조화를 이루는 일상적 공론장이 탄생한 셈이다. 이러한 공론장의 힘은 느루에 대한 아이들의 전폭적인 신뢰와 참여에서 여실히 확인할 수 있었다.

느루도서관 곳곳에는 가정여중, 동인천여중, 가좌고를 비롯한 인근 청소년들이 '느루'라는 공간을 어떻게 생각하는지 엿볼 수 있는 표현들이 적지 않았다. 아무 제약 없이 편하게 오는 곳, 어른들의 간섭을 받지 않는 공간, 놀 수 있는 공간, 제2의 집… 같은 아이들의 표현들을 보라. 느루도서관을 제2의 집으로 생각하는 아이들이 여전히 존재하는 한, 우리 사는 동네가 삶터이고 일터이며 놀터기 될 수 있다는 희망을 저버려서는 안 될 것이다. 마을은 관계라는 점을 외면하는 '배신' 행위라고 감히 말할 수 있기 때문이다. "공간이 네트워크를 만든다"는 점에 대해 더 자주 생각하고, 자신이 사는 동네에 이러한 공간을 실제로 더 많이 만들어야 한다.

진로 탐색을 넘어 '래디컬 스페이스'로

이 점에서 마을n사람이 진행하는 '우리동네 문화복덕방' 프로젝트의 경우 청소년들의 진로 탐색을 위주로 한 사람책 프로그램으로 짜여진 것은 충분히 이해할 만하다. 아이들 또한 동네에 사는 사람책들과의 만남과 교류를 통해 자신이 꿈꾸는 미래의 직업을 구체적으로 상상하고 생각해 보는 시간이 되었으리라. 2016년 이후 중학생들의 자유학기제가 전면 시행되면서 마을이 학교가 되는 '마을-학교'의 가능성을 적극 모색하는 기회가 되고 있다. 그동안 아이들이 만난 사람책 목록에서도 확인할 수 있다. 캘리그라피(고복순), 펜글씨(김영숙), 진로직업(권순정), 바리스타(서슬기), 영화책(라정민), 심야식당 등 아이들이 직접 만난 사람책의 목록은 다양하다. 진로 탐색을 원하는 청소년들의 의견을 충분히 청취해 프로그램을 진행한다는 점 또한 간과할 수 없다.

그러나 동네 청소년들의 진로 탐색 위주로 진행되는 사람책 프로그램에 대한 더 깊은 고민과 성찰이 필요해 보인다는 점도 부인할 수 없다. 청소년들이 진로 탐색을 위해 '읽어볼 만한' 사람책 위주로 진행되는 프로그램은 실용적 기능에 치우친 사람책 프로그램이 될 수 있다는 점에서 그러하다. 물론 이러한 사람책 또한 필요하다. 문제는, 그런 방식은 사람책 프로그램의 필요조건이지 충분조건이 되지 않을 수 있다는 점을 더 고려해야 한다는 점이다. 덴마크 사회운동가 로니 에버겔이 제안한 사람책 프로그램은 "오해는 무지에서 비롯되고, 이해는 알아가는 과정에서 시작된다"

는 철학을 바탕으로 한다. 사람책 프로그램이 차별, 편견, 소수자, 차이, 민주주의의 가치들을 생각하는 시작점으로서 의미를 지녀야 한다는 주장인 셈이다. 청소년들의 진로 탐색을 위한 '실용적' 목적 외에도, 나와 당신의 편견을 바꾸고 동네를 바꾸려는 사회적 '운동성' 측면을 고려해야 할 필요가 있다. 예를 들어 동네 사는 장애인을 비롯해 우수마발의 다양한 사람들의 '다름'을 아우르는 공동체는 그런 낯선 존재들과의 '마주침' 과정에서 더 구체적으로 구현된다. 영화 〈킹스맨(Kingsman)〉(2015)을 주제로 한 영화 토론회에 참여한 신우정 학생(가좌고 3)이 제기한 정당한 의문 또한 그런 문제의식의 소산일 것이다. 우리 사는 동네가 영화 〈킹스맨〉의 경우처럼 서로가 서로를 함부로 죽이는 사회가 되기를 바라는 사람이 있을까. 나도 〈킹스맨〉을 보는 내내 소위 '개 같은 마을'을 의미하는 영화 〈도그빌(Dogville)〉(2003)을 연상한 것 역시 그런 이유 때문이었다.

당신이 사는 마을은 생태적으로 건강한가. 인천 가좌4동의 경우 청소년인문학도서관 느루가 있고, 마을n사람이 진행하는 사람책 프로그램이 있다는 점에서 어느 정도 생태적으로 건강한 편이라고 할 수 있다. 이것이 동네의 모든 것을 말해주지는 않는다. 마을n사람이 '조금 더' 동네의 다양한 사람들을 포괄하고, 동네 사람들을 연결하려는 활동을 멈추어서는 안 될 것이다. 마을n사람의 시시콜콜한 활동이 내 아이주의(主義)에 갇히지 않으며, 사람들의 다양성을 더 생각하게 하고, 마을살이의 기초체력을 기르는 살아 있는 학교로서 제 역할을 다하기를 희망한다. 그런 공간을 일러 풀뿌리 공간을 의미하는 '래디컬 스페이스(radical space, 마거릿 콘)'라고 자신 있게 부를 수 있으리라고 믿어 의심치 않는다.

○ 함께하면
행복한 '의례'가
됩니다

한 아이가 있었다. 아이는 선생님을 아주 무서워했고, 아이들도 그 아이를 무서워했다. 아이는 학교에서 아무것도 제대로 배우지 못했고, 급우들은 아이를 '땅꼬마', '바보 멍청이'라고 놀렸다. 아이의 성적은 늘 꼴찌였고, 그래서 아무도 거들떠보지 않았다. 아이는 외톨이였고, 철저히 왕따였다. 수업 시간이면 칠판 대신 창 밖 풍경을 보곤 했다. 그렇게 시간은 흘렀고, 아이는 6학년이 되었다.

새로운 선생님이 부임했다. 이소베 선생님이었다. 이 선생님은 아이들을 데리고 자주 학교 뒷산에 올라갔다. 땅꼬마의 보이지 않는 재능이 드러난 것은 이때였다. 땅꼬마는 머루는 어디서 열리고, 돼지감자는 어디서 자라는지 죄다 알았다. 꽃과 나무 이름도 모르는 게 없었다. 서툰 솜씨지만 그림도 썩 잘 그렸다. 선생님은 땅꼬마의 그림 솜씨를 칭찬했다. 그런 땅꼬마가 6학년 학예회 무대에 깜짝 등장했다. 아이들과 마을 사람들이 놀랐다. 땅꼬마는 학예회에서 까마귀 울음소리를 흉내 내는 공연을 했다. 알에서 갓 깨어나온 새끼 까마귀, 엄마 까마귀, 아빠 까마귀, 이른 아침에 우는 까마귀, 행복하고 즐거운 까마귀 울음소리 따위를 흉내 냈다. 마지막으로 고목나무에 앉아 우는 까마귀 소리를 목구멍 깊은 곳에서 나오는 아주 별난 소리로 흉내 냈다. 아이들은 땅꼬마의 공연을 보며 모두 울었다. 어른들도 "그래, 그래, 참 장한 아이야"라며 박수갈채를 아끼지 않았다. 땅꼬마는 '까마동이'라는 새로운 별명을 얻었고, 소학교를 졸업한 후에는 읍내에 숯을 팔며 제 몫을 하는 아이로 성장했다.

위 이야기는 일본 동화작가 야시마 타로가 쓴 동화 『까마귀 소년(烏太郎)』(1955)의 줄거리다. 지금은 대학을 졸업했지만, 십수년 전 아이에게 이 책을 읽어주며 나도 퍽 감동을 받았던 기억이 새롭다. 학예회에서 까마귀 울음소리를 공연하는 왕따 아이의 재능을 발견할 줄 아는 선생님의 모습과 함께 학예회에서 아이들이 변모하는 과정이 퍽 인상적이었다. 어쩌면 야시마 타로는 아이들의 다양한 재능을 서로 존중할 줄 아는 '위대한 평민(平民)'의 가치를 말하려 한 게 아니었을까. 1939년 반(反)군국주의 활동을 했다는 혐의로 미국으로 망명한 작가의 이력을 보면 내 짐작이 과히 틀리지 않으리라. 야시마 타로는 패전 후 일본에서 가장 필요한 교육의 덕목은 저마다 가진 다양한 재능들을 존중하는 민주주의교육이라고 본 것이다. 민주주의교육은 아이들을 병사 만들기로 훈련(training)하는 교육 과정에서는 절대 나오지 않는다. 그것은 한 사람의 위대한 평민으로 양성(formation)하려는 평화교육에서 나온다. 『까마귀 소년』의 깊은 울림은 작가의 그런 마음이 학예회라는 의례 형식으로 표현된 것과 무관하지 않다.

의례(ritual)는 힘이 세다. 졸업식과 입학식 그리고 학예회와 축제 같은 의례는 상호존중과 협력이라는 추상적 개념을 실제 행동으로 바꾸는 힘이 있다. 조선 시대 서당의 스승과 학동들이『소학』과『동몽선습』을 배운 뒤 세책(洗冊)이라는 이름의 책걸이를 한 것은, 그런 의례도 배움의 한 과정으로 생각했기 때문이다. 의례 과정에서 스승과 제자가 교학상장(敎學相長)하는 경험을 공유했다. 그런 아이들은 고향을 생각하고, 사람을 생각하는 배움의 정신을 잃지 않는다. 교육의 목적이 스승의 가르침에 있지 않고 학생들의 배움에 있다는 점에 대해 깊이 생각해보아야 한다. 이런 교육의 목적을 잘 구현하는 예가 바로 '공자학교'다. 공자의 언행을 기록한『논어』의 '자왈(子曰)' 앞에는 항상 제자들의 질문이 숨어 있다. 공자는 제자들의 질문에 대해 제자의 배움 상태를 고려하여 일종의 1:1 맞춤형 교육을 했다. 그런 공자의 교육철학과 교육방법론은 나면서부터 아는 지식(生而知之)이 아니었다. 공자는 "다만 옛 사람들의 말을 좋아하여 그 말뜻을 민감하게 앎을 구하려는 사람일 따름이다(好古敏以求之者也)"라고 말한다. 여기서 '민감하게 앎을 구하였다(敏以求之)'는 태도야말로 공자학교의 영업비밀이었던 셈이랄까. 공자학교에서 스승의 그런 '몸짓'과 '호기심'을 익히려는 태도가 특히 중요한 것은 말할 나위 없다. 오늘날 학습이라고 부르는 학이시습(學而時習)의 본래 뜻이 바로 그것이다. 공자학교에서는 대화적 대화법이 가장 중요한 의례 행위였다.

의례는 무엇보다 일종의 사회적 입사(入社)로서의 의미를 지닌다고 할 수 있다. 조셉 M. 마셜의『그래도 계속 가라』(조화로운삶, 2008)는 그런 입사의식으로서의 의례가 갖는 힘에 대해 말하는 책이다. 그는 인디언 보호구역에서 나고 자란 민속학자 겸 라코타 인디언의 전통 공예품을 만드는 장인이다. '늙은 매' 할아버지가 아버지를 잃은 손주와 나누는 이야기 형식인 이 책은 인생에 관한 아메리카 인디언들의 지혜와 통찰을 여실히 확인할 수 있는 책이다. 1890년 운디드니 대학살(genocide)과 함께 미 연방정부가 소위 인디언 전쟁을 종언한다고 발표했을 때, 인디언 인구는 25만 명이 채 되지 않았다. 이들은 원래 땅 가운데 2.5퍼센트에 대해서만 명목상의 권리(점유권)를 가질 뿐만 아니라, 연방정부가 정한 혈액량 기준을 충족시켜야만 인디언으로 인정받는다. 그런 일상적 차별과 모욕에도 불구하고 아메리칸 인디언들은 자신의 고유한 문화와 전통을 지키려 한다. 성인식을 비롯한 각종 의례를 중시하려는 것은 그런 이유 때문이다.

한 젊은이가 어느 마을을 찾았다. 그가 가진 것이라곤 옷과 무기 그리고 말 한 마리였다. 젊은이는 마을 지도자에게 무리에 합류해도 되느냐고 간청했고, 마을 지도자는 "마을에서 가장 가난한 집을 찾아서 그들에게 당신 말을 주시오."라고 한다. 그러자 젊은이는 난색을 표하며 길을 떠났다. 젊은이가 떠난 뒤, 마을의 현명한 지도자가 말했다. "그가 자기 자신이 처한 곤경보다 더 큰 것의 일부가 될 수 있다는 것을 배웠으면 해서였소." 이미 마을에는 충분히 많은 말이 있었지만, 지도자가 젊은이에게 그런 요구를 한 것은 이기심(egoism)을 시험하려는 의도가 있었던 것이다.

이 책에서 이런 이야기는 너무나 많다. 한증막이라고 부르는 부활 의식도 그런 의례의 일종이다. 땀 흘리는 행위를 통해 몸과 마음의 정결과 정화를 추구하는 식이다. 마을 밖으로 떠나려는 젊은이들이 2km 남짓한 높은 계단을 올라야 하는 행위도 그런 의식의 일종이다. 문제는 그 계단이 위로 향할수록 폭도 좁아지고 높이도 더 높아진다는 점이다. 마침내 정상에 오른 젊은이들은 문 위의 아치에 적힌 글귀를 확인하게 된다. '강인함은 노력과 고통의 선물'이니라.' 우리는 이러한 의례들에서 아메리칸 인디언들이 어떤 사람의 인생에 대한 최종평가는 '어떻게 살았느냐?'로 한다는 점을 확인하게 된다.

현대에 와서 의례는 점점 상품화되고, 갈수록 연예 프로그램화되고 있다. 이 점에서 단순히 의례에 참여하는 것 자체가 중요하지 않다는 점을 이해하려는 태도가 필요하다. 지금 우리에게 필요한 것은 각종 의례를 스스로 기획하고 연출하며 함께 즐길 줄 아는 능력이다. 의례에 동원되는 객체로서가 아니라 다른 사람들과 의례를 기획하고 준비하는 과정에서 '투게더(Together)' 정신을 체험하는 것이 요구된다. 1970~1980년대에 십대 시절과 대학 시절을 보낸 나는 온갖 의례에서 그런 감수성 체험과 자기 기획의 원리를 전혀 배우지 못했다. 졸업식과 입학식 같은 의례는 교장 선생님의 훈화처럼 따분하고 진부함(Cliché) 자체였던 것으로 기억된다.

그런 이유 때문이었을까. 대학 졸업식 때 총장이 축사할 때, 나는 동료들과 야유하며 등을 돌린 기억이 난다. 웃음을 잃어버린 사회와 학교에 대한 일종의 항의 표시인 셈이다. 이러한 항의 표시는 지금의 청소년들도 여전히 반복하고 있다. 중고생 졸업식 때면 아이들이 교복을 찢고, 밀가루를 뿌리고, 달걀을 투척하는 등 갖은 해프닝이 벌어지는 현상을 보라. 그런 일탈 행위를 통해 아이들은 '청소년의 반대말은 자유'라고 말하고 싶었는지도 모르겠다. 아이들의 성장과 성숙을 위해 새로운 의례의 언어가 필요한 것은 말할 나위 없다. 사회학자 리처드 세넷의 『투게더』(현암사, 2013)를 읽어야 하는 이유다.

종교, 작업장, 정치, 공동체 생활에서 의례가 풍부한 협력을 가능하게 한다는 점을 부정할 사람은 없을 것이다. 의례를 위한 '리허설'의 중요성을 강조한 대목이 이 책에서 퍽 인상적이다. 리허설에서 "바깥으로 눈을 돌리는, 즉 자아를 깨뜨리는 듣기의 예술을 배워야 한다"고 한 표현이 그러하다. 이 말은 결국 몸이 낮아져야 마음도 낮아진다는 말이 아니고 무엇이겠는가. 몸으로 하는 연대가 있어야 마음의 연대 또한 더 강하게 형성되는 법이다. 그런 의례가 진행되는 순간과 그 순간에 함께 있는 사람들은 우리 눈에 보이지 않는 기쁨의 선물을 주고받게 된다. 심리학자 어빙 고프만은 그런 순간을 '상황의 사회학'(sociology of occasion)이라고 풀이한다.

12월은 한 해를 정리하고 결산하는 달이다. 문화예술교육 현장에서도 한 해의 교육을 정리하고 평가하는 다양한 의례들이 진행된다. 하나의 의례를 통해 아이들이 성숙하고 성장할 수 있는 계기와 접점을 형성해야 함은 물론이다. 이때 아이들을 절대 소외시켜서는 안 된다. 1960년대 흑인 민권운동의 도화선 역할을 한 흑인 여성 로자 파크스가 저 위대한 1인 혁명을 할 수 있었던 근본 바탕에는 하이랜더(Highlander)에서 〈인종통합 워크숍〉에 참여한 교육 경험이 있었다. 하이랜더는 미국 교육자 마일스 호튼이 1932년에 세운 시민학교다. 인종통합 워크숍에 참여한 흑백의 남녀가 함께 밥을 먹고, 같은 방에서 잠을 자고 있다는 사실을 확인하는 과정에서 긍정적인 무엇인가를 쌓은 경험이야말로 위대한 변화와 자유를 향한 작은 출발점이 되었던 것이다. 마이클 호튼이 파울로 프레이리와의 대화에서 "저는 민중에 '대해' 실험한 것이 아니라, 민중과 '함께' 실현을 한 것입니다"라고 한 말은 당당한 겸손함의 태도를 드러낸 언명이라고 할 수 있으리라.

의례에 관한 한, 또 하나 잊을 수 없는 에피소드가 있다. 20년간 감옥에서 수감 생활을 해야 했던 신영복 선생은 노래를 불러야 하는 상황이면 언제나 똑같은 레퍼토리의 동요 〈시냇물〉을 부르곤 했다고 한다. "냇물아 흘러흘러 어디로 가니. 강물 따라 가고 싶어 강으로 간다. 강물아 흘러흘러 어디로 가니. 넓은 세상 보고 싶어 바다로 간다." 이 동요에서 핵심은 '넓은 세상'이라는 표현이 나오는 마지막 가사다. 신 선생은 이 노래를 부르노라면 실재하는 감옥이든, 저마다의 미음 속 감옥이든, 자신의 에고이즘에 갇힌 사람들이 의외로 많다는 사실을 확인하곤 했다고 술회한다.

위 일화는 문화예술교육 현장에서 이루어지는 온갖 의례들의 새로운 혁신 측면에서 무엇인가를 암시하는 것만 같다. 그것이 무엇인지는 아직 잘 모르겠다. 각자 아이들과 함께하는 의례 과정에서 사교성을 넘어 사회성을 배우고 익히는 새로운 의례의 '언어화'를 말하는 게 아닐까 짐작해본다. 리처드 세넷은 그런 사회성은 함께 행동하는 것이 아니라 '서로를 알아보는 것'이라고 한다. 저마다 그런 의례 형식에서 서로를 알아보는 것을 체험하며, '넓은 세상'을 향해 모험을 떠나는 의례를 함께 기획하고 연출하는 과정이 필요한 것도 그런 이유 때문이다. '우리가 걸어가면 길이 된다(We make the Road by Walking)'는 격언은 우리의 자신감을 충전해주는 좋은 나침반이 될 것이다. 벗들이여, 그대들도 다른 사람이 뭐라고 하든, 그래도 계속 가라!

공존의 평화를 배우는 고대 문명사 수업

우리 내면에는 지킬 박사와 하이드 씨가 공존한다. 각자 내면에 존재하는 괴물적 본성인 하이드 씨는 자기 정체성을 구성하는 요소들의 위계질서의 배합에 따라 언제든지 출현할 수 있다. 국가, 종교, 계급 같은 것은 우리 정체성을 구성하는 핵심 요소다. 그런데 국가, 종교, 계급 같은 구성요소들 가운데 단 하나의 정체성으로 나의 정체성을 절대화할 때, 나와 다른 타자의 충돌, 대립, 갈등, 분쟁, 전쟁은 피할 수 없다. 하이드 씨가 출현할 수 있는 필요충분조건이 갖추어진 것이다! 레바논 출신 저널리스트 아민 말루프는 그런 정체성을 '사람 잡는 정체성'이라고 정의한다.

정체성 구성의 '배합'을 바꾸는 (예술)교육 과정이 필요한 것은 이 때문이다. 이러한 (예술)교육에서 모든 사람은 같지 않고 '각 개인은 서로 다르다'는 사실을 이해해야 한다. 각 개인은 서로 다름에도 서로의 처지를 이해하고 공감하며 연대할 수 있는 사유의 근육과 열린 심성(心性)을 기를 수 있는 감정교육이 요구되는 것이다. 타자의 문화와 문명을 이해하고 경험할 수 있는 미적 교육 혹은 문화교육이 요구되는 것도 이런 이유 때문이다. 그런 미적 교육은 필연적으로 내면으로의 여행이 아니라 다른 곳을 사유하려는 여행자의 순례 형식으로 드러난다. 글로벌화한 지구문명 시대에 이러한 상상여행이 갖는 의미는 퍽 크다. 통행, 이주, 이동, 이산, 혼합, 전환 같은 문화변동의 조건들이야말로 지구문명 시대의 문화와 문명의 새로운 미래를 구성할 수 있는 핵심 요소이기 때문이다. 급변하는 문화변동의 시대에 전 지구적 차원에서 이루어지는 문화 간 소통과 문명 간 대화가 이루어질 때, 지구촌의 미래는 안녕과 평화가 공존하는 지복(至福)의 길을 걷게 되리라 희망한다.

2012 꿈다락 토요문화학교 사업으로 서수원 희망샘도서관에서 진행되는 〈예술로 배우는 인류 원(原)문명〉 프로그램에 참여한 아이들은 고대 문명을 사유하고 상상한다. 이집트 문명, 메소포타미아 문명, 인더스 문명, 황하 문명 등 세계 4대 고대문명사 공부를 한다. '일각수 황소와 맴돌이 놀이판' 수업에 참여한 스무 명 남짓한 아이들의 얼굴에는 특유의 호기심이 가득했다. 아이들의 그런 해맑고 진지한 표정에서 "다른 공기를 마시는 희열"(몽테뉴)이 느껴진다. 그런 희열은 발견하는 기쁨에서 비롯하는 것 아닐까. 문명 탄생 과정과 문명 간 차이에 대한 정확한 이해는 차이에 대한 개방성을 갖게 한다. 우리는 문명에 대한 문해(文解)교육을 경험한 아이들이 타자에 대해 열린 정체성을 구성하게 될 것이라 믿고 예술교육을 해야 한다.

인류학자들은 인류의 보정(補正) 연대를 B.C. 11000년으로 추정하는

데, 이에 따르면 인류는 13000년 동안 저마다 고유한 문화와 문명을 형성했다고 할 수 있다. 문명 간 차이는 각 민족의 생물학적 차이 때문이 아니라 환경적 차이 때문이다. 그러나 '1500년' 이후 세계사를 보면, 이러한 문명 간 차이는 유럽 근대문명이 주도하는 식민지 쟁탈 각축전에서 문명과 야만을 가르는 문명 담론으로 활용되었다. 문명 간 차이는 '격차'로 취급되었고, 이에 따라 인종 '차별'과 정치·경제적 '불평등'이 합리화되었다. 유럽중심주의의 해악은 우리의 의식뿐만 아니라 무의식 차원에서도 여전히 작동한다. 재레드 다이아몬드는 『총, 균, 쇠』에서 "B.C. 11000년~A.D. 1500년에 각 대륙의 발전 속도가 각기 달랐던 것이 곧 1500년의 기술적·정치적 불평등을 낳은 것이다"라고 주장한다. 이런 견해가 학계의 정설인지는 모르겠다. 그러나 고대 문명사를 배우는 아이들의 예술교육 현장에서 서구인이 규정한 이런 식의 역사 일반화는 인종주의적 편견을 유포할 수 있다는 점에서 마땅히 주의해야 한다.

아이들이 서양 신화와 문명과 역사를 배워야 하는 것은 당연하다. 이때 역사에 대한 깊은 공부와 함께 역사적 사건을 해석할 수 있는 교수자의 안목과 내공이 요구된다. 예를 들어 십자군을 말할 때, 십자군 정신을 뒤집어버린 성배(聖杯) 신화를 같이 배우는 식이다. 그래야 유럽중심주의의 해악에 빠지지 않을 수 있다. 영국 종교학자 카렌 암스트롱은 자서전 『마음의 진보』(교양인, 2006)에서 이러한 역사 해석의 의미를 다음과 같이 설명한다. "성배를 찾는 기사가 당도하려는 곳은 예루살렘이라는 지상의 도시가 아니라 사라스라는, 이 세상에는 없는 천상의 도시다. 숲은 영혼의 내밀한 영역을 상징하며 성배는 신과의 신비로운 만남을 상징한다." 그는 기독교, 유대교, 이슬람교의 기원을 연구한 비교종교학적 연구를 통해 1천 년 넘게 갈등을 겪어온 세 종교 간에 다리를 놓았다는 평가를 받는다.

오해하지 말라. <예술로 배우는 인류 원(原)문명> 프로그램이 그렇다는 것이 아니다. 이런 예술교육 프로그램을 진행할 때 지나친 문화상대주의에 빠져서도 안 되겠지만, 우리 무의식에 내재되어 있는 타자 혹은 타자의 문화에 대한 교조주의적 관점과 불관용의 태도를 갖는 것이 위험할 수 있다는 점을 언급하려는 것이다. 타자의 문화 혹은 타자의 문명에 대한 우리의 관점과 태도는 이해와 공감의 단단한 지반 위에 서야 한다. 괴테의 말은 적절한 언명이 되리라 믿는다. "세계가 그토록 방대한 것은 우리 모두가 그 안에서 흩어지기 위함이니."

인더스 문명을 배우는 초등학교 4~6학년 아이들은 고대 힌두교 경전 『리그베다』에 실린 고전적 나사디야(Nasadiya), 즉 「무유(無有) 찬가」를 읊조리며 생각에 골몰했다. 누군가는 "있음의 인연이 없음 속에 있음을 깨달았다"는 「무유 찬가」의 위대한 가르침을 언젠가 깨닫게 되는 명상의 시간이 오지 않을까. 우리는 예술교육을 통해 그런 아이들을 기다려야 한다. 그것이 교육의 운명이다. 아이들은 브라흐마, 크리슈나, 비슈누, 쉬바, 아르주나 같은 신들의 낯선 이름과 저마다의 역능을 묻는 질문에도 척척 대답한다. '브라흐마의 생각'에서 태허(太虛)의 어둠이 걷히고 천지와 만물이 창조되었다는 신화 이야기는 얼마나 매혹적인가.

모헨조다로에서 출토되었다는 맷돌이 장난감을 만드는 체험수업에서는 아이들이 저마다 부산한 손놀림을 뽐냈다. 이런 흙장난 공작(工作) 체험 등을 통해 '생각하는 손(무드라)'을 가진 아이로 교육해야 한다는 손채수 선생의 말이 퍽 인상적이다. 손의 기능이 '퇴화'한 아이들이 이웃을 향해 팔을 앞으로 뻗는 이타주의적 인간본성을 실천하기는 어려울 것이다. 결국 생각하는 손을 가져야 타자를 '생각하는 가슴'을 키울 수 있는 것이다. 수업 방식 또한 인상적이다. 교육 자체를 일종의 예술 행위로 승화하려는

'교육예술'의 철학을 지향하기 때문이다. 수업 시작과 끝 사이에 하는 기도와 명상은 각인과 몰입을 중시하는 홀리스틱(holistic) 교육철학에서 비롯한다. 수업 재료와 좌석 배치 그리고 교육 수준 또한 아이들의 발달단계에 맞게 철저히 고려한다. 노트 필기는 허용하지 않는다. 전인성(全人性)을 갖춘 아이로 성장할 수 있도록 호기심을 최대한 자극하는 교수법을 택하는 것이다.

문명의 기원을 배우고 신화를 배운다는 것은 무슨 의미인가. 아이들의 두뇌를 자극하여 나와 세상 그리고 우주에 대해 질문을 품은 아이로 성장할 수 있게 하는 것이다. 고대인처럼 생각하는 '고대인-되기'의 상상력을 발휘해야 하기 때문이다. 이런 공부 경험이 각 대륙의 무의식을 이해할 수 있는 기회가 된다면 분명 지금보다 평화로운 세상이 될 것이다. 그러나 우리는 소위 '문명의 충돌'(S. 헌팅턴), '감정의 지정학'(도미니크 모이시)처럼 타자에 대한 부정적 감정의 문화가 엄존하는 세상에서 살고 있다. 이런 세상에서 문명 간 차이를 넘어 타자성을 체험하는 일은 여전히 쉽지 않다.

고은 시인이 「나의 유언」에서 "호메로스의 때가 가고/ 헤로도토스의 때가 오리라."고 쓴 것의 깊은 의미를 생각해보아야 한다. 전쟁 영웅을 기린 호메로스의 『일리아스』 대신, 농업과 신화를 예찬한 헤로도토스의 평화 지향이야말로 더 나은 세상을 만드는 근거가 되어야 함을 역설한 시적 메시지일 것이다. 그 과정은 물론 지난할 것이다. 그러나 그런 세상을 향한 우리의 미적 교육 또는 예술교육 행위는 멈출 수 없다. 바로 그것이 우리 모두가 승리하는 방법이 될 수 있기 때문이다. "세계에 승리를!"(Jai Jagat!, 비노바 바베)

책 읽는 아이들,
철학하는 마을

맹꽁이책방에서 '진짜 희망'을 보았다!

19세기 위대한 작가 찰스 디킨스(1812-1870)의 장편소설 『어려운 시절』 (Hard Times, 1854) 첫 장면에는 교육에 관한 유명한 에피소드가 등장한다. '사실과 계산의 인간' 그래드그라인드 씨가 곡마단 출신의 20번 학생 씨씨 주프에게 "말[馬]에 대해 정의해보라"고 한다. 그러나 씨씨 주프는 미처 답변하지 못하고, 동료학생 비쩌가 말에 대해 사전적 정의를 내린다. "네발 짐승. 초식동물. 이빨은 마흔 개로 어금니 스물네 개, 송곳니 네 개, 그리고 앞니 열두 개. 봄철에 털갈이를 하고 습지에서는 발굽갈이도 함. 발굽은 단단하지만 편자를 대어 붙여야 함. 나이는 입 안쪽의 표시로 알 수 있음." 이에 사실(fact) 숭배자를 자처하는 그래드그라인드 씨는 흡족한 표정을 지으며, 학생들에게 절대로 '상상'을 해서는 안 된다고 강변한다. "어떤 목적을 가졌든 증명하고 논증할 수 있는 도형의 조합과 변형을 (원색으로)

사용해야 한다. 이것이 새로운 발견이다. 이것이 사실이다. 이것이 안목이다"라고.

찰스 디킨스는 『어려운 시절』에서 '자'와 '저울' 그리고 '구구표'로 표상되는 산술과 추상의 정신에 기초한 그래드그라인드 씨의 공리주의적 사고방식을 예리하게 비판한다. "이 사람은 행정공무원이 다스리는 위대한 관공서의 천년왕국을 이룩할 임무를 높은 권력자로부터 위임받은 것이다." '관공서의 천년왕국'이라는 말에서 알 수 있듯이, 찰스 디킨스는 인간과 세계에 대한 일면적이고 형식적인 합리성을 가장(假裝)하는 공리주의적 사고방식의 허구성을 폭로한다. 그리고 그 대안으로 자기보다 낮은 신분의 사람들을 이해하고, 상상력의 은총과 기쁨을 통해 기계장치와 현실에 억눌린 삶을 아름답게 꾸미려고 노력하는 것이라고 역설한다.

나와 세상의 변화는 결국 '상상력의 은총'에 있다는 찰스 디킨스의 말을 누가 부정할 수 있겠는가. 이 점은 '관공서의 천년왕국'을 구현하려 한 역사 속 계몽의 빛이 참혹한 어둠 내지는 핵(核)의 빛이 되었다는 점에서도 확인된다. 유대인 수용소, 양차대전, 9·11 테러, 3·11 후쿠시마 사태… 들의 배후에는 타자를 상상하지 않(으려)는 공리주의적 계몽의 기획이 있었던 것이 아니던가. 그런 점에서 뛰어난 문학 작품이 구현하는 상상력의 힘이야말로 좋은 삶과 좋은 사회를 향한 위대한 도약과 새로운 희망의 '근거(Grund)'가 된다는 점을 잊어서는 안 된다.

"문학을 신용할 수 없으면 인간도 신용하기 어렵다"(사카구치 안고)는 말이 있다. 그렇다, 문학과 예술적 상상력이 없는 사회를 상상할 수 있을까. 그런 사회는 예의 찰스 디킨스가 비판했던 공허하기 짝이 없는 공리주의를 맹목적으로 추구하는 사회와 다를 바 없다. 그런 사회에서 우리가 '좋은 삶'의 미덕을 키우고 '좋은 사회'라는 공동선을 고민할 수 있는 이웃의 윤리학을 기대하기는 어려울 것이다. 그런 점에서 어느 논자가 지금-이곳의 교육의 미래를 생각하려면 교육 가능성보다는 '교육 불가능성'의 차원에서 고민해야 할 것이라고 한 주장이 차라리 우리 시대 희망의 담론을 만드는 과정이라고 나는 생각한다. "오직 희망 없는 자들을 위해 희망은 우리에게 주어진다."(W. 벤야민)는 역설의 진리야말로 우리에게 필요한 태도다. 실제로 희망(希望)이라는 말에는 '드물다'는 의미의 희망(稀望)의 속성 또한 있지 않던가. 그렇다, 우리는 '짝퉁 희망'의 인질 신세를 거부하면서 나와 동네 그리고 세상을 바꿀 수 있는 상상력의 기획들을 실험하고 또 실험해야 한다.

이 점에서 미술작가 배영환의 컨테이너 라이브러리 사업으로 2009년 추진된 〈來日책방〉 기획은 과정 중심 프로젝트로서 작은 '컨테이너 책방'이 지역 커뮤니티 공간으로 재탄생하는 놀라운 프로젝트라고 할 수 있다. 시흥시 하상동 어린이공원에 있는 '맹꽁이책방'은 어린이와 청소년은 물론 지역 주민이 함께 호흡하며 새로운 마을문화를 만드는 커뮤니티 공간으로, 특별히 주목해야 하는 문화 아지트 공간이다. 나는 이 맹꽁이책방에서 아이들이 연출하는 '차분하고 명랑한 삶'(live calmly & cheerfully)의 모습을 보며 '진짜 희망'을 보았다! 이런 나의 생각은 '오버'가 아니다. 맹꽁이책방을 방문하든가, 네이버 카페(cafe.naver.com/maengkkongi)에 접속하여 운영진과 아이들이 남긴 흔적들을 찬찬히 음미해보시라. 아이들이 연출하는 당당한 아름다움이야말로 우리의 강력한 희망의 근거가 될 수 있음을 몸소 확인할 수 있으리라. 그리고 이러한 놀라운 변화의 저류에는 책방을 매개로 이루어지는 인문학 교육의 힘이 작용했다고 해도 좋을 것이다.

소년·소녀, 나를 위한 '인문학 공부'에 빠지다

너와 나를 묶어주는 힘은 '보살핌'이다. 그러나 우리 사는 동네에 아이들을 위한 보살핌의 문화가 있는가. 우리 아이들을 규정하는 언어의 목록이 턱없이 빈약하다는 것은 무엇을 말하는가. 어른들은 아이들이 스스로 생각하고 판단할 줄 모른다는 전제 아래 '살아 있는 시체'(좀비) 취급을 하든가, 아니면 누구도 그 정체를 '정의할 수 없음'(괴물)의 상태로 규정하려는 시선의 폭력을 일상적으로 행사한다. 어린이와 청소년의 '존재'를 보려 하지 않고, 청소년 '문제'로 접근하려는 우리 안의 편협한 태도가 그런 공안(公安)적 시선으로 아이들의 행동을 검열하려는 것이다. 이것은 '쓰레기가 되는 삶들'(Z. 바우만)을 양산(量産)하지 않고서는 지탱되지 않는 절대자본주의 시스템이 강요하는 폭력적 문화의 산물이라 할 수 있다. 그런 탓일까. 우리 어른들은 아이들에게 말은 너무 많이 하고, 사랑은 적게 하며, 거짓말은 너무 자주 하지 않는가.

그런데 2009년 10월 30일, 하상동 어린이공원에 7m짜리와 3.5m짜리 컨테이너 두 채로 이루어진 맹꽁이책방이 자리하면서 연꽃마을 아이들과 어른들의 일상이 바뀌기 시작했다. 일상적으로 동네 아이들을 위한 보살핌의 문화를 호흡할 수 있는 놀이-공부 공간이 탄생한 것이다. 어린이집, 연성초, 연성중, 시흥고를 비롯한 각급 학교들이 10분 거리에 이웃한 맹꽁이책방은 연꽃마을의 작은 도서관에 머무르지 않고, 책을 매개로 하는 지역 커뮤니티 공간으로서 제 역할을 톡톡히 해오고 있다. 지역과의 '소통'을 원칙으로 하는 맹꽁이책방 운영진(위원장 이시경)의 확고한 운영철학에서 비롯했다고 할 수 있다. 마을 세배, 맹꽁이 달빛목욕, 텃밭사업은 물론 어린이 보따리시장, 맹꽁이 합창단, 역사수업, 고전읽기 등 다양한 프로그램을 통해 마을 어른과 아이들이 서로 '인기척'을 느낄 수 있는 관계를 형성했기에 가능할 수 있었다. 맹꽁이책방에서 이루어지는 〈어린이 고전읽기〉, 〈청소년 인문학교실〉 같은 '인문학 공부' 프로그램은 특별한 관심을 요한다. 이 아이들에게 인문학 공부란 무엇인가. 그것은 고독과 우정의 가치를 배우는 과정이었으리라고 생각한다. 맹꽁이책방 아이들이 책과의 만남에서 나를 위한 인문학 공부가 필요함을 절실히 느끼는가 하면, 그 공부 경험을 글과 그림을 비롯한 다양한 방식으로 자기 제시(self-presentation)하는 모습은 참으로 아름다웠다. 『논어』와 『대학』은 물론, 조선조 최고 문장가 이옥과 박지원 같은 한국 고전은 말할 것도 없고, 셰익스피어와 기형도 작품처럼 수준 높은 시와 철학 텍스트들을 읽고 생각하며 글을 쓰는 아이들의 황홀한 광경(光景)을 상상해보시라.

다른 무엇보다 어린이와 청소년들이 자신의 인생을 '행동하는 대로 사느냐, 생각하는 대로 행동하느냐?'를 10대 시절에 생각해보는 것이 더없이 중요하다고 생각한다. 자신의 인생을 표현하는 삶과 소유하는 삶 가운데 어느 쪽에 비중을 두느냐 하는 문제와 직결되기 때문이다. 그리고 아이들은 누구나 스스로를 표현하는 삶을 살려는 의지와 열정이 있다고 보아야 할 것이다. 그런 삶이야말로 '옳다'고 생각하기 때문이다. 맹꽁이책방을 방문했을 때 어느 어린이가 쓴 동시 「내가 죽으면」(김은영, 당시 12세)의 첫행 "내가 죽으면 곰팡이가 되겠다"라는 구절을 읽었을 때의 신선한 충격이 잊히지 않는다. 이 한 줄 시구에는 삶과 죽음 그리고 인간과 자연에 대한 어린이 문사(文士)의 고유한 철학이 스며 있다고 보아야 옳다. 이것이 시와 철학을 비롯한 인문학이 추구하는 창조적 상상력이 아니겠는가. 그러나 이것은 약과다. 맹꽁이책방을 무대로 하여 노는 아이들이 펴낸 『맹꽁이문집』에는 고독과 우정의 가치를 스스로 터득하며 표현하는 삶의 아름다움을 추구하려는 미래의 문사들을 다수 만날 수 있기 때문이다. '책'이라는 유구한 문화 텍스트를 매개로 하는 커뮤니티 아트 프로젝트로 시작했지만, 책방 운영진을 비롯한 마을 어른들과 아이들이 함께 연출하는 참다운 '행위예술'의 경지로 진화(進化)하는 아트 프로젝트의 새로운 미래상을 이곳에서 확인할 수 있으리라. 열 평 남짓한 컨테이너 공간에서 아이들의 감수성을 자극하고 영혼을 성장하게 도우며 지역의 교육공동체를 형성하는 맹꽁이책방 사례는 브라질 꾸리찌바 시의 저 유명짜한 '등대 도서관' 프로젝트 이상의 가치를 지니는 문화 퍼포먼스라고 할 수 있을 것이다.

① 오랜 벗 내 친구야

　왜 그리도 빨리 가느냐

　그깟 학원이 뭐라고 가느냐

　그까짓 학원 때문에

　나만 두고 가느냐

　　- 정희동(당시 9세) 시 「오랜 벗」

② 우리를 위해 회사 가신 우리 엄마

　안 오시네, 해는 시든 지 오래

　나는 혼자 집을 보네

　우리 엄마의 터벅터벅 발소리

　현관을 봐도, 안 오시네

　빈 거실에서 울먹이던 몇 년 전

　　- 강형석(당시 12세) 시 「엄마 생각」

아이들이 '나'로 시작하는 주어로 말을 못하고, 글로 표현하지 못하며, 자신의 의견을 토론할 줄 모른다고 한 말은 철회되어야 한다. 『맹꽁이문집』에 실린 아이들의 작품들을 보며 인문학 교육 과정이란 몸으로 깨닫는 과정에서 얻은 지식과 경험을 언어화하는 능력과 더불어 친구와 부모님 등에 대한 강렬한 공감능력을 배우는 과정이었음을 확인하게 된다. 그것은 고독과 우정의 가치를 배우는 것이었다고 할 수 있다. 우리는 ①에 있는 "그깟" "그까짓" 같은 부사는 물론 ②에 등장하는 "안 오시네" 같은 표현들에서, 고독한 상황에 처했던 아이들의 상처와 슬픔 그리고 진정한 우정과 사랑의 관계를 갈망하려는 소박하지만 절실한 언어들을 만난다. ②는 기형도의 시 「엄마생각」을 읽고 자신의 경험을 조용히 응시하며 시로 표현한 강형석 어린이의 시인데, 여기서 마지막 행 "빈 거실에서 울먹이던 몇 년 전"이라는 표현을 보라. 우리는 이 구절에서 세상과 통합하기 위해 세상으로부터 분리되는 경험, 즉 '고독'이야말로 '분리하되 분리되지 않는 삶'을 살 수 있는 위대한 경험이라는 것을 확인하게 된다. 책 읽는 아이는 위험하고, 고독하며, 아름답다고 하는 것은 그런 이유와 무관하지 않으리라. 동네에서 화제를 모은 『맹꽁이문집』과 『맹이와 꽁이의 일기』는 자신이 쓴 작품을 아이들이 낭송하여 소리문집으로도 펴냈다.

맹꽁이책방, '철학하는 마을'을 꿈꾸다

맹꽁이책방의 멋진 변신은 지금도 계속된다. 열 평 남짓한 두 동(棟)의 작은 컨테이너 책방을 무대로 연출되는 이 눈부신 변화는 어쩌면 '맨발로 흙길을 걷는 일'과 같다고 생각된다. 자동차를 타고 동네를 그냥 지나칠 때는 결코 느껴볼 수 없는 '깨알 같은' 직접경험의 아름다움을 맹꽁이책방에서 느낄 수 있기 때문이다. 아이들의 체험마저 체험학습으로 취급되는 이 시대에 맹꽁이책방이 연출하는 네트워크 형성과 프로그램들이 아이들로 하여금 보고(see), 판단하고(judge), 행동하는(act) 살아 있는 교육의 터전이 되리라는 점은 믿어 의심할 나위 없다. 책방이 매개가 되어 시흥시립도서관, 내야어린이도서관, 제정구장학회, 강산어린이집, 중앙합기도, (금호/대우)아파트부녀회, 하상동노인정…들과의 시시콜콜한 네트워크 관계를 구축해놓은 것은, 아이들을 위해서는 정보가 아니라 '마을'이 필요하다는 점을 강력히 환기한다. 2010년 시민 모니터링에 참여한 박미영 주부는 "주위에 이렇게 아이들을 지켜봐주는 눈(공동체)이 있다는 것만으로도 아이들에게 많은 도움이 될 것이다. 이 책방에서 책을 읽고 노는 아이들의 모습이 마냥 부러웠다"고 한다.

맹꽁이책방은 운영 10년째를 맞는 2019년 9월 '마을 속으로!' 더 깊숙이 교감할 수 있는 프로젝트를 준비하며, 작은 전시회 〈맹꽁이 책×기록 전시회〉를 열었다. '책으로 세상과 통하다'라는 슬로건을 표방하며 어린이와 청소년 10여 명으로 구성된 〈북세통(Book世通) 프로젝트〉에 눈길이 간다. 이 프로젝트에 참여한 아이들은 노인정과 요양병원 등지를 찾아가 책을 읽어드리는 자원봉사 활동을 하게 된다. 일종의 이웃의 윤리학을 실천하는 프로젝트를 지향하는 셈이다. 이 프로젝트는 아이들뿐만 아니라 특히 노인들에게 소중한 경험이 되리라 믿어 의심치 않는다. 노인들은 나이가 들었다는 이유로 새로운 것을 만나기를 거부하려 하는데, 이런 태도야말로 자신의 변화 가능성을 신뢰하지 않으려는 마음의 관료화 현상이 아니던가. 마을 어르신들과 손주뻘 되는 아이들이 서로의 '눈빛'과 '감정'을 주고받으며 새로운 관계를 형성하는 과정이라니! 이런 프로젝트가 일종의 이벤트 마인드 차원에서가 아니라 마을 합동세배와 마을어르신 인터뷰 등의 프로그램에서 일종의 조-손(祖-孫) 간 교류를 하는 과정에서 나온 것이기에 더없이 신뢰할 수 있다. 나는 그런 관계에서 싹트는 신뢰의 마음을 '우정' 외에 다른 이름으로 대체할 만한 것을 찾지 못했다. 우리는 일상 속 그러한 만남'들'을 통해 서로 성장하는 게 아니겠는가.

어린이와 청소년이 변할 수 있는 결정적인 계기는 첫째는 '좋은 책'과의 만남이고, 둘째는 '좋은 사람'과의 만남이라 할 수 있다. 시흥 연꽃마을 맹꽁이책방은 '좋은 책'과 '좋은 사람'을 동시에 만날 수 있는 문화공간으로 변모하고 있다. 이런 공간에서 만나는 어린이, 청소년, 마을 주민이 연출하는 아름다운 일상이야말로 바로 '철학하는 마을'의 참된 모습이 아니겠는가. 철학하는 마을이란 거창한 무엇이 아닐 것이다. 책 읽어주는 문화, 서로 참여하는 마을문화를 만들어가는 과정에서 좋은 이웃 공동체를 형성하는 것이 아니겠는가. 그렇게 맹꽁이책방이 자리한 시흥 하상동 연꽃마을은 철학하는 마을로 '만들어지고' 있다! 오래된 동네가 드문 도시 공간에서 연출하는 이러한 작은 기적들이 이어지는 한, 우리는 '희망의 근거'를 잃지 않았다고 할 수 있으리라. 맹꽁이책방 운영위원장 이시경 선생은 "이웃끼리 '인기척'을 느끼고 사는 게 중요하다. 내가 소리 내지 않으면 아파트에서는 이웃끼리 평생 모르고 살 수 있다. '인기척'을 내는 매개가 맹꽁이책방이 되면 좋겠다"고 한다. 맹꽁이 울음소리 들리지 않던 호조벌 겨울 들녘에 우수도 경칩도 지난 지금 새봄의 푸릇한 기운을 맞아 맹꽁이책방 아이들이 우짖는 합창 소리가 울려 퍼진다. 은은하고도 먹먹하게!

우리 동네 이름은 연꽃마을
연꽃밭이 있어서 연꽃마을이다

뒤편엔 작지만 포근한 월대봉
눈만 오면 비닐 포대 든 아이들 줄 서는 당산나무 길
연꽃 철이면 놀러온 가족, 사진작가들의 차로
또 하나의 길이 생긴다

모내기철, 호조벌은 축구장 같은 호수가 되어
개구리 울음소리와 먹이를 찾는 새들을 감싸안는다

정월대보름, 논물 터지듯 쏟아져 나온 사람들
별빛 같은 불깡통 돌리는 들판
달빛 쏟아지는 눈 덮인 논둑길
새 발자국 따라 나는 걷는다.

– 김해솔(당시 15세) 시 「연꽃마을, 우리 동네」

아이 존재를
품는
'기쁨의 공화국'

"사람들이 나보고 맘충이래." 2016년 최고 화제작인 조남주 소설『82년생 김지영』에 나오는 대사다. 딸을 유모차에 태우고 동네 공원에서 아메리카노 한 잔을 마시는 82년생 김지영을 보고 서른 전후의 직장인들이 하는 말이다. "맘충 팔자가 상팔자야"라는 힐난도 빠지지 않는다. 육아가 여성의 일인 것처럼 인식하고, 돌봄과 육아 같은 그림자노동을 사회적으로 인정하지 않으려는 우리 안의 성차별적인 시선을 잘 보여준다.

아이를 낳고 키우는 일이 여성들의 전유물처럼 간주되고, 심지어 '육아폭탄'인 양 취급되는 사회는 좋은 사회가 아니다. 그런 사회는 지속가능하지도 않으며, 미래 또한 불투명하다. 엄마들뿐만 아니라 아이들을 위해서도 출산과 양육에 대한 새로운 시선 전환이 절대적으로 필요하다. 안심하고 아이를 낳을 수 있고, 안전하게 아이를 키울 수 있는 사회적 분위기를 조성하고 제도를 정비해야 한다. 최근 인류학자 새러 하디가 제안한

'알로마더(allomother)', '알로페어런츠(alloparents)'처럼 확대가족의 가능성을 문화인류학적으로 탐색하는 개념들이 새로운 주목을 받는 데는 이유가 있다. 우리에게는 '서로'가 절대적으로 필요하다. 서로가 서로에게 '선물'이 되어야 하기 때문이다.

아이들을 '문제'가 아니라 '존재'로 보려는 시선 전환도 요청된다. 영유아 시절부터 아이들을 유능하게 만들기 위해, 어른이 정한 미래의 직업 준비를 위해 학원 등지로 내모는 것이 아닐까 자문자답해야 한다. 영유아 시절 또래친구들과 놀 줄 몰랐던 아이들이 훗날 더 이상 놀 줄 모르는 어른으로 변신하게 된다. 그런 어른들은 '드높은 문화의 힘'(김구)을 알지 못한다. 다시, 우리에게 아이들은 어떤 존재인가 생각해보아야 한다. 19세기 영국 여성시인 메리 보탐 호위트는 이렇게 썼다. "신이 우리에게 아이들을 보내는 까닭은/ 시합에서 일등을 만들라고 보내는 것이 아니다."

아이들 교육의 본질이 무엇인지 고민하고 대안을 마련해야 한다. 아이들 내면의 야성(野性)의 힘을 회복하는 데 사회적 합의를 해야 한다. 교육 문제는 결국 사회 문제이기 때문이다. 아이들을 어떻게 키울 것인가 하는 질문은 우리가 어떤 미래를 상상하는가 하는 사회 비전과 직결된다. 영유아 및 어린이의 성장을 긴 호흡으로 바라보아야 하며, 발달단계에 맞게 기획하고 자극하며 아이들을 '각성된 시민'으로 성장시키는 일에 집중해야 한다. 야생성을 기르는 문화예술교육이 더 중요해진 셈이랄까.

5월 넷째 주는 유네스코가 정한 '세계문화예술교육 주간'이다. 이 행사는 문체부와 한국문화예술교육진흥원이 손잡고 문화예술교육 관련 담론을 탐색하는 국내외 교류의 장이다. 올해 주제는 '영유아 문화예술교육'이다. 아이들의 교육을 위해서는 격려와 기대 그리고 지원 외에 다른 것은 전혀 불필요하다. 영유아 및 어린이들의 성장과 성숙을 위해 서로 손

잡기의 원리가 제일의 가치라는 점을 사회적으로 합의하는 하나의 계기가 되었으면 한다.

어른들이 변해야 한다. 예술강사를 비롯해 참여자들이 아이였던 나를 생각하며 내 안의 '어린이'라는 존재가 왼쪽 가슴에 제대로 있는지 확인하며 우리 모두 말랑말랑해질 수 있는 시간이 되었으면 한다. 내 안에 어린이라는 존재가 있는 '어른이'들은 늘 호기심을 갖고 자신의 현재는 물론 미래에 대해 질문할 줄 알고, 타인과 더불어 살아갈 수 있는 '세계감(世界感)'을 간직한 사람이라 할 수 있으리라. 그렇게 자신을 사랑할 줄 알고 타인에게 사랑받는 시민이 탄생하는 것이라고 믿어 의심치 않는다.

제 **3** 장 청년

또래압력은
힘이 세다

○ '또래압력'은 힘이 세다

○ '이야기' 생산자를 위한 예술교육자를 위하여

덧글 '나로부터' 시작하는 소소한 기획

○ "인간 세포는 이야기로 구성되어 있다"

○ 기꺼이, 두려움 없이, 나답게 살기

칼럼 사람과 사람을 잇는 힘을 위하여

○ '또래압력'은
힘이
세다

배지영의 『우리, 독립청춘』(북노마드, 2016)을 읽는다. 부제가 '우리는 소도시에서 일한다'인 이 책의 저자는 인구 30만 명이 채 안 되는 전북 군산에 사는 20~30대 청년 43명을 인터뷰했다. 무대 없는 무대라도 좋아서 하는 문화예술인들을 비롯해 자영업자, 제빵업자, 농사꾼, 자동차 정비사, 헤어 디자이너 같은 여러 분야 청년들을 만나 그들의 이야기를 채록한 우리 시대 '패관(稗官)문학'이다.

흥미 있는 것은, 소도시 청년들은 저마다 '어떻게 살까?'라는 고민을 하고 있지만, 이들의 육성에는 내가 좋아서 하는 일이 남에게도 좋은 일이 되리라는 겸손한 당당함 같은 태도가 묻어난다는 점이었다. 작가는 '이름, 나이, 지금 하는 일' 외에는 어떤 사전정보도 없이 맨땅에 헤딩하듯 이들을 만났는데, 서울 아닌 소도시에서도 얼마든지 자립의 삶이 가능하다는 점을 확인할 수 있었다고 한다. 이 책의 매력이 바로 여기 있다.

그러면 소도시 청년들의 '근자감'은 어디서 비롯하는가. 책에 소개된 사연 가운데 눈길을 사로잡은 것은 전주에서 청년문화기획사 '우리가 깨달은 것들'(우깨)을 운영하는 원민 대표 이야기다. 원 대표는 대학 시절 소위 '지잡대' 중문과를 다니며 통역봉사 일을 했다. 그런데 통역봉사에도 '학교 급'이 있다는 걸 알고는 중국과 싱가포르 등지에서 일하며 스펙을 쌓았다. 그러나, 그럼에도 한낱 지잡대 출신의 취준생 신세는 면할 길이 없었다. 그래서 자신과 처지가 비슷한 청년들과 함께 지금, 여기 청년들을 가장 힘들게 하는 것 중의 하나인 '외로움'에 대해 이야기하기 시작했다. 2014년 페이스북에 '우리가 깨달은 것들' 페이지를 열어 매달 〈없애기 프로젝트〉라는 이름으로 전북 전주, 익산, 군산 지역 대학생들을 만났다. 〈없애기 프로젝트〉는 핸드폰도 인터넷도 없이 어떤 주제들에 대해 서로 이야기만 나누며 고민을 나누는 행사였다. 주제는 취업, 대학생활, 성(性), 자격증, 스펙 같은 이슈들이었다.

　　시간이 지날수록 입소문이 났다. 처음에는 주로 전북 지역 20대 대학생들이 참여했지만, 서울·부산·강원도 청년들까지 합세했다. 배지영 작가는 "원민 씨가 만든 '우깨'는 각자 섬처럼 고립된 청년들 사이에 징검다리 역할을 했다. 나도 힘들고 내 친구도 힘들어서 꺼낼 수 없던 이야기를 들어주는 연대의 자리였다"라고 했다. 비슷한 고민이 있는 청년들이 같은 공간에 있는 것만으로 강한 힘을 얻게 된 것이다. 이처럼 우깨의 활동은 성공사례를 나누는 자리가 아니라 각자의 고민을 공유하는 연대의 장이 되었다. 원민 대표가 설립한 우깨의 활동은 청년 대상의 정책사업에서는 청년들을 '위한다는' 명분보다 더 중요한 것이 청년들과 '함께하며' 고민을 공유하려는 자리임을 역설한다. 그러나 지금, 여기 청년들을 대상으로 하는 정책사업은 청년들을 '위한다는' 명분으로 여전히 '동원'하려고 한다. 청년들의 역능(力能)을 신뢰하며 믿고 맡길 수 있는 정책사업으로 시선을 전환해야 한다.

왜 그러한가? 미국 교육 전문가 더글라스 토머스와 지식경영의 대가 존 실리 브라운은 학습공동체(collective)라는 개념을 제안한다. 이들에 따르면, '소속되기 위해 공부하는' 기존 공동체(community)의 시대는 지나갔다. 이제는 '공부하기 위해 소속되는' 학습공동체에서 각 개인은 자신의 역량과 정체성을 정의 내릴 수 있게 된다고 주장한다. 쉽게 말해 지금의 공부는 더 이상 '질문에 답하는 것'이 아니고, 이제는 '질문하는 것'이 공부가 되었으며, '놀이'와 같은 즐거운 사회적 경험으로 재구조화된다고 한다. 이들이 집필한 『공부하는 사람들』(라이팅하우스, 2013)에는 놀이하듯 공부하는 새로운 인류에 대한 다양한 사례가 소개되어 있다. 특히 대규모 다중 사용자 온라인 게임(MMOG)에서 이루어지는 상호작용의 예가 퍽 인상적이다. 참여자들은 이런 게임을 통해 '명시적 지식'의 지배체제에서 묵살당해 온 '암묵적 지식'(암묵지)의 의미를 다시 배운다. "학생들은 자신의 열정을 따르고 주어진 환경의 제약 안에서 움직일 때 가장 잘 배운다"는 문장은 청년 대상의 정책사업에서 청년들이 '어떻게 배울 것인가?' 하는 차원에서 더 섬세히 설계되고 운영해야 하는지 힌트를 준다. 요컨대, 질문이 대답보다 중요하며, 놀이와 상상력을 연결하는 것이 필요하다고 할 수 있다.

이렇게 또래들과 만나며 '긍정적인' 영향을 주고받는 게 중요하다. 미국 저널리스트 티나 로젠버그는 이것을 '또래압력(peer pressure)'이라고 명명한다. 또래압력이란 또래(동료) 집단에서 작용하는 사회적 압력을 의미한다. 또래 집단에서 인정받고 동화되는 과정에서 이탈할 경우 생기는 소외감과 스트레스를 피하기 위해 또래들과 눈높이를 맞추려는 무의식이 작동한다는 것이다. 이러한 긍정적인 또래압력의 힘은 나의 정체성을 바꾸고, 사회를 바꾸는 힘의 원천이 될 수 있다는 것이 티나 로젠버그의 주장이다. 예를 들어 인도 불가촉천민의 생활고를 개선한 의료·금융 시스템을 비롯해 세르비아의 독재자 밀로셰비치를 몰아낸 민주화운동 같은 사회적 변화들 또한 사회적 치유(social care)의 맥락에서 또래들이 뭉치고, 고민하고, 사회 변화를 추동해온 힘들 덕분이었다. 그는 세계 각지의 수많은 공식·비공식 또래 소모임들을 관찰하면서 또래 집단 특유의 손잡고 나아가기(Join-the-Club)야말로 핵심 전략이라고 역설한다.

우리 사는 지역은, 아니 대한민국은 갈수록 원자화(原子化)되고 있다. 모두들 한 마리 고치처럼 자기만의 사일로(silo, 원통 모양 창고)에 틀어박혀 지내며 각자도생을 꿈꾸지만, 저마다의 사일로에서 '각자고생'하고 있는 건 아닌지 모르겠다. 소소하고 시시콜콜한 일상을 공유하며 서로 발견하는 재미를 함께하는 학습/활동모임이 필요하다. 이러한 네트워크는 '의외로' 힘이 세다. 갈수록 창의성과 상상력을 중시하는 현실에서 완전한 우연을 의미하는 세런디피티(Serendipity)의 의미는 퍽 크다. 어느 교육자가 '만약에'의 놀라운 힘인 상상력을 강조한 것도 세런디피티의 의외성과 통한다. 그렇게 또래들과 함께하는 과정에서 자신의 현재는 물론 미래 또한 변하게 된다. '나만 아니면 돼!'라는 각자도생의 윤리가 권장되고, 서로가 서로에게 사나운 이빨과 발톱을 드러내는 모욕사회가 되어버린 헬조선에서 동료효과가 주는 또래압력의 힘은 갈수록 중요하다.

이 점에서 문체부가 2018년 처음 추진해온 〈청년 인문실험〉 프로젝트는 긍정적인 또래압력의 강한 힘을 뿌리내리게 하는 작은 발판이 될 수 있다. 전국에서 참여한 100팀의 청년 소모임들이 각자의 지역에서 다양한 활동을 하며 만들어낸 '이야기'들은 일종의 시적/예술적 수행(performance)의 힘이었다고 할 수 있다. 누군가가 "참여란 동질성을 만들어내는 과정이 아니라 활력을 이끌어내는 것이다"라고 한 것처럼, 각자와 각자가 모여 작은 그룹을 이룬 청년들이 만들어낸 활력은 결국 작은 '해방'의 커뮤니티를 형성하게 되고, 그것이 우리 사는 지역의 이야기가 될 수 있다고 믿어 의심치 않는다. 다만, 소모임 특유의 자폐성을 경계하며, 나 자신을 바꾸고 지역/사회를 바꾸려는 운동성을 고민해야 한다. 전국 청년들의 즐거운 분투가 우리 사는 삶터를, 아니 대한민국을 기쁨의 커뮤니티로 만들어가는 것이리라. 그렇게 한 사람의 문화기획자가 탄생하고, 한 사람의 시민이 되어가는 것이리라.

'이야기' 생산자를 위한 예술교육자를 위하여

_ 청년 문화기획자 또는 문화예술교육자를 위한 도서 길라잡이

　　문화는 상품처럼 발명되는 것이 아니다. 삶 속에서 생성되는 것이다. 그런데 우리 삶은 지금 어떠한가. 한 사람의 시민이든 시인(예술가)이든 우리 삶은 자신의 생활을 제대로 살지 못하고, 생존 자체에 대한 두려움에 내몰린 경우가 적지 않다. 당신이 한 사람의 예술가라면 생존에 대한 두려움은 만성적인 고질병이 되었다고 보아도 좋을 것이다. 최근 문화 양상이 갈수록 짧은 시간 동안 간편하게 문화생활을 즐기는 것을 당연시하는 스낵컬처(snack culture)의 속성을 띠는 것은 그런 이유와 무관해 보이지 않는다. 결국 저마다의 삶에서 회복력을 되찾는 것이 중요하고, 그래야 우리 문화 또한 건강한 생태계를 유지할 수 있는 게 아닐까 한다. 다음 시를 보라.

　　이 골목에 부쩍

싸움이 느 건
평상이 사라지고 난 뒤부터다
평상 위에 지지배배 배를 깔고 누워
숙제를 하던 아이들과
부은 다리를 쉬어가곤 하던 보험 아줌마,

국수내기 민화투를 치던 할미들이 사라져버린 뒤부터다
평상이 있던 자리에 커다란 동백 화분이 꽃을 피웠다
평상 몰아내고 주차금지 앙큼한 꽃을 피웠다

_ 손택수 시 「앙큼한 꽃」(2006)

시인은 말한다. "이 골목에 부쩍/ 싸움이 느 건/ 평상이 사라지고 난
뒤부터."라고. 시인이 말하는 평상(平床)이라는 은유는 상징하는 바가 적지
않다. 그것은 실재하는 평상을 의미할 수도 있지만, 수평(水平)적 협력체계
로서의 평상을 의미한다고 보아도 좋으리라. 다시 말해 평상은 '누구나'의
공간으로서 공유지의 일종이라고 볼 수 있는데, 이 시에 묘사된 평상이라
는 기호가 이제는 '누군가'의 사유화된 공간이 되어버린 것을 확인할 수
있다. 그래서 "평상 몰아내고 주차금지 앙큼한 꽃을 피운" "동백 화분"의
모습이 마냥 아름답게만 보이지는 않으리라는 생각이 터무니없지는 않다
고 본다.

시인이 말하려 한 것은 우리네 삶에서 '이야기'가 사라지고 있는 현실
에 대한 일종의 시적 환기를 하고자 한 것인지도 모르겠다. 쉽게 말해 평
상에서 "숙제를 하던 아이들"이 사라지고, "부은 다리를 쉬어가곤 하던 보
험 아줌마"도 보이지 않고, "국수내기 민화투를 치던 할미들"이 실종된 골

목이라는 비유를 통해 '나와 당신은 지금 안녕하신가?'라는 메시지를 던진 것이라고 할 수 있다. 사람과 사람을 잇고, 사람을 품어주는 평상이 있는 골목은 우리 삶에, 우리 사회 어디에 있는가 하는 셈을 묻는다. "진물은 높아졌지만 인격은 낮아졌다"(제프 딕슨)고 토로한 사회적 현상을 되묻는 시라고 보아도 좋을 것이다. 이것이야말로 시적(혹은 예술적) 수행(performance)의 힘이라고 감히 확언할 수 있으리라.

이 점에서 문화예술교육자 또는 (청년) 문화기획자들의 역할 또한 갈수록 가치가 훼손되어가는 '평상' 하나 놓는 일과 다를 바 없는 일이라고 생각한다. 전국의 기관/기업/지역 현장에 참여한 예술인 또는 예술교육자들이 저마다 다양한 방식으로 프로젝트를 수행함으로써 사람과 사람을 이어주고, 이야기가 있는 삶을 복원하는 과정은 평상을 놓는 일에 비유할 수 있기 때문이다. 그런 점에서 문화예술교육 또는 예술인파견지원사업에 참여하는 예술인이라면 사회참여예술(Socially Engaged Art) 가이드북이라 할 파블로 엘게라의 『사회참여예술이란 무엇인가』(열린책들, 2013)를 읽으면 좋겠다. 저자가 정의하는 참여 개념이 퍽 흥미롭다. "참여란 동질성을 만들어내는 과정이 아니라 활력을 이끌어내는 것이다." 저자는 그렇게 형성되는 활력은 결국 '해방'의 커뮤니티를 형성하는데, 그런 해방의 모습이란 '서술자와 번역자의 공동체'라는 철학자 랑시에르의 개념을 들어 풀이한다.

이 책과 더불어 건축가 정석의 『도시의 발견』(메디치, 2016)과 『천천히 재생』(메디치미디어, 2019)을 같이 읽으면 더 쉽게 이해할 수 있을 것이다. '행복한 삶을 위한 도시인문학'과 '공간을 넘어 삶을 바꾸는 도시재생 이야기'라는 부제를 단 이들 책에서 저자는 우리가 '살기 좋은' 도시에 살고 있는지, 아니면 '팔기 좋은' 도시에 살고 있는지 묻는다. 국내외 도시혁신 실험을 소개하는 4장도 퍽 흥미롭지만, 그런 도시혁신 실험을 추동하는 주체는 누구인가를 묻는 3장의 이야기를 간과해서는 안 된다. 저자는 시장(市長)과 시장(市場) 가운데 무엇이 도시를 움직이는지 독자에게 묻는다. 그리고 자본과 권력을 넘어선 '시민(市民)'이 주인이 되는 도시인문학의 가능성을 되묻는다. 이 점은『천천히 재생』에서 더욱 심화된다. 결국, 저자가 말하는 좋은 도시란 좋은 정치의 산물이라는 것이다. 이른바 젠트리피케이션 현상을 심하게 앓는 지역 주민들이 한목소리로 "동네가 뜨니 동네를 뜨래요"라고 하는 대목은 현장 예술인들도 일상적으로 실감하는 문제여서 퍽 공감되리라 믿는다. 지역에서 활동하는 참여 예술인/예술교육자들이 이 책을 읽으면 적잖은 활동의 아이디어와 영감을 얻을 수 있겠다.

예술인들이 기관/기업/지역에 파견되고 문화예술교육을 한다는 것은 이야기의 소비자가 아니라 이야기의 생산자가 된다는 것을 의미한다. 물론 그 협력 과정이 수월하지만은 않을 것이다. 이 점에서 일본의 괴짜 철학자 나카지마 요시미치가 쓴『비사교적 사교성』(바다출판사, 2016)이라는 책을 참조할 만하다. 책 제목인 비사교적 사교성이라는 말은 철학자 칸트가 제안한 개념인데, 우리는 어느 정도 사교적이지만 또 어느 정도는 비사교적인 성질을 간직한 채 살아가는 것을 지칭한다. '의존하지 않지만, 고립되지도 않게'라는 책의 부제가 비사교적 사교성이라는 개념을 잘 요약한다. 스스로 괴짜가 되어 칠십 평생을 살아온 저자의 독특한 삶의 철학을 요약한 개념이어서 더 흥미롭다. 책을 보며 '자유롭지만 고독하게'(이문재) 살고자 하는 자유인의 삶에 대해 한번쯤 생각해 볼 수 있을 것이다. 협력이 늘 미덕인 것은 아니기 때문이다.

예술인파견지원사업을 비롯해 문화예술교육의 경우 여느 장르보다 미술 분야가 많은 것이 특징이다. 대학 졸업 이후 30대 중반에 이르기까지 십수 년째 '어떻게 살아갈 것인가?'를 고민하며, 먹고사는 수작(手作) 문

화를 고민하는 세 예술인이 자신의 실패 경험을 적은 릴리쿰의 『손의 모
험』(코난북스, 2016)을 강추한다. 라틴어로 '나머지'를 뜻하는 '릴리쿰(Reliquum)'
구성원들(선윤아·박시은·생예닌)은 주장한다. 수작문화는 반짝 유행하는 패션
이 아니라, '감각의 균형'을 추구하는 삶을 살려는 의지와 열망과 닿아 있
다고. 삶으로서의 제작문화를 고민하는 예술인이라면 이들의 좌충우돌
고민과 의미 있는 실패 이야기에 귀 기울여야 하리라. 예를 들어, "잠들어
있는 손의 감각을 깨워 만지고, 움직이고, 손으로 생각하면서 '만들기' 시
작해야 하는 것은 다름 아닌 삶에 대한 새로운 감각이다"라는 문장을 접
하며 적잖은 감동을 받았음을 고백하지 않을 수 없다. 멀쩡한 아이폰을
해체한 후 다시 조립하는 등의 다양한 '손의 모험'을 오늘도 하고 있는 이
들의 행보가 계속 이어지기를 나는 성원한다.

퍼실리테이터를 비롯해 참여 예술인들과 현장에서 문화예술교육을
진행하는 예술강사들의 고민이 없을 수 없다. 특히 활동의 상투성을 어떻
게 극복할 것인가 하는 고민도 있겠지만, 참여하는 기관/기업/지역 특유
의 경화(硬化)된 조직문화 앞에서 적잖이 고민되는 것 또한 엄연한 현실이
기 때문이다. '파견'이라는 단어가 주는 부정적 뉘앙스로 인해 이른바 '갑
질' 논란을 겪을 수도 있고, 무엇보다 참여 기관 종사자들 특유의 마음의
관료주의 때문에 적잖이 마음 고생할 때도 있을 법하다. 자신에 대한 긍
지를 잃게 될 수도 있다. 그러나 그런 조직문화는 하루아침에 개선되는
것도 아니고, 세상이 저절로 아름다워지는 것은 더더욱 아니다. 이 점에
서 자신에 대한 질문을 멈추지 않고, 철학자 푸코가 말하는 자기에의 배
려가 필요한 것은 어쩌면 너무나 당연하다.

그런 고민을 할 때, 미국 시인 찰스 부코스키의 시집 『위대한 작가가
되는 법』(민음사, 2016)과 소설가 한창훈의 우화소설 『행복이라는 말이 없는

나라』(한겨레출판, 2016)을 읽으며 '근자감'을 갖고, 예술의 영원한 토픽인 '행복이라는 말이 없는 나라'라는 유토피아에 대해 다시 한 번 생각해 보시라고 말씀드리고 싶다.(결코 낚시질하는 것 아니다!) 부코스키의 시집은 평소 시를 접하지 않는 예술인이라도 가벼운 마음으로 읽을 수 있는 재미있는 시집이다. "내가 무슨 말을 하든 멋지게 들리는 건/ 내가 도박하듯 글을 쓰기 때문이다." 같은 구절에서 당당한 자부심을 읽을 수 있으리라. 5편의 소설이 수록된 한창훈 소설에 묘사된 나라에는 단 하나의 법조문 외에는 없다. 그것은 '어느 누구도 어느 누구보다 높지 않다'라는 조항이다. 수평적 삶이 존중되고, 그런 커뮤니티를 향한 우화소설이라는 점을 간파할 수 있으리라. 특히 누가 시켜서 하는 피아노 교육을 거부하는 아이가 등장하는 「그 아이」라는 소설은 현장 예술인/예술교육자라면 누구나 공명할 수 있는 작품이라고 본다.

헨리 데이비드 소로우는 가난한 풍요의 삶을 예찬한 19세기 사상가로 잘 알려져 있다. 그는 『월든』(1845)에서 말한다. "내 집에는 세 개의 의자가 있다. 하나는 고독을 위한 것이고, 둘은 우정을 위한 것이고, 셋은 사교를 위한 것이다." 문화예술교육과 예술인파견지원사업에 참여하는 예술인/예술강사들의 활동이 나 자신에게, 동료 예술인에게, 그리고 우리 사회를 향해 고독과 우정과 사교(사회)를 위한 '의자'를 내어놓는 활동이 되기를 희망한다. 우리가 살아가는 골목에는 평상과 의자가 필요하기 때문이다. 우리 모두를 위해, 영원히!

'나로부터' 시작하는 소소한 기획

개미실마을을 아시는가? 충북 청주시 상당구 남일면 가중리에 있는 개미실마을은 50여 가구가 모여 있는 작은 마을이다. 마을 사람들이 개미처럼 부지런히 일하며 알뜰살뜰 산다고 하여 이렇게 이름이 붙었다고 한다. 당연히 개미실마을의 시간은 이웃한 청주 또는 대전 같은 큰 도시의 시간과는 다른 리듬을 이루고 있다.

그런데 이 작은 마을에 최근 변화의 바람이 불고 있다. 2010년 동네 뒷산을 깎으며 전원주택단지가 조성되더니 현재는 20여 가구의 귀농귀촌인들이 입주했다. 그러나 한국의 여느 마을이 그러하듯, 선주민(先主民)과 이주민 간 대화와 소통이 부족하다. 선주민은 상대적 박탈감에 빠져 있고, 귀농귀촌인들은 '끼리끼리' 어울리며 그들만의 리그를 형성하지만 고립감은 어찌할 수 없다. 이런 상태를 방치할 경우 두 계층 간에 이른바 '문화분단' 현상이 더 심해지리라는 예측은 충분히 가능하다.

사심 가득한 '게으른 개미실꽃차'

문제는 이러한 문화분단 현상이 더 심해져서 일종의 요새국가(a fortress state) 같은 상태로 변질되지 말라는 법이 없다는 것이다. 특히 귀농귀촌인들이 '빗장을 잠근 채' 그들만의 커뮤니티를 지향하며 그것을 당연시하는 문화를 견고하게 형성하게 되는 것이다. 그럴 경우 선주민-이주민 간 대화와 소통은 더 어려워진다. 소설가 서성란의 장편『쓰엉』(산지니, 2016)은 베트남 여성 '쓰엉'이라는 존재를 통해 결코 한국인이 될 수 없었던 우리 안의 결혼이주민 문제를 예리하게 다룬다. 마지막에 등장하는 '방화' 장면이 특히 충격적인데, 어쩌면 이 에피소드는 두 세력 간 대화와 소통 부재가 '사람 잡는 정체성'(아민 말루프)이 될 수 있다는 작가의 예각적인 문제의식이 반영된 것이라 할 수 있다. 또한 우리는 이주민을 바라보는 선주민들 간에 암묵적 전제로 작동하는 무의식의 문제가 어떤 결과를 초래하는지 영화 〈이끼〉(2010)를 통해 충격적으로 확인한 바 있다.

선주민과 귀농귀촌인들이 얼굴을 마주하고 대화하고 소통할 수 있는 미디어(media)가 필요하다. 미디어는 '매개'를 의미한다. 개미실마을 주민 또한 그러한 소통의 창구와 더불어 관계 형성의 필요성을 느끼고 있을 것이다. 2019년 충북문화예술교육지원센터에서 추진하는 지역특성화 문화예술교육지원사업에 참여한 앙상블 봄(대표 변상이)의 〈게으른 개미실꽃차〉 프로그램을 주목하는 것은 그런 이유 때문이다. 지역특성화 추가모집 심사과정에서 게으른 개미실꽃차 프로그램을 처음 만났을 때의 인상은 "참, 시시해서 좋았다"는 것이었다.

왜 '시시해서' 좋았다고 하는가. 현재 개미실마을에 살고 있는 기획자-주강사 두 사람이 '꽃차'라는 사소한 기획을 통해 선주민과 귀농귀촌인 마음에 작은 다리를 놓으며 소소한 이야기를 만들어갈 수 있는 기획 의도가 읽혀졌기 때문이다. 무엇보다 앙상블 봄의 기획자와 주강사가 50 대 어머니(강사)와 20대 딸(기획사)이다는 점도 신뢰를 주기에 충분하다. 동네 주민들과 '시간'을 함께하며 진달래, 금계꽃, 아카시아를 비롯해 다양한 꽃차가 만들어지는 과정을 함께하며 가드닝을 하고 꽃전을 부치고 가든 파티를 즐기는 과정에서 참여자들이 얼굴을 익히고 서로의 사연을 조금씩 공유하는 과정이 될 수 있기 때문이다. 그렇게 선주민과 이주민 사이에 형성된 느슨한 관계는 의외로 힘이 세다는 점을 간과해서는 안 된다.

이 프로그램은 무엇보다 개미실마을 주민들이 어렵지 않게 참여할 수 있으며, 자신만의 재미 또한 누릴 수 있으리라는 점에서 특히 기대된다. 마을 주민들 모두 특색 있는 화단을 가꾸고 있을 만큼 무엇인가를 꾸미는 것을 좋아하는 주민들을 대상으로 소소한 프로그램을 통해 참여자들이 '내 삶을 디제잉'할 수 있는 작은 계기를 만들어준다면 매우 의미 있는 기획이라 할 수 있다. 문화예술교육이 백화점 문화센터 프로그램과 다른 점은 참여자들 사이에 관계의 '케미'를 형성하는 데 있기 때문이다. 꽃차 만드는 기능 강습 위주로 짜인 프로그램이었다면 문화예술교육이라고 할 수 없을 것이다.

다시 말해 문화예술교육은 선주민-이주민 참여자들이 서로의 사연을 공유하며, 일종의 '이바쇼[いばしょ, 居場所]'를 형성하는 것이라고 할 수 있다. 이바쇼란 내가 안심하고 머물 수 있는 처소를 의미한다. 느린 시간, 멈추어 있을 장소, 느슨하나 지속적인 관계가 특징인 곳이라 하겠다. 사람들은 이런 처소에서 서로를 알아가는 시간을 쌓아가고, 관계 전환을 위한 거점을 갖게 된다. 개인이 단위가 되는 작은 사회를 회복하고, 이웃이 있는 마을을 회복하며, 서로를 환대하는 커뮤니티로서의 가능성을 발견할

수 있다면, 이 프로그램의 의미는 결코 작지 않으리라 생각한다.

이 점에서 프로그램 후반에 진행되는 '가든파티'가 중요하다. 가든파티는 겉보기에 근사하지 않아도 좋다. 아니, 어쩌면 근사하지 않아야 더 좋을 수 있다. 뭔가 있어 보여야 한다는 '있어빌리티'의 강박관념을 버리고, 참여자들이 게으른 개미실꽃차 프로그램에서 느끼고 준비한 자기만의 꽃차들을 준비하고 함께 음식을 만들고 나누며 소소한 재미를 즐기는 과정이 필요하다. 쉽게 말해 '지극히 사심 가득한' 기획 의도를 잃지 않으며 진행해야 한다. 뭔가를 하겠다는 것보다 '함부로' 하지 않겠다는 마음으로 프로그램을 진행해야 한다.

'내 문제의식'을 기획하라

내가 사는 지역/동네에 뿌리내리는 기획은 어떻게 가능한가. '지극히 사심 있는 기획'이 절대적으로 필요하다고 생각한다. 오해하지 마시라. 무조건 사심(私心)을 가지라는 주문이 결코 아니다. 그런 사심은 흑심(黑心)이 될 수 있다. 기획의 출발이 바로 '나로부터' 시작해야 한다는 의미로 이해하면 좋겠다. 심사를 하다 보면 자주 접하는 단어들이 있다. '경단녀(경력단절여성)', '다문화가족', '힐링'… 같은 단어들이다. 이런 단어들을 접하면 기획서 작성자가 이런 문제들에 대해 고민하지 않았다는 생각이 먼저 든다. 그런 단어들은 문제의식이 너무나 '상투적'이고, 많은 것을 말하는 것 같지만 아무것도 말하고 있지 않기 때문이다.

문화예술교육은 특히 참여자들의 '개별성'이 중요하다. 이번 프로그램을 통해 '무엇을' 할지도 중요하겠지만, '누구를' 만날 것인지 더 자주 더 많이 고민하고 관찰해야 한다. 특히 지역특성화 프로그램이라면 그래야 한다. '뒷짐 지고 슬슬하게' 동네를 탐색하는 일은 그래서 중요하다. 시인 김수영은 "시는 온몸으로 쓰는 것이다"라고 했지만, 이 점은 기획서를 쓰는 과정에도 적용된다. 기획서 작성을 위해 컴퓨터 앞에 앉기 전에 동네를 걸으며 생각하고 관찰하는 일은 그래서 더 중요하다. 결국, 기획서는 '온몸으로' 쓰는 것이어야 하기 때문이다.

'지역(동네)을 구하겠다', '나라를 구하겠다', '장애인들을 구하겠다'는 식의 기획서들은 아무런 문제의식이 없다는 것을 반증할 따름이다. 내가 기획하는 프로그램에 참여하는 어떤 '한 사람'을 가정하고, 그 사람의 입장에서 이 프로그램의 처음과 끝을 그려보며 기획서를 작성하는 것도 한 방법이 될 수 있을 것이다. 그런 점 때문에 개미실마을에서 진행되는 게으른 개미실꽃차 프로그램을 기대한다. 기획과 진행은 전혀 다를 수 있다. 그럼에도 이 프로그램에 신뢰가 가는 것은 두 모녀가 서로 손잡고 '내 문제의식으로부터' 시작한 프로그램이라는 점 때문이다. 시간이 허락된다면 가든파티 날 참여하고 싶다. 불청객 신세일지언정 개미실마을 사람들이 기꺼이 환대해 줄 것만 같은 '근자감'이 드는 것은 무슨 까닭이람.

자존심과 자존감

자존심과 자존감의 차이는 무엇인가. 가난하고 소외된 백인 하층민의 빈곤문화를 당사자의 눈으로 냉정히 성찰하는 J. D. 밴스(James David Vance)의 회고록 『힐빌리의 노래』(흐름출판, 2017)를 덮으며 드는 생각이다. 『힐빌리의 노래』는 가난이 가난을 낳고, 가난이 대물림되는 미국 애팔래치아 산맥 인근 쇠락한 공업지대인 오하이오 미들타운에서 성장한 저자가 사회적 고립과 학습된 무기력이라는 빈곤문화를 형성해온 비관적 무리에서 벗어나 어떻게 계층이동의 사다리를 밟으며 아메리칸 드림을 이루었는지를 회고하는 책이다.

오해는 마시라. 이 책은 상투적인 아메리칸 드림 신화를 회고하는 책과는 거리가 멀다. 저조한 사회적 신분 상승에서부터 빈곤과 이혼, 마약 중독과 10대 임신에 이르기까지 오만 가지 불행의 중심지인 미국의 '힐빌리 문화'를 내부자의 눈으로 성찰하며 더 나은 삶을 향한 희망의 필요성을 역설하는 역작이다. 힐빌리 문화는 레드넥(redneck), 화이트 트레시(white trash)라는 모욕적인 이름으로도 유명한데, 이들의 문화는 지독히 의리를 중시하고 외부인을 난폭하게 다루는 것으로 악명이 높다. 다시 말해 법보다 주먹이 가깝고, 복지 여왕을 비난하며, 가난이 가풍(家風)이 되어버린 가난한 백인의 빈곤문화를 의미한다. 지난 미 대선에서 가난한 백인 남성들이 민주당의 포퓰리즘 정책을 혐오하며, 왜 트럼프를 대통령으로 선출했는지 이해할 수 있는 책으로도 유명하다.

J. D. 밴스는 1984년생으로, 스코틀랜드계 아일랜드인의 후손이다. 그는 힐빌리 문화권에서는 '세상에 믿을 놈 없다'는 것을 신봉하는 습관을 형성하게 된다고 말한다. 기회를 가로막는 장애물들은 집과 학교 주위에 널려 있고, 노력 부족을 능력 부족으로 착각하는 문화 또한 완고하다. 그런 환경에 둘러싸인 저자가 학창시절을 회상하며 '덫에 걸린 기분'이라고 표현하는 것이 전혀 어색하지 않다. 쉽게 말해 이들은 자존심이 센 척하지만, 자존감이 그리 높지는 않았던 것이다.

저자는 10대 시절을 회상하며, 자신은 완전히 다른 세상으로 옮겨간 '문화적 이주자'라고 비유한다. 자신이 문화적 이주자가 된 데는 자신을 이해하는 사람들에게 터놓고 이야기하는 것이 중요한데, 타인과 대화하는 법을 배웠고, 낙관을 배웠기 때문이라고 말한다. 해병대에 입대하고, 오하이오주립대를 다니고, 예일대 로스쿨에서 법을 공부하며, 저자는 그런 환경에 노출되는 경험을 통해 배웠다고 한다. 그는 가난이 가난을 낳으며, 가난이 대물림되며 형성되는 빈곤문화를 극복하는 방안으로 사회적 자본(social capital)의 필요성을 강조한다. 정치학자 로버트 D. 퍼트넘(Robert David Putnam)이 『나홀로 볼링』에서 역설한 사회적 자본이란, 개인들 사이의 연계와 사회적 네트워크 형성 그리고 호혜성과 신뢰의 규범을 의미한다. 러스트 벨트(rust belt) 지역 고유의, 자신을 비하하는 '골창 문화'를 바꾸려는 교육의 힘을 역설하는 것도 그런 이유 때문이다.

『힐빌리의 노래』는 힐빌리의 한국 버전인 이른바 '태극기 부대' 시위에 참여하는 우리나라 가난한 노인들의 빈곤문화를 돌아보게 하는 점에서 퍽 유의미하다. 가난한 사람들은 왜 보수정당을 지지하는가에 대한 사회문화 보고서로서도 의미가 있다. 책을 보며 10대 시절 암담했던 고립의 나날들이 연상되어서인지 꼼꼼히 탐독했다. 계층이동의 사다리를 어떻게 놓아야 하고, 사회통합을 위한 좋은 정책은 무엇인지 고민하게 한다. 또한 자존심과 자존감의 차이를 이해하는 것이 중요하다고 생각하게 된다. 결국 나 자신의 노래를 부를 수 있고, 또 기꺼이 부를 줄 아는 건강한 마음생태학이 중요하다. 교육과 문화의 힘을 바탕으로 한 좋은 정책이 좋은 정치라는 점을 인식하고 실천해야 할 때다.

사랑하고 사랑받고 계속 나아가라

2018년 복지기관 문화예술교육 지원사업에 참여하는 예술강사들을 대상으로 한 겨울(1월)/여름(8월) 연수 아카데미를 김혜일(문화공동체 아우름 대표), 양재혁(컬처커뮤니티 동네 대표) 선생과 준비하면서 가장 염두에 둔 점은 위에서 언급한 것처럼 자존심과 자존감의 차이를 이해하고 예술강사들의 '자존감'을 높이고자 한 것이었다. 노인복지관에 파견된 예술강사들은 대체로 자존감이 높지 않았다. 자신들이 환영받고 존중받고 연결되어 있다는 느낌을 주는 것이야말로 아르떼 연수에서 최우선적으로 고려해야 할 사항이라고 판단했다.

그래서 두 가지 질문을 생각하며 연수를 준비했다. '나는 나를 어떻게 대하였는가?', '내 인생에서 (문화예술교육적) 배움이 되는 최초의 경험은 언제였는가?'라는 질문이다. 첫 번째 질문에서는 사기를 사랑하고 존경할 줄 모르는 예술강사들이 의외로 많다는 점에 주목하고, 자신을 사랑할 줄 아는 마음이 중요하다는 점을 부각하려 했다. 두 번째 질문은 배움이 되는 사건의 경험은 마음의 불꽃놀이처럼 강렬한 경험이라고 할 수 있는데, 예술강사들이 자신의 수업 현장에서 참여자들에게 경험이 되는 사건을 연출하고 느끼게 하는가를 스스로 점검하게 하려는 것이었다. 두 차례 연수에서 이 두 질문을 했고, 참여자들의 답변을 들을 수 있었다. 이런 과정을 통해 염두에 둔 것은 지금 당장 써먹을 수 있는 '사례 공유'가 아니라 '고민 공유'를 하는 것이 중요하다는 점을 확인하는 것이었다.

결과는 대성공이었다. 참여자들은 자신을 사랑하고 존경하지 못하는 경우가 많았고, 문화예술적 배움이 되는 사건을 경험한 장소는 '학교 수업' 현장이 아니었다는 점을 확인할 수 있었다. 결국 모든 것은 내 마음 상태에서 비롯한다는 점을 실감하게 되었고, 풀기 어려운 거대한 문제에는 거대한 해결책이 아니라 수많은 작은 해결책들이 답이라는 사실을 이해하게 된 것이다. 미국 작가 웬델 베리(Wendell Berry)는 말한다. "우리가 내일에 대해 제대로 할 수 있는 유일한 일은 오늘을 제대로 사는 것뿐이다." 답은 저 멀리 있는 것이 아니고 내 안에/옆에 있다는 것을 이해했다고 해야 할까.

나는 이 점이야말로 복지기관 문화예술교육 지원사업에 참여한 예술강사들과 함께한 겨울/여름 두 차례 연수에서 얻은 최대의 수확이라고 생각한다. 쉽게 말해 '사례'가 아니라 '고민'을 공유할 줄 아는 힘을 얻은 것이다. 이 과정은 충돌-연결-상호학습의 승수효과를 위한 교육과정이었다고 자신할 수 있다. 특히 겨울 연수 때 양재혁, 김혜일 선생이 복지기관 예술강사로서 활동하는 장의령(미술), 김지현(음악) 강사를 초대해 진행한 프로그램은 일종의 동료효과를 발휘하면서 연수 효과를 극대화한 것으로 생각된다. 장의령 강사는 김범 작가의 〈노란 비명〉이라는 작업을 예로 들면서 어르신들과의 교육에서 의미를 찾아내는 것은 어르신들이 하는 이야기를 잘 수집하고 적절히 개입하는 것에 있다는 점을 강조했다. 다시 말해 강사의 일방적인 가르침이 아니라 어르신들의 이야기를 잘 매개·번역하며 상호작용하는 일의 중요성을 강조한 것이다. 어르신들이 툭툭 내뱉는 이야기들의 중요성을 그동안 수업 현장에서 외면하고 간과한 것은 아닌지 생각해보는 시간이었음은 물론이다.

이 점은 한 편의 시를 읽고 자신이 처한 상황에 견주어 시의 감흥을 이야기하는 '시(詩) 항아리' 수업과 '인생상담소' 운영 과정에서 더 분명하게 확인되었다. 이 수업은 뭔가를 하고자 기획한 수업이 아니라 함부로 하지 않겠다는 것을 확인하고자 한 수업이다. 다시 말해 강사의 일방적인 가르침과 주도성이 아니라 수강생들과 상호작용하는 일의 중요성을 실감하자는 취지에서 운영한 것이다. 어느 수강생이 셸 실버스타인(Shel Silverstein)의 동시 「몸짓으로 하는 말」을 읽고, 지금까지 자신의 수업을 복기하며 성찰하는 이야기를 한 경우가 잊히지 않는다. 셸 실버스타인의 동시는 자신의 상투성에 저항하라고 촉구하는 시다.

나 자신의 상투성에 저항하라

8월에 진행된 연수 아카데미의 주제는 스토리텔링이다. 100세 시대를 의미하는 호모 헌드레드(homo hundred)라는 신조어도 더 이상 귀에 낯설지 않은 시기에 '스토리텔링'은 적절한 연수 주제였다. 시인 밥 무어헤드가 "인생을 사는 시간은 늘어났지만/ 시간 속에 삶의 의미를 찾는 법은 상실했다"고 한 표현이 실감되기 때문이다. 수명이 늘어날수록 삶의 서사가 필요하다. 무엇을 먹고, 입고, 발라야 젊어 보이는지 고민하는 것으로는 충분하지 않다. 철학자 니체가 "'왜(why)' 살아야 하는지 아는 사람은 '어떤(how)' 상황도 견뎌낼 수 있다"고 한 말에서도 여실히 알 수 있다. 항노 혹은 안티 에이징이 아니라 노화 혹은 나이 듦을 '창의적 나이 듦'으로 전환하려는 '향노(向老)'의 태도가 필요하다. 늙음과 노인을 문제시하지 말고 즐겁게 받아들여야 할 삶의 과정으로 보아야 한다.

8월 아카데미에서도 김혜일, 양재혁 선생과 2박 3일간 연수를 진행했다. 연수에서 가장 강조하려 한 것은 연수 제목처럼 '당신의 이야기는 무엇입니까?'였다. 예술강사로서 자신의 삶을 성찰하고 인생 후반전을 의미있게 준비할 수 있는 몸과 마음으로 바꾸는 워밍업이 필요했다. 앞서 언급한 것처럼 모범사례들을 공유하고 벤치마킹하는 것이 아니라 '고민의 공유'를 함께할 수 있는 사람들을 연결하는 것을 목표로 했다.

사실 이러한 동료효과 또는 또래압력은 힘이 세다. 어떤 일을 하려 할때 '의무감' 때문에 하는 경우는 오래가지 못한다. '나라를 구하겠다'는 식의 거창하고 원대한 계획도 대개는 시시하고 사소한 관계에서 시작되는 경우가 적지 않다. "못난 놈들은 서로 얼굴만 봐도 흥겹다"(신경림)고 한 말은 이런 경우에 해당한다. 시시콜콜한 교류와 소통의 장이 중요한 것이다.

예술강사들은 인문/음악/미술반으로 나누어진 분반 수업에서 스토리텔링을 이해하고 실습을 했다. 나는 "인간 세포는 분자가 아니라 이야기로 구성되어 있다"고 한 우루과이 작가 에드아르두 갈레아노의 이야기를 강조하며, 노년예술수업이란 결국 어르신들에게 자신의 서사를 편집할 수 있는 권리를 되찾아주는 것이라고 했다. 김혜일 선생은 투우사들이 쉬는 장소를 의미하는 스페인어 '케렌시아(querencia)'라는 말을 빗대어 나만의 장소 혹은 나만의 이야기는 무엇인지 물었다. 양재혁 선생은 노인을 서비스의 대상이 아니라 배움의 주체로 보아야 하며, 예술강사가 매개자 혹은 이야기 수집가가 되어야 한다고 역설했다. 그리고 각 분반 수업에서 진행한 결과를 모둠별로 발표하며 전체 과정을 마무리했다.

모둠별 발표는 여름 연수의 하이라이트였다. 모둠별 편차는 있었지만, 예술강사들은 한 사람의 어르신을 개별적으로 이해하고자 최대한 노력했다. 나는 특히 이 점이 여름 연수의 백미가 아니었나 생각한다. 그리고 그 어르신을 대상으로 한 노년예술수업을 어떻게 진행해야 할지 장르간 통합수업을 통해 풀어내고자 한 예술강사들의 고민들이 퍽 인상적이었다. 나는 이 과정이 '힘과 용기의 차이'를 느끼는 과정이었다고 생각한다. 여기서 말하는 용기는 파커 J. 파머(Parker J. Palmer)가 말한 '가르칠 수 있는 용기'를 의미한다.

문제는 아직 남아 있다. 특히 음악 분야 강사들의 경우 장르적 속성인지 몰라도 스토리텔링에 대한 이해를 매우 어렵게 생각한다. 향후 이점을 어떻게 풀어내야 할지, 나를 비롯한 참여 강사진들의 고민이다. 그러나 큰 걱정은 하지 않는다. 내일의 노래는 오늘 내가 어떤 노래를 부르느냐에 달려 있기 때문이다. 이런저런 걱정이야 왜 없겠는가. 그러나 더 중요한 것은 자신의 상투성 혹은 진부함에 '저항'하려 하고, '그럼에도 살아가겠다'고 다짐하는 담담한 태도와 습관을 형성하는 것이라고 생각한다. 결국, 창의적 나이 듦을 위해서는 참여하는 예술강사들 또한 나이 듦에 대한 수용적 자세가 요구되는 것이다. 겨울/여름에 만난 예술강사들의 표정이 유독 밝아 보이는 것이 창의적 나이 듦에 대한 수용적 태도를 연수

과정에서 확인한 것과 무관해 보이지 않는다고 보는 것은 나만의 착각일까. 나는 그런 신노년을 꼰대라는 말 대신 '꽃대'라고 부르자고 제안한다. 나이가 들어서 꼰대가 되는 것이 아니라 꼰대였던 사람이 나이를 먹는다는 것은 불변의 진리라고 생각하기 때문이다.

마지막으로 스티븐 리츠가 말한 슬로건을 인용하며 두서없는 글을 마칠까 한다. '씨 쎄 푸에데(Si se puede, 그래, 할 수 있어), 그리고 대서사를 만들어라.' 예술강사로서 겨울과 여름에 진행한 연수 아카데미에 참여해주신 모든 분께 감사드린다.

기꺼이,
두려움 없이,
나답게 살기

새해가 되어 '무엇인가를 하겠다'고 다짐하는 버릇을 버렸다. 작심삼일로 끝난 적이 많아서 그렇기도 하겠지만, 조금씩 나이가 들면서 무엇인가를 하겠다는 다짐보다 더 중요한 것은 '무엇인가를 하지 않겠다'는 것이라는 점을 알게 되었기 때문이다. 2019년 새해를 맞이하면서도 거창하고 거룩한 다짐 같은 것은 하지 않겠다고 스스로에게 채찍질했다. 바라는 것이 있다면, 남에게 관대하고 자신에겐 조금은 엄격한 사람이 되는 것이다. 더 이상 부끄럽게 살고 싶지 않기 때문이다.

자립이란 의존하는 것이다

동양 고전 『채근담』에 나오는 유명한 구절인 "대인춘풍 지기추상(對人春風, 持己秋霜)"의 삶을 사는 것은 쉽지 않다. 이 말은 "남은 봄바람처럼, 자신은 가을 서리처럼 대하라"라는 말이다. 그러나 우리는 정반대로 사유하고 행동한다. 자신의 몸을 잘 지키는 보신(保身)의 욕망을 실현하는 데만큼은 엄격해지려고 한다. 보신 그 자체는 나쁜 것이 아니다. 문제는 행복이란 매우 사적(私的)인 기술이라는 프레임을 강화하는 웰니스 신드롬(the Wellness Syndrome)을 맹신하는 것이다. 웰빙 열풍을 대체한 웰니스 신드롬에 따르면 행복은 더 이상 타인으로부터 오는 것이 아니고, 타인과의 관계에서 오는 것은 더더욱 아니다. 우리의 여가문화는 '레저'에 가까운 것이 되었고, 자본주의적 상품미학을 전파하는 텔레비전을 켜면 먹방, 쿡방이 넘쳐난다. 대다수 국민이 '매끄러움'을 추구하는 웰니스교(敎)의 신도임을 자처할 따름이다.

나이가 들수록 자신의 몸을 잘 지키는 보신도 필요하겠지만, 더 중요한 것은 '보명(保名)'의 윤리라고 생각한다. 보명이란 '자신의 이름을 잘 지키는 것'이다. 자신의 이름이 부끄러운 자리에 있지 않도록 하는 그리스적 의미의 양생술이 필요하다. 이런 태도는 소위 자기계발 내지 처세술과는 좀 다르다. 자신의 이름이 자신이 추구하는 삶의 철학과 지향과는 도무지 어울리지 않는 어떤 자리 혹은 장소에 있는 것을 스스로 경계하자는 의미가 강하기 때문이다. 이 점에서 '나의 전문가'를 자임하는 야스토미 아유무 도쿄대 교수의『단단한 삶』(유유, 2018)은 무엇이 잘 사는 삶이고 자립하며 성장하는 삶인지 생각하게 하는 좋은 책이다.

저자는 말한다. "자립이란 의존하는 것이다"라고. 이 명제는 책을 관통하는 핵심적인 명제다. 누구나 자립하는 삶을 살고자 한다. 그런데 혼자 설 수 있다는 것을 의미하는 자립이 누군가에게 의존하는 것이라고? 저자는 그런 '자립'의 삶을 위해 어머니와 결별하고, 아내와 이혼하면서까지 '나답게 살기'를 추구한다. 자신의 죄의식과 불안감의 원천이 어머니와 아내에게 조종당하는 삶에 있었음을 깨닫고, 나답게 사는 새로운 인간관계를 지향하려 했기 때문이다. 저자는 그런 문제의식을 갖고 자립, 친구, 사랑, 화폐, 자유, 꿈의 실현, 자기혐오 그리고 성장이라는 여덟 가지 가치에 대해 자신의 사유를 행간에 부려놓는다. 그리고 "의존하는 대상이 늘어날 때 사람은 더욱 자립한다"고 주장한다. 다시 말해 화폐를 추구하는 삶이 아니라 관계를 추구하는 '관계부자'의 삶을 예찬하고 권장한다.

저자가 이런 생각을 하게 된 것은 중국 사막에서 현장 연구할 때 만난 주쉬비(朱序弼)라는 사람의 삶을 보고 난 후부터다. 50년 간 사막화 현상을 방지하는 녹화활동을 하는 주쉬비는 식림(植林)기사지만 나무 심는 일로 어떤 대가도 받지 않는다. 그런데 몸이 아프거나 하면 이웃 사람들의 도움을 기꺼이 받는다. 이웃 사람들 또한 자신의 일처럼 주쉬비를 돕는다. 그런 '무소유'의 삶을 살아가는 주쉬비의 삶을 보면서 저자는 자립한 사람은 혼자 무엇이든 할 수 있는 사람이 아니라, 자기가 곤란하면 언제든지 누군가에게 도움을 받을 수 있는 사람이라는 사실을 깨닫는다. 그리고 경제학자답게 화폐 같은 주제에 대해서도 결코 가볍지 않은 사유를 통해 "자립은 돈으로 살 수 없다"고 선언하며 그렇게 실천하는 삶을 살고자 한다. 쉽게 말해 '현금'을 맹신하는 삶이 아니라 '현물(現物)'을 추구하는 삶이 더 행복한 삶이고, 그런 삶을 위해서는 누군가에게 신세지며 '민폐' 끼치며 살자는 것이다. 이 괴짜 지식인이 말하는 '나답게 살기'는 무엇이 자립하는 삶인지에 대해 탈정(脫井)의 사유와 실천을 하라는 말로 들린다. 탈정이란 신영복 선생이 『담론』(2015)에서 강조한 의미로, '내 안의 상투성이라는 우물에서 과감히 벗어나라'는 뜻과 같다.

길을 잃은 후 얻은 삶의 지도

우리는 '나답게 살기'라는 목적지를 향해 길을 떠나지만 자주 길을 잃는다. 그리고 길 잃는 것을 몹시 두려워하고, 길 잃기를 시도조차 하지 않은 채 초라한 경제동물로 전락한 삶을 마지못해 수락하며 하루하루 살아간다. 미국 작가 리베카 솔닛은 『길 잃기 안내서』(반비, 2018)에서 그런 길 잃기의 상태를 적극 예찬하며 자신을 작가로 성장시킨 것은 무수한 '길 잃기'의 경험들이었다고 말한다. 한마디로 '인간의 영혼은 길 잃기를 통해 만들어진다'는 것이다. 이주자 출신 할머니들의 복잡한 가계도를 비롯해 길을 잃게 만든 장소들과 길을 잃은 역사 속 인물들 그리고 펑크록, 슬램댄싱, 블루스 같은 무수한 예술작품의 예들이 행간에 잘 녹아 있다. 그런 의미에서 이 책은 '잃다(loss)'에 대한 성찰을 보여주는 빼어난 에세이인 동시에, 솔닛이라는 인간을 한 인간으로 키운 것이 무엇인지 밝히는 '자기 비평서'라고 해야 옳다. 책에서 가장 인상적인 말은 솔닛이 인용한 미국 사상가 헨리 데이비드 소로의 말이다. "우리는 길을 잃고 세상을 잃은 뒤에야 비로소 자신을 찾기 시작한다." 한마디 덧붙이자면, 이 책을 읽으며 나 또한 여러 차례 길을 잃고 책장을 자주 덮고 생각에 잠겼다. 이 책은 그런 책이다.

그때도 의아했고 지금도 의아한 일인데, 나는 어떻게 그것들을 다 포기하고 그 대신 도시와 사람들이 주는 것을 택했을까? 동물들의 세상, 천상의 빛의 세상이 안겨주는 상징적인 질서 감각에서 벗어나느니 차라리 외로움을 느끼는 편이 덜 끔찍하지 않을까? 그러나 글쓰기는 그러잖아도 충분히 외로운 작업이다. 글쓰기는 즉각적인 대답이나 상응하는 대답이 영원히 돌아오지 않을 수도 있는데 먼저 고백하는 일이다. 상대가 영원히 묵묵부답일 수도 있는 대화, 아니면 긴 시간이 흘러서 글쓴이가 사라진 뒤에야 진행될 수도 있는 대화를 먼저 시작하는 일이다. 하지만 최고의 글은 꼭 저 동물들처럼 나타난다. 갑작스럽게, 태연자약하게, 모든 것을 말하면서도 아무것도 말하지 않는 방식으로, 말 없음에 가까운 말로. 글쓰기는 자기 자신의 사막, 자기 자신의 야생일지도 모른다.

이 두 책은 '나'라는 정체성은 어떻게 만들어지는지, 인간은 삶 속에서 상실과 방황을 거쳐 어떻게 자기 자신을 찾아가는지 예리하게 성찰하고 실천한 사람들의 기록이다. 결국, '나답게 살기'는 저 먼 곳의 푸름을 찾아 '길 잃기'를 기꺼이 감수하는 것이고, 길 잃기를 두려워하지 않는 내면의 단단한 힘과 관계의 견고한 힘을 찾아가는 것일지도 모르겠다. 그러므로 이 두 책은 좋은 삶을 향한 '매뉴얼'이 아니고, 좋은 '지도' 역할을 하는 책도 아니다. 무엇이 진짜 나다운 삶인지 스스로에게 질문하고 답을 찾아가려 한 사람들의 발자취라 할 수 있다. 우리는 두 사람의 발자취를 조심스레 더듬으며, 나다운 삶은 무엇인지 생각하고 행동하고자 할 때 참고하면 된다. 상실과 방황을 두려워하지 않으며, 장소의 에로스를 추구하려는 정신을 배우면 된다. 더 이상 공허한 미래주의에 현혹되어 무엇을 위한 삶인지조차 생각하지 않고 '더 높이, 더 멀리, 더 빨리' 달려가는 삶이란 더 이상 나답게 살기가 아니고, 좋은 삶도 아니라는 점을 깨달으면 된다. 한 해를 보내고, 한 해를 맞이하는 전환의 시간에 두 책을 읽으며 '아직 늦지 않았다'는 안도의 숨을 쉰다.

사람과
사람을 잇는
힘을 위하여

_ 이바라키 노리코 시집 『처음 가는 마을』(봄날의책, 2019)
_ 이바라키 노리코 시집 『여자의 말』(달아실, 2019)

살아 있는 것들의 편이 되어

순수함이 중요해
사람을 만날 때나 세상을 대할 때나
사람을 사람으로 여기지 않게 되었을 때
타락한단다 추락해가는 걸
감추려 해도 감추지 못하는 사람을 많이 보았지

_ 시 「되새깁니다-Y·Y에게」(부분)

일본 시인 이바라키 노리코(1926-2006)가 쓴 「되새깁니다」라는 시의 일부다. 부제에 등장하는 'Y·Y'라는 인물은 야스모토 아스에라는 신극 여성 배우로 알려져 있다. 이 시에서도 간파할 수 있지만, 이바라키 노리코의 시는 쉬운 일상어로 '때묻지 않은 순수함이 소중하다'는 점을 역설하는 특징을 잘 보여준다. 그리고 시와 삶이 일치하는 매우 희귀한 경우라고 확언할 수 있다. 이 시에 등장하는 "사람을 사람으로 여기지 않게 되었을 때"라는 구절이야말로 이바라키 노리코가 시와 삶에서 여일(如一)하게 역설하고자 한 시적 메시지라고 생각한다. 그것은 사람에 대한 '태도가 중요하다'는 것이고, 특히 소수자 또는 약자(弱者)에 대한 태도가 중요하다는 점이다. 이런 태도는 어떻게 가능할까. 자기 '바깥'을 향해 자신을 활짝 열기를 멈추지 않았기 때문이다. 마지막 부분에서 "온갖 좋은 일의 핵심에는/ 떨리는 연약한 안테나가 숨어 있다 반드시…"라고 한 표현에서 확실한 '물증'을 찾을 수 있다. 다시 말해 이바라키 노리코는 타자와 타자의 말들을 들을 수 있는 하나의 '안테나'를 평생 간직하며 산 것이다.

이러한 특징은 이바라키 노리코의 출세작이며, 전후 일본 현대시의 걸작으로 평가받는 「내가 가장 예뻤을 때」에서도 잘 나타난다. 이 시는 군국주의 일본의 잘못된 행태를 비판하는 시로 큰 주목을 받았다. "내가 가장 예뻤을 때/ 주위에선 수많은 사람들이 죽어갔다/ 공장에서, 바다에서, 이름도 없는 섬에서./ 그래서 난 그만 멋 부릴 기회를 잃고 말았다"(제2연) 다시 말해 소녀 시절에 겪은 전쟁 경험은 이바라키 노리코로 하여금 자신의 시와 삶에서 "이유는 잘 모르지만/ 살아 있는 한 살아 있는 것들의 편이 되어"(「이 실패에도 불구하고」) 살고자 '선언'하도록 다그친 셈이다. "살아 있는 한 살아 있는 것들의 편이 되어"라는 진술은 시인이 시와 삶을 대하는 태도를 분명히 선언하는 일종의 시론(詩論)이라고 보아야 옳다.

그렇다. 이바라키 노리코는 시와 삶에서 살아 있는 것들의 편이 되고자 한 한결같은 행보를 보여주었다. 남편 사후 한글을 배우며 한글/한국을 사랑하고, 윤동주 시인을 사랑했으며, 신경림·강은교·홍윤숙 같은 한국 시인들의 시를 일본어로 번역해 소개한 것도 그런 이유에서일 것이다. 특히 윤동주의 시와 삶에 대해 쓴 수필 「바람과 별과 시」는 고등학교 문학 교과서에 수록되어 일본에서 '윤동주 현상'을 불러일으끼기도 했다. 시인이 일종의 '내부 고발자'가 되어 천황을 비판하며 자기 바깥에 존재하는 타자와의 관계 회복을 바라고, 소통에 대한 강렬한 희구를 독려하지 않고서는 불가능한 일이었으리라. 일본 천황을 비판하는 「사해파정(四海波靜)」을 비롯해 「계보」, 「없었다」, 「피」 같은 내부비판 계열의 시들에서 분명히 확인할 수 있다. 그리고 「두 명의 미장이」라는 시에서 보듯이, "'사모님 시는 저도 이해할 수 있답니다'라고 말한다/ 이보다 기쁜 말이 있을까"라는 표현처럼 시인의 시는 일본에서 매우 폭넓게 읽혔다.

특히 천황을 직접 비판하는 「사해파정(四海波靜)」은 시인의 결기가 느껴진다. 이 시는 1975년 10월 31일, 방미(訪美) 후 귀국한 히로히토 일왕에게 전쟁책임에 대해 기자들이 묻자 "그런 말의 수사(修辭)에 대해선 문학 방면에서는 그다지 연구한 바 없어 대답하기 어렵습니다"라고 변명한 데 대해 한 사람의 시인/시민으로서 신랄히 야유하고 비판한 시로 잘 알려져 있다. 천황 비판이 일종의 금기로 취급되는 일본 사회에서 선(線)을 넘은 발언이라 할 수 있다. 다시 말해 시인은 국민(國民)으로서 발언하는 것이 아니라, 한 사람의 정부(政府)로서 보편적 양심을 대변하는 존재라는 의식이 없고서는 불가능했을 것이다. 이러한 시적 태도는 '내 주위는 온통 만세일계투성이다'라며 일제의 만세일계론 논리를 부수고, 무사도(武士道)를 야쿠자와 다를 바 없다며 비판하는 「계보」와 「없었다」 같은 작품들에서도 확인할 수 있다. 이라크-독일-일본 군국주의를 동시에 비판하는 「피」에 등장하는 "피는 온전히 자신을 위해 써야 하는 것"이라는 표현에서 시인의 진정한 의도를 간파할 수 있으리라. 쉽게 말해 시인은 국익(國益) 따위를 말하는 존재는 아니라는 주장이다.

그렇다면 이바라기 노리코의 이러한 순박한 '결기'와 '용기'는 어디서 나오는 것일까. 「기대지 않고」라는 시는 좋은 증좌가 될 것이다. 이 시는 한 사람의 '시인'은 어떻게 탄생하고, 한 사람의 '시민'은 어떻게 제2의 탄생을 하게 되는지 잘 보여준다. 그것은 "기성 사상, 종교, 학문, 권위에 기대지 않겠다"는 분명한 선언에 나타나 있다. 자기 혼자 세상에 설 수 있는 자립(自立)의 태도를 갖춘 독립지식인이 되어야 한다는 점이다. "자신의 눈과 귀/ 자신의 두 다리로만 서 있으면서/ 그 어떤 불편함이 있으랴"라는 구절에서 기존 권위 따위에 자신을 내어주지 않으려는 당당한 태도를 확인하게 된다. 시인의 이런 태도에서, 대한민국에 태어나는 순간 저절로 시민이 되는 것이 아니라는 인식으로 확장되는 게 아닐까 싶다.

'시인'과 '시민' 사이에서

이바라기 노리코의 시를 사랑할 수밖에 없는 까닭은 평이한 시어 너머에 삶을 깊이 통찰하는 혜안이 행간에서 번득인다는 점 때문이다. 시인의 내공이 깊지 않고서는 불가능하다. 그리고 약하고 힘없는 존재들, 다시 말해 겨우 살아 있는 것들의 편이 되고자 한 시인의 태도는 매우 감동적이다. 이러한 태도는 하루아침에 저절로 형성된 것은 아니다.

소녀 시절 이야기를 쓴 「화낼 때와 용서할 때」라는 시는 어떤 힌트를 제시하는 듯하다. "오로지 하나 분명한 건/ 자기 스스로가 그걸 발견하지 않으면 안 된다는/ 사실이다"라는 표현이 그것이다. 시인은 '나 자신'을 주장하며 살고자 하는 의지를 소녀 시절부터 강하게 의식한 것이다. 그리하여 시인은 말한다. 패전의 날 10주년을 맞아 쓴 「한번 본 것」에서 "여름풀

무성한 불타버린 폐허에 웅크리고 앉아/ 젊었던 나는/ 안구(眼球) 하나를 얻었다/ 원근법 측정이 정확한/ 차갑고 상쾌한!"이라고. 여기서 시인이 '원근법'이라고 한 비유는 나와 타자의 거리를 의미하는 것으로 이해되는데, 이 거리가 너무 멀어도 안 되고 너무 가까워도 안 된다는 점을 늘 의식하며 시를 쓰고 삶을 살았던 데서 이런 시적 태도가 드러난다고 유추할 수 있다. 다음과 같은 시는 득의(得意)의 성취가 아닐 수 없다.

잘 안 되는 것 일체를
시대 탓으로 돌리지 마라
가까스로 빛을 발하는 존엄의 포기

자신의 감수성 정도는
자신이 지켜야지
바보 같으니라고
－「자신의 감수성 정도는」(부분)

시인이 남편과 사별한 후 한글을 배우고 익히며 타자와의 만남과 교류를 계속 이어가는가 하면, 윤동주 시를 비롯해 한국시를 번역해 소개한 것도 '자신이 진짜로 살아 있었던 날'(「반짝반짝 빛나는 다이아몬드와 같은 날」)을 살고자 했고, "타인의 말을 조용히/ 받아들이는 힘"(「듣는 힘」)이야말로 나를 나로서 살게 하는 힘이라는 사실을 깨달았기 때문일 것이다. 사별한 남편을 그리워하는 연가 형식의 「세월」 같은 시에서 "단 하루의/ 번개 같은 진실을/ 부둥켜안고 꿋꿋이 살아가는 사람"이라고 한 표현은 결국 시인 자신을 말하는 것이라고 짐작할 수 있으리라. 이바라키 노리코는 소녀 시절부터 필생에 걸쳐 내 안의 '안테나'를 늘 의식하며 산 것이다. "안테나는/ 끊임없이 수신하고 싶어한다/ 깊은 희열을 주는 말을"(「와자지껄한 와중에」) 수신하기 위해.

이바라키 노리코는 자신의 문제를 결코 외면하지 않는 시민적 태도를 잘 보여준 시민-시인 혹은 시인-시민이다. 다나카 쇼죠(田中正造)의 아시오(足尾) 광독 사건을 환기(「반복의 노래」)하며 반복되는 일제의 문제를 성찰하고, 한글을 배우는 과정(「이웃나라 말의 숲」)에서 윤동주와 한글 그리고 한국에 가한 일제의 만행에 '사죄'하는 것 또한 타자와 진정으로 소통하고자 한 시인/시민적 양심의 발로라고 할 수 있으리라. 즉 시인은 탈아(脫亞)를 주창하며 자신이 아시아 각국 민중에게 가한 역사적 상처를 외면하려는 일본 지식인 특유의 '전학생의식'이 전혀 없었던 것이다. 장시 「류리엔렌의 이야기」 또한 중국인 강제동원 노동자 류리엔렌의 기구한 삶의 행장을 통해 일제의 만행을 고발하는 시로, 동아시아 민중이 진정한 마음의 연대를 이루어야 한다고 촉구하는 시라고 할 수 있다.

최근 한국 사회는 식자우환(識字憂患)이라는 말이 실감되는 시대라고 할 수 있다. 영혼도 없고 사회의식도 없는 소위 잘난 '전문가'들이 너무나 많다. 한 사람의 지식 혹은 역량은 자기 혼자 잘나서 터득할 수 있는 것이 절대 아니다. 지식의 공공성을 성찰하지 않는 알량한 지식과 역량은 먹고 사니즘의 수단이 되거나 사회적 흉기와 다를 바 없게 된다. 한마디로 말해 지식인은 죽었고, '쥐식인'들이 활개치는 세상이다. 이 점에서 지식인 혹은 문화기획자의 역량은 무엇이고, 어떻게 구현되어야 하는지 성찰해야 한다. 이바라키 노리코의 시선집은 시, 지식, 문화기획의 공공성을 생각하게 하는 좋은 텍스트다. 시인이 쓴 「유월」의 한 대목을 인용하며 글을 맺을까 한다. "어딘가 아름다운 마을은 없을까/ (중략)// 어딘가 사람과 사람을 잇는 아름다운 힘은 없을까/ 동시대를 함께 산다는/ 친근함 즐거움 그리고 분노가/ 예리한 힘이 되어 모습을 드러낼."

사람과 사람을 잇는 아름다운 힘은 쉽고 서툴로 형성되지 않는다. 그러므로 우리는 살아 있는 한 살아 있는 것들의 편이 되어 살아가야 하는 것인지도 모른다.

제4장 성인

삶이 있는
저녁을
위하여

○ '삶이 있는 저녁'은 가능한가
  : 미하엘 엔데의 『모모』와 '시간혁명'에 대한 시론

○ 생명의 감각이 깨어나는 마을

칼럼 '누구의' 것 아닌 '누구나'의 공간을 꿈꾸며

○ '삶이 있는 저녁'은
가능한가

_ 미하엘 엔데의 『모모』와 '시간혁명'에 대한 시론

'시간마름병' 환자 한국인

사회학자 김영선은 『누가 김부장을 죽였나』(한빛비즈, 2018)에서 시간 부족에 허덕이는 한국인을 '시간마름병' 환자에 비유한다. 19세기 아일랜드 대기근의 원인이 된 감자마름병에 빗대어 시간 빈곤 현상을 일상적으로 겪는 한국인을 일종의 사회적 질병으로 은유한 것이다. 이 은유는 결코 과장이 아니다. 우리는 누구랄 것 없이 타임푸어(Time Poor) 증상을 앓고 있기 때문이다. 우리의 일(勞)과 삶(生)이 철저히 분리된 것과 무관하지 않다. 주 52시간 근무 시대가 본격적으로 도래했지만, 법이 어떻게 바뀌어도 스스로 야근하며 '과로노동-과로죽음'을 재촉하는 자발적 착취의 굴레에서 좀처럼 벗어나지 못한다. '저녁이 있는 삶'이 저 먼 나라 일로 치부되는 사회에서 '삶이 있는 저녁'으로의 전환은 너무나 요원해 보인다.

이 점에서 독일 작가 미하엘 엔데가 쓴 기념비적 소설 『모모』에 내장된 사회문화적 의미를 재해석하는 것은 시간 낭비는 아닐 것이다. 행복의 본질이 결국 '시간 활용'에 있다는 점을 자각하고 자신의 삶을 새롭게 재구성하는 개안(開眼)이나 외심(畏心)의 세기가 될 수도 있기 때문이다. 포디즘의 유연적 축적, 정보통신 발달, 일터와 가족에서의 요구 증가, 압축적 민주주의화를 근간으로 하며 갈수록 일상 시간이 가속화하는 현상은 한국인을 시간마름병 환자로 만들고 있다. 그 결과 우리의 시간은 IMF 이후 '신자유주의적 시간'으로 대체되었다 해도 과언이 아니다. '경제의 자연화'를 추구하는 신자유주의적 가치가 자본주의의 마지막 미개척 영역으로 남아 있다고 간주되는 '시간'에 대한 개념과 경계를 급속히 해체하고 있다고 보아야 할 것이다. 이러한 시간 경계의 해체는 필연적으로 노동하는 주체의 주체성을 생산하는 베이스캠프로서 가정을 '요새화'하고 있다. 아이들이 미래의 노동자로서 노동을 향한 내면화된 자기 강제의 규율을 스스로 부여하면서 가정에서부터 근대 주체들이 양육되고 있는 것이다. 사회학자 조주은이 이런 현상을 '가족생활의 테일러즘화'라고 부른 것이 전혀 어색하지 않다. 이 점에서 미하엘 엔데의 『모모』는 새롭게 읽혀야 할 작품이다.

그런데 우리나라 독서시장에서 『모모』라는 작품은 오독되어도 너무나 오독되었다. 『모모』는 단순한 판타지 소설도 아니고, '시간을 잘 활용하자'는 식의 착한 자기계발 서적도 아니다. 결론적으로 말하자면, 『모모』는 화폐경제를 기반으로 하는 근대경제의 파괴적이고 자멸적인 속성에 대해 근본적으로 문제를 제기하는, 매우 전복적(顚覆的)인 작품이다. 미하엘 엔데가 "나는 이 모든 일이 이미 일어난 일인 듯 얘기했습니다. 하지만 나는 이 일이 앞으로 일어날 일인 듯 얘기할 수도 있습니다. 내게는 그래도 큰 차이가 없습니다"라고 한 말에서 어떤 힌트를 얻을 수도 있을 듯하다. 다시 말해『모모』는 미하엘 엔데가 일종의 '예언자적 능력'으로 앞으로 일어날 금융자본주의의 문제를 예측하며 무엇이 진정한 행복의 본질인지 새로운 기준을 제시하고자 한 작품인 것이다.

실제 미하엘 엔데는 '시간저축은행'에서 파견된 '회색신사'를 현대 금융자본주의를 표상하는 알레고리로 읽히기를 소망했다고 한다. 이런 사실은 작가가 생전에 일본 NHK 취재팀과 수년간에 걸쳐 인터뷰한 내용을 정리한『엔데의 유언』(갈라파고스, 2013)에서 털어놓은 말이다. 이 책에 따르면『모모』를 비롯한 엔데의 주요 작품은 현대 금융자본주의에 대한 근본적인 비판의식을 담고 있다. "성장을 전제로 하고 성장을 강요하는 성격을 지닌 현행 금융 시스템이 이 경쟁사회를 만들어낸 근본원인이다"라는 엔데의 진술은 좋은 근거가 된다. 시간저축은행에서 파견된 회색신사는 일종의 '매드머니(Mad money)'를 표상하는 존재인 셈이다. 이런 상징들을 간과하면,『모모』는 시간 절약 따위를 운운하는 너무나 통속적이고 상투적인 메시지를 전하는 한낱 자기계발 판타지에 불과한 작품으로 오독되기 쉬운 작품인 것이다.

활동하는 삶에서 사색하는 삶으로

『모모』에서 가장 인상적인 장면은 '니노의 빠른 레스토랑'을 묘사하는 장면이다. '니노'는 원래 타고난 이야기꾼이었다. 그러나 시간저축은행에서 파견된 회색신사에게 자신의 시간을 모조리 내어준 대가로 엄청난 부(富)를 모았지만 자신을 위한 '시간'은 잠시의 짬도 허락되지 않는다. 잠시의 기다림조차 허용되지 않는 니노의 레스토랑은 자본주의적 삶에 대한 하나의 알레고리다. 그런데 니노의 레스토랑을 찾은 모모는 그곳에서 음식을 엄청나게 많이 먹는데도 좀처럼 배가 부른 것 같지 않다고 느낀다. 원형 경기장에서 발군의 이야기꾼 기질을 뽐내던 니노 아저씨는 이제 예전의 니노 아저씨가 아닌 것과 무관해 보이지 않는다. 그런 니노 아저씨의 레스토랑을 찾은 모모가 "니노 아저씨한테 꽃들이랑 음악 얘기를 할 수도 없었어"라고 혼잣말하는 장면은 이른바 시간도둑들의 식민지가 되어버린 대한민국에서의 삶을 연상시키는 것으로 이해된다.

실제 우리는 누구나 각자도생을 꿈꾸며 살아가고 있다. 하지만 각자도생은커녕 '각자고생'하고 있는 것은 아닐까. 나홀로 고독한 '나를 위한 시간'이 좀처럼 없는 것과 무관하지 않다. 다시 말해 우리는 인생을 사는 시간은 늘었지만, 시간 속에 삶의 의미를 넣는 법을 상실한 것이다. 우리는 누구랄 것 없이 『모모』의 니노 아저씨처럼 "바쁘다, 바빠!"라는 말을 입에 달고 살아간다. 그리고 그렇게 바쁘게 살아가는 삶이야말로 소위 '활동적 삶(vita activa)'으로 인정되며, 매우 좋은 일이라고까지 권장되고 예찬된다. 그렇게 우리는 성공지향의 문화에 익숙해지고 있으며, 저마다 부자되는 삶을 위해 열심히 노력하지만 행복한 시간은 저만치 멀리 있는 것 같다. 그리하여 '기적을 이룬 나라 기쁨을 잃은 나라'(다니엘 튜더)의 피로한 백성들 신세를 면치 못하는지 모르겠다.

그렇다. 우리는 너무나 지치고 지쳐 번 아웃 신드롬(Burn out syndrome, 탈진 징후군)에 빠져 있다. 철학자 한병철이 '피로사회'라는 간명한 키워드로 신자유주의 시대가 강권하는 긍정주의의 맹신 현상을 비판적으로 성찰했듯이, 이제 우리 삶에서 '향기 있는 시간'을 위한 시간혁명이 필요한 것인지 모르겠다. 그럼에도 이른바 '활동적 삶'이야말로 우리 시대 지고지선의 가치라고 어거지는 노동의 문화는 수그러들 줄 모른다. 활동하는 삶에 대한 우리 사회의 이러한 숭배의 문화는 어떤 강박증 같은 것인지도 모른다. 나는 이 점에서 독일 작가 요한 볼프강 폰 괴테(1749-1832)의 『파우스트』속 한 장면을 연상하게 된다. '간척사업'에 몰두하며 '지배권'과 '소유권'에 대한 강력한 의지를 표명하는 유명한 대목이다. 이 대목을 보노라면 기술관료의 맹목성을 확인하게 된다.

> 저 도도한 바다를 해안에서 쫓아내
> 축축한 바다의 경계선을 좁히고,
> 파도를 저 바다의 안쪽으로 밀쳐버리는
> 그런 값진 즐거움을 얻어 보겠노라고
> 나는 이 계획을 차근차근 검토해 보았다.
> 이게 내 소망이니 과감히 진척시켜 주게나. (481)

괴테 연구자 김용민은 『생태주의자 괴테』(문학동네, 2019)에서 파우스트 박사는 "직선적으로 사고하고 행위하는 인간"을 대표하는 전형적인 근대인으로서 활동하는 삶을 추구하는 인물이라며, 파우스트 박사가 작품 마지막 대목에서 "자유로운 땅에서 자유로운 백성과 살고 싶다"고 술회한 대목은 허위의식의 표현에 가깝고, 그런 꿈은 '전제적 지배자'의 꿈일 수 있다고 강하게 비판한다. 다시 말해 활동하는 삶 자체를 탄핵하는 셈이랄까.

이제는 활동하는 삶을 예찬하는 문화가 아니라 '사색하는 삶'을 권장하는 문화로의 전환이 시급하다. 활동적 삶이란 단순한 활동과 노동으로 추락한 오늘날 노동사회 문제의 직·간접적 원인일 수 있기 때문이다. 한병철이 "활동적 삶이 절대화되면서 노동은 절대적 명령이 되고 인간은 일하는 동물로 전락하고 만다. 활동 과잉이 일상을 지배하면서 삶에서 사색적 요소, 머무름의 능력은 실종되고 만다. 그 결과는 세계의 상실, 시간의 상실이다"(『시간의 향기』)라고 한 말은 '지속성의 경험'이 살아 있는 서사(敍事)의 회복이라는 차원에서 생각해보아야 하기 때문이다. 이 점에서, 『모모』에서 하나의 중요한 힌트를 얻어야 한다. 그것은 '사색적 삶'의 한 양식이라고 할 수 있으리라. 다시 말해 '시간혁명'이 필요한 것이다. 물론 이것이 가능하려면 발터 벤야민이 「역사의 개념에 대하여」에서 역설한 '지금-시간(Jetztzeit)'의 구체적인 사례들과 접목해야 한다. 지금-시간의 구체적이고 실제적인 사례들을 만들어야 하는 것이다. 이 점에서 한병철이 『시간의 향기』에서 "행동 없는 사색적 삶은 공허하고 사색 없는 행동적 삶은 맹목이다"라고 한 말은 깊은 울림이 있지만, 시간마름병을 온몸으로 앓고 있는 우리 사회에서 실제적인 힘을 발휘하려면 한가로움의 민주화를 위한 '혁명의 시간'에 대해 더 많이 말했어야 한다고 생각한다. 그리고 여가사회 담론이 어떻게 노동사회에 포획된 담론인지에 대한 논의도 더 구체적으로 논의되어야 한다고 생각한다.

"뒷걸음쳐 봐!"
모모는 그렇게 했다. 몸을 돌려 뒷걸음질을 치니 갑자기 전혀 힘들이지 않고 앞으로 나갈 수 있었다. 그런데 도무지 영문을 알 수 없는 일이 일어났다. 모모가 뒷걸음질을 치는 동안 생각도 뒷걸음쳤고, 숨도 뒷걸음쳤고, 느낌도 뒷걸음쳤다. 한 마디로 모모의 삶이 뒷걸음쳤던 것이다!
_ 미하엘 엔데 <모모> 제10장에서

인용한 대목은 『모모』에서 가장 '혁명적인' 부분이다. 화폐에 대한 미하엘 엔데의 오래된 생각을 잘 보여주지만, 결국 '시간혁명'을 촉구하면서 우리 삶의 새로운 개안(開眼)을 촉구하는 메시지로 읽어야 한다.

실제『엔데의 유언』의 저자들에 따르면, 미하엘 엔데는 여러 경제사상가들의 영향을 많이 받았다고 한다. '감가(減價)하는 돈'의 개념을 처음 제안한 경제학자 실비오 게젤을 비롯해 '노화(老化)하는 돈'의 철학을 제시해 많은 영감을 준 인지학자 루돌프 슈타이너 그리고 이자가 이자를 낳는 돈의 연금술을 비판한 경제학자 빈스방어와 마르그리트 케네디에게서 적지 않은 영향을 받은 것으로 알려져 있다. 그런 점에서『모모』에 구현된 미하엘 엔데의 '돈의 철학'은 가볍지 않다.

그 중에서도 미하엘 엔데는 특히 저축할 수 없는 화폐를 만든 실비오 게젤의 이론에 매료되었다고 한다. 무엇보다 실비오 게젤의 이론은 1929년 대공황 이후 독일 슈바넨키르헨과 오스트리아 뵈르글 지역에서 실제로 '현실화'된 적이 있다고 한다. 당시 이들 지역에서 노동증명서 형태로 발행된 '대체화폐'는 현실에서 엄청난 성과를 거두었을 정도라고 한다. 오스트리아 뵈르글에서 유통된 노동증명서의 경우 화폐가 유통하는 속도는 '평균 12' 정도였고, 체납된 세금도 모두 완납되었을 정도라고『엔데의 유언』의 저자들은 보고한다. 시(市)의 세금 수입은 노동증명서 발행 이전보다 '8배' 증가되었고, 실업 또한 완전 해소되었을 정도라고 한다. 오늘날 지역통화운동의 혁신적인 성공 사례였던 셈이다.

그러나 이들 화폐의 유통은 독일 제국은행에 의해 사용금지 법령으로 저지되고 말았다. 그런데 나는『모모』속 이러한 상징과 은유를 화폐에 대한 은유 차원을 넘어, 시간혁명을 위한 새로운 선택지로서 적극 수용할 필요가 있다고 생각한다. 다시 말해 우리는 "뒷걸음쳐 봐"라는 새로운 선택의 기로에 서 있을 수 있다는 점에서다. '뒷걸음'을 친다는 것은 무슨 의미인가. 그것은 성장 강박증이라는 '나쁜 요술'에 빠져 오직 플러스

(4) 경제를 향해 눈 먼 질주를 하는 지금 이곳의 삶의 방식 대신, '시장사회(market society)' 자체에 대한 근본적인 개안(開眼)을 위한 일종의 알레고리로서 석극 해석하자는 것이다. 그래서 <u>성장에도 불구하고</u> 우리가 행복하지 않은 게 아니라, 어쩌면 <u>성장 때문에</u> 행복하지 않은 것이라는 새로운 인식에 도달하는 것을 의미한다.(밑줄 필자) 그리하여 시간에 대해서도 그렇고, 행복에 대해서도 기존 '기준'이나 '척도'를 바꾸는 힘으로 활용하자는 것이다. 미하엘 엔데의 『모모』에 내장된 진짜 사회문화적 의미는 바로 그런 가치로의 전환적 인식인지도 모르겠다. 그렇듯 모모가 거북이 카시오페이아의 안내를 따라 마이클 호라 박사를 만나러 가는 장면에서 '뒷걸음쳐봐!'라고 하는 장면은 강렬하다. 문제는 과연 나와 당신은 지금의 삶의 방식과 궤도에서 이탈해 '뒷걸음질'칠 수 있는 작은 용기가 있느냐이다. 물론 이것은 오로지 개인이 감당하고 책임져야 할 일은 분명 아니다. 사회 전반에 걸쳐 '탈성장사회'를 향한 조용하지만 급진적인 전환이 요구되는 것이다.

라이프스타일 혁명을 위하여

자동차 생산공장에서 20년을 근무한 친구가 있는데, 타이어가 펑크났는데 날 보고 좀 갈아달라고 해요. 타이어 교환을 할 줄 모른대요. (웃음) '너, 20년 동안 자동차공장에서 뭐 했냐', 했더니, '10년 동안 앞범퍼 달고 10년 동안 뒷유리 끼웠어요', 이러는 겁니다. 15년간 컨베이어 탄 후배는 아파트에 살다가 이사를 가는데 무얼 어떻게 해야 할지 전혀 모르겠너라는 거예요. 십안에노 생활동선이라는 거 있잖아요? 신발장은 어디 놓고, 장롱은 어디 놓아야 하는지를 모르는 거예요. 한

가지 일을 해온 지식이라고 해도 이와 많이 다르다고 생각지 않습니다. 자율적인 능력이 사라진 것입니다. 관념적으로 과격해지고요, 자기 통제력도 잃고 있죠. 굉장히 사회적인 생각을 가진 듯하지만 사회성도 없어요. 노동운동뿐 아니라 노동 자체를 변화시킬 운동이 있어야 해요.

2013년 시인 백무산과의 어느 대담(고영직·백무산 대담 「공장 밖이 절벽입니다」, 『실천문학』, 2013년 가을호)에서 백무산이 한 말이다. 이 말은 시간혁명은 라이프스타일(Lifestyle) 혁명이어야 한다는 점을 상기시킨다. 국가와 시장이라는 제도 시스템에 전적으로 의존하는 삶이 아니라 비움의 삶을 통해 삶의 예술(Lebenskunst)을 실현하려는 것이어야 한다는 점이다. 주체의 자발성과 분방한 창의력은 의미의 소비자가 아니라 의미의 생산자가 되는 세계를 만드는 행위와 관련 있기 때문이다. 그렇지 않는 한, 위 에피소드에 등장하는 어느 노동자의 경우처럼 지금의 분업노동 시스템에서 나 자신의 자율성을 잃어버린 삶에 내맡기는 양상으로 나타나게 된다.

그런 점에서 최근의 생활문화정책에 대해 전향적인 논의가 필요하다고 생각한다. 생활문화란 지역문화진흥법 제2조 제2항에서 정의하는 "지역 주민이 문화적 욕구 충족을 위하여 자발적이거나 일상적으로 참여하여 행하는 유형·무형의 문화적 활동"으로 포괄되는 것이 아니기 때문이다. 생활문화에 대한 그런 정의는 정책사업 지원을 위한 법률적 필요조건이지 그 자체로 필요충분조건이 되는 것이 아니다. 우리 삶이란 법적 규정으로 포괄할 수 없는, 아니, 포괄되어서도 안 되는 무수한 우연성과 다양성이 곁들여져 있는 것이다. 따라서 생활문화를 "전문적 예술인의 개입과 관계없이 주민 개개인이 여가시간 안에서 자발적이고 지속적으로 문화예술을 통해 자신을 표현하고 타인과 교류하는 활동"으로 규정하는 개념이란 철저히 여가사회 패러다임에 기반한 정책사업이라고 규정할 수 있다. 소위 싱파사회가 낳은 번아웃 신드롬 현상을 극복하자는 정책사업의 취지에서 최근의 생활문화(활동)사업이 설계된 것으로 이해될 수 있다.

그러나 생활문화에 대한 그런 질 낮은 이해와 인식으로는 나를 바꾸고, 우리 사는 삶터를 바꾸는 동력으로 삼기에는 그 한계 또한 너무나 분명하다. 여가사회 패러다임이란 실상 지금·여기에 견고히 작동하는 노동사회 패러다임을 그대로 묵수(墨守)하거나 강화하려는 정신적 전제 위에 구축된 패러다임이기 때문이다. 노동사회 패러다임이란 시민으로서보다는 소비자로서의 정체성을 강화하는 담론 성격을 지닌다. 쉽게 말해 생활문화란 대량생산된 상품과 서비스에 전적으로 의존하며 소비자로서의 정체성을 강화하는 삶과는 아무런 관련이 없는 것이다. 오히려 시장에 의존하고, 국가 시스템에 의존하는 삶 자체를 (재)사유하며 자본주의적 교환가치가 아니라 내 안의 '사용가치'를 부활하려는 문화적 모델과 가치지향을 표현하는 차원에서만 의미를 지닌다. 『눕기의 기술』(현암사, 2016)이라는 책을 저술한 독일 작가 베른트 브루너가 "이제 시간의 나사를 반대쪽으로 살짝 돌려 리듬에 약간 변화를 주어야 하지 않을까"라고 한 주장에 전적으로 공감하는 것도 그런 이유 때문이다. 지금·여기 작동하는 특정한 삶의 리듬을 바꾸는 것이야말로 생활문화운동에서 매우 절실하다고 보기 때문이다.

결국, 생활문화(활동)는 나와 우리의 일상적 습속(Habitus)에 '저항'하는 것이어야 한다. 그런 과정에서 나 자신의 라이프스타일을 바꾸며, 동시에 지금·여기에 작동하는 특정한 라이프스타일 자체를 바꾸려는 '운동'적 지향성을 놓쳐서는 안 된다. 특히 대량 생산-대량 유통-대량 소비-대량 폐기

처분이라는 악무한의 소비사회 중독에서 벗어나 탈성장 시대로의 새로운 문화적 모델로서 생활문화(운동)를 재사유해야 한다. 그렇지 않은 생활문화는 생활체육운동이 그러하듯이 취미와 여가 활동 수순을 벗어나시 못하는 자족적인 동아리 활동 또는 그들만의 메이커(maker, 手作) 문화로 소비되기 십상이다. 그런 생활문화란 자폐성을 면치 못할 뿐 아니라, 지속가능성 면에서 문제가 있다.

문제는 지금 이곳의 생활문화 정책사업에서 생활문화에 대한 담론 자체가 대체로 부재 혹은 부실하다는 점이다. 소위 창조경제 육성이라는 허울 아래 하이테크 기술혁신론을 과장하고 숭배하며 메이커 문화산업을 육성하려는 정부의 논리를 보라. 손기술을 강조하는 수작(手作) 문화의 경우 무엇인가를 만들어갈 수 있는 개인 능력으로서의 자유를 강조하기보다는 경제성장의 관점에서 접근하고 있음을 알 수 있다. 베른트 브루너가 "눕기의 기술은 그 자체로 존재하는 것이 아님을 알아야 한다"고 전제하며, 눕기의 기술은 "무위(無爲)의 기술, 겸손의 기술, 누림의 기술, 휴식의 기술, 또한 그 유명한 사랑의 기술 같은 다른 기술들과 연결되어야 한다"고 언급한 것은 그럴 만한 이유가 있는 것이다.

이 점에서 철학자 이반 일리치가 『누가 나를 쓸모없게 만드는가』(1978)에서 강조한 사용가치의 의미를 생활문화(활동) 차원에서 적극 사유하고 검토해야 한다. 시장 질서에 전적으로 의존하는 근대 시스템의 경제와 문화는 끊임없이 자급 중심의 경제와 문화를 파괴해온 것이 사실이다. 이반 일리치는 시간을 잡아먹는 초고속 교통(『공생을 위한 도구』), 병을 만드는 의료(『의료의 한계』), 사람을 바보로 만드는 교육(『탈학교사회』) 같은 소위 근대적 시스템 전반과 전문가들의 제국에 대해 비판적으로 사유하며 대중의 결단과 정치적 행동이 필요하다고 주장한다. 그가 사용가치의 자율적 창조를 위한 저항 방법으로 공생의 정치를 역설하는가 하면, 지금·여기 근대적 시스템 전반에 대해 "사양합니다(No, thank you!)"라고 저항하며 거부하는 의미를 생각해 볼 필요가 있다. 쉽게 말해 '아니오'의 용기와 아름다움에 대해 성찰해야 하는 것이다. 앞서 "생활문화 활동은 라이프스타일 혁명이다"라고 내가 주장한 것이 이러한 사회문화적 맥락을 고려하자는 문제의식의 소산임은 물론이다. 대량생산된 상품과 서비스에 전적으로 의존하는 삶을 살수록 행복한 삶 혹은 삶의 석(格)과는 삼수록 멀어지는 현상을 고민하자는 것이다. 그런 사유와 일상적 행동이 연결되지 않는 생활문화활동이란 또 하나의 문화적 유행을 소비하는 딜레탕트(Dilettante, 호사가好事家) 문화에 그칠 수 있다.

결국, 생활문화에 대한 전향적인 논의는 지금의 삶과는 좀 다르게 살고 싶고, 지금의 문명과는 좀 다른 문명의 바깥을 상상하려는 우리의 욕망 행위와 관련이 있다. 앙리 르페브르(Henri Lefebvre, 1901-1991)가 정의한 일상성에 대한 재전유를 통해 내 안의 리듬과 우리 사회의 리듬을 바꾸려는 차원에서 생활문화를 사유하고 실천해야 함은 물론이다. 쉽게 말해 생활문화 활동이란 무엇인가에 대한 논의는 결국 무엇이 좋은 삶이고, 무엇이 좋은 사회인가에 대한 논의와 연결되어야 한다. 생활문화에 대한 논의가 깊어질수록 철학자 파커 J. 파머(Parker J. Palmer)가 "민주주의는 우리가 가진 무엇이 아니라 하고 있는 무엇이다"라고 한 언급과 통하는 데는 그런 이유가 있는 것이다. 활동의 자족성을 넘어 어떻게 공동체성을 강화할지에 대한 고민은 다시금 강조될 필요가 있다. 활동의 상투성을 어떻게 극복할지에 대한 고민도 멈출 수 없다. 체험이나 취미 영역에 머무는 상투적인 활동에서 벗어나 하나의 경험이 되는 사건을 통해 삶의 진지한 경험이나 감각의 이완작용을 하는 활동으로 전환할 것을 고민해야 한다. 쌍용자동차 농성장, 제주 강정마을 해군기지 반대 농성장, 세월호 유족 농성장에서 뜨개질을 비롯한 일상적 메이커 문화와 연대운동이 결합한 형태의 공예 행동주의(craft activism)는 생활문화 활동의 새로운 가능성을 모색하는 좋은 예다.

자전거 타고, 도서관 가서, 시를 읽자

그러나 우리 일상적 삶의 시간은 어떠한가. 핸드폰, 노트북, 자동차 따위로 중무장한 채 어디론가 끝없이 이동하고, 어디랄 것 없이 SNS 타임라인에 접속하여 온갖 정보들의 바다에서 헤매고 있지는 않은가. 우리가 정보사회에 탐닉할수록 고독한 시간을 갖지 못하고, 머무름의 기술 또한 습득할 수 있는 기회를 날려버린다. SNS 타임라인은 하나의 현재에서 또 다른 현재로 바삐 달려가는 속도숭배의 문화로, 향기 없는 시간이 넘쳐나는 정보의 공간이다. 그곳에는 세상의 온갖 정보가 범람하지만, 어느 순간 밀려오는 다른 정보들에 의해 떠밀려가는 찰나의 순간들이 있을 따름이다. 어쩌면 우리는 고독의 의미를 '심심한 것'으로 여기며 박멸해야 하는 것쯤으로 간주하려는 문화를 형성한 게 아닐까. 시간의 붕괴는 필연적으로 '서사적 탈시간화'를 낳는다는 점을 성찰해야 한다.

결국, 나는 시간혁명을 위해서도 그렇고, 생활문화정책의 질적 도약을 위해서도 '저녁이 있는 삶'을 넘어 '삶이 있는 저녁'으로의 패러다임 전환이 필요하다고 생각한다. 공허하기 짝이 없는 '삶의 질'이라는 경제지표가 아니라 이제는 '삶의 격(格)'을 따져 물어야 한다. 경제협력개발기구(OECD) 또한 2003년 간행한 「생애 핵심역량 보고서」에서 교육의 패러다임을 '지식에서 역량으로' 대전환해야 한다고 제안한 바 있다. 먹고사는 데

쓸데기없는 것들을 배우고 익히며 '딴짓'을 할 수 있는 학력(學力)의 시대는 결국 로버트 D. 퍼트넘이 말한 '사회적 자본'(social capital)을 획득하는 것과 결코 무관하지 않을 것이다.

나는 단순하고 소박한 삶이 나와 당신 삶의 대안이 되어야 한다고 생각한다. 그러나 나와 당신이 사는 대한민국에서 단순하고 소박한 삶을 사는 것이 그렇게 간단하지는 않은 것 같다. 그런 삶이야말로 부와 권력의 호패(號牌)와도 같다고 해도 좋으리라. 최근 한국고용정보원이 조사한 바에 따르면 한국 임금노동자 중 시간빈곤층이 42%인 930만명으로 추정된다. 하루 평균 여가 시간이 2시간도 채 되지 않는 것이다. 1주일 168시간 중 노동 등을 이유로 먹고, 자고, 씻는 등 인간적 삶을 유지하는 데 필요한 여가 시간을 보장받지 못하는 사람들이 너무나 많은 것이다. 대한민국은 『모모』에 등장하는 '시간도둑'들이 지배하는 식민지가 된 것이라고 보아도 좋다.

우리나라는 1997년 국제통화기금(IMF) 외환위기를 겪으며 유례없는 돈의 폭력을 생생히 겪었다. IMF 외환위기는 지금도 한국인의 무의식적인 불안과 공포를 유발하는 트라우마로 작동하고 있다. 우리가 당연시해 온 금융 시스템 자체에 근본적인 질문을 제기하고 행동을 요구해야 하는 것이 아닐까. 사회 약소자들의 희생을 담보로 구축된 죽음과 빈곤을 낳는 화폐 시스템에 대한 문제제기와 더불어 근본적인 개혁이 요구되는 것은 어쩌면 당연하다. 그리고 시간혁명을 위한 혁명의 시간 또한 나와 우리의 일상에서 고민하고 실천해야 할 필요가 있다. 격차가 격차를 낳고, 이익이 이익을 낳는 금융 시스템을 외면한 채 자치의 문화와 자립의 경제는 요원하다. 이 점에서 『모모』는 좋은 작품 특유의 무궁한 해석을 위한 상상력의 젖줄로 작용한다고 생각한다. 나는 특히 1990년대 독일에서 초연

된 오페라 대본 「하멜른의 죽음의 춤」(1994)과 「병 속의 악마」 이야기가 퍽 흥미롭다. 「하멜른의 죽음의 춤」에서는 중세 독일에서 유행한 하멜른의 전설을 새롭게 해석하여 돈이 돈을 낳는 자본주의의 비인간적 본질을 그려 냈다고 한다. 그리고 엔데의 마지막 유작인 「병 속의 악마」에서는 이익이 이익을 낳는 금융자본주의의 본질을 파헤치려 했다고 한다. 특히 병을 누군가에게 팔 때 절대 이자(+)를 붙일 수 없고, 오로지 마이너스(-)를 붙여야 한다고 설정한 「병 속의 악마」 이야기는 매혹적이다.

결국, 시간혁명은 일상의 문화를 바꾼다는 의미일 것이다. 우리 일상 문화를 가꾸고 바꾼다는 것은 결국 무엇에 '대한' 자율성이고, 무엇을 '위한' 자율성인지 묻는 과정일 수밖에 없으리라. 그런 사람들이 나를 위한 시간을 잘 활용하며, 이른바 '사회적 여가'를 위한 활동으로 사람과 사람을 연결하며 일과 삶의 간극을 좁혀가는 것이리라. 당신은 지금 한가로움의 민주화를 누리고 있는가. 이 글 마치면, 이반 일리치가 제안한 것처럼, '자전거'를 타고, '도서관'에 가서, '시'를 읽어야겠다.

생명의 감각이
깨어나는
마을

생명의 감각이 깨어나는 마을은 가능한가. 그런 생태적 전환이 이루어지는 마을은 과연 이 시대에 실현 가능한 것일까. 그러나 불가능한 것을 사유하고 상상할 수 있는 급진적 상상력이 필요한 때다. 이론적 차원에서 잠재성을 탐구하는 연구와 더불어 실천의 차원에서 현행성을 구현하는 작업이 필요하다. 생태-생명-생활이 분리되고 분절된 것으로 파악하지 않고, 하나이면서 여럿이고 여럿이면서 하나인 의미로 포괄하려는 사유와 실천이 동시에 요구되는 것이다. 철학자 펠릭스 가타리가 마음생태학, 사회생태학, 자연생태학을 세 가지 생태학이라 규정하고, 이 셋을 아우르는 사유와 행동으로 제시한 에코소피(ecosophy)라는 관점은 중요한 참조점이 될 수 있으리라고 생각한다. 이 세 가지 생태학은 지금 여기서 유례없는 위기 상황을 맞고 있기 때문이다.

실제 자연생태는 철저히 파괴되어가고 있고, 삶터와 일터가 분리되고 생산과 소비가 분절된 상황에서 사회생태학은 날로 공유지가 심각하게 훼손되고 있으며, 불안증폭사회에서 우리 각자의 마음생태 또한 우울한 감정 상태에서 좀처럼 벗어날 줄 모르고 있다. 정녕 이 체제의 '바깥'은 없는 것일까. 백무산 시인이 2013년 나와의 대담에서 "공장 밖이 절벽이다"라고 하고, (노동)운동과 생태주의가 만나고 접속해야 한다고 강조한 이유도 이 체제의 바깥을 염탐하려는 고민들과 통한다고 할 수 있으리라. 다시 말해 운동성을 삶의 깊이로 전환할 수 있는 길을 모색하는 과정이 필요하다. 사회운동 에너지를 삶의 깊이로 환원하고, 공동체적 감각을 회복하려는 생명 나눔의 에너지로 전환하지 않고서는 생명의 감각이 깨어나는 마을도 내 안의 마음의 평화로운 생태도 실현 불가능하다. 마을에서 이루어지는 (문화예술)교육의 미래에 대한 고민 또한 이러한 고민의 지점들과 만나게 된다고 할 수 있다. 여기서 말하는 생태주의는 자연생태만을 지칭하는 것이 아니다. 소위 지구 환경을 위해 소비를 줄이자는 식의 캠페인과는 별 상관이 없다. 실천 영역에서 서로 구별할 수 있을지 모르겠으나, 실상은 그렇게 분리될 수도 없고, 그렇게 쪼개져서도 안 되는 것이다. 셋의 문제는 결국 하나의 미적-윤리적 영역에 속하는 문제이기 때문이다.

예를 들어 세월호 참사 문제 해결을 비롯해 밀양 송전탑 건설, 쌍용차, 한진중공업 같은 운동의 현장들과 접속하고 연대하려는 행위는 우리 안의 집단적 에로스를 분출하려는 사회생태학의 측면과 결코 무관할 수 없다. 그리고 그런 운동의 결과로 내 안의 마음생태가 '조금 더' 나아질 수 있다는 점은 우리의 막연한 예측과 상상보다 더 큰 사회적 안전망 형성과 결속력 강화를 가져온다는 점에 주목해야 한다. 예방의학자 제프리 로즈가 『예방의학의 전략』(1992)에서 특정 질병에 대한 '고위험군' 전략보다 전체 '인구집단'을 대상으로 한 예방전략이 훨씬 사회적 효과가 크다고 한 이유가 여기에 있다. 그는 특정 질병(고혈압)인 사람만 골라 전문가에게 처방을 맡기는 식의 고위험군 전략보다 전체 인구집단의 혈압 평균치를 낮추려는 삶의 질 개선에 집중하는 편이 예방 효과가 지대하다는 점을 역학(疫學)적으로 입증해냈다. 그는, 전체 인구의 평균 혈압을 3퍼센트만 낮추어도 고혈압으로 인한 온갖 문제의 25퍼센트를 제거할 수 있다고 보고한 바 있다.

이런 연구결과가 교육 현장을 비롯한 우리 사회에 던져주는 메시지는 분명하다. 그것은 '함께 살자'라는 감각을 공동체에서 구현하는 것과 의미가 통한다는 점이다. 최근 사회운동이 살아가기와 투쟁하기가 결합된 '살아가기 위한 투쟁'의 양상을 띠는 것을 보면, 이러한 나의 생각이 터무니없지 않으리라 본다. 쉽게 말해 "개인들은 연대함과 동시에 점점 더 다르게 되어야 한다"(펠릭스 가타리)라는 가치를 직접 구현하는 길이 필요한 것이다. 이러한 접속 과정에서 시를 비롯한 문화와 예술의 역할이 중요하고, 교육이 문화와 예술을 연결하고 자연-사회-마음생태학을 연결하는 일종의 촉진자(facilitator)로서 제 역할을 해야 하지 않을까 조심스레 진단해 본다. 아이들과 함께하는 교육 현장에서 장차 자신이 '노동자'가 될 수 있다는 점을 자각하고 어떻게 자기 삶의 주인으로서 살 것인지 고민하는 과정을 설계하는 것도 하나의 방편이 되지 않을까 생각한다.

그러나 과문한 탓일까. (문화예술)교육 현장에서 이러한 촉진자로서의 교육목표와 교육과정은 자주 외면되는 게 아닌가 싶다. 여전히 취향과 감각계발 위주의 교육이 이루어지는가 하면, 우리가 원하는 마을 공동체의 모습은 대체로 이상적으로 관념화되어 있는 형국이다. 취향과 감각계발 위주의 교육이 불필요하다는 게 아니다. 취향과 감각계발을 강조하지만, 정작 교육 현장에서 배움과 삶이 분리되는 현상이 더 심해지는 현상을 지적하려는 것이다. 다시, "교육은 사회를 바꿀 수 있을까"라는 질문을 던져야 하지 않을까. 그리고 소비자로서의 정체성을 강조하며 사회적 감수성에 대한 거세(去勢) 현상이 유독 심하게 작동하는 지금의 (문화예술)교육 전반에 대한 '성찰과 회복의 교육'에 대한 재설정이 요구된다. 성찰과 회복의 교육철학에 관한 사유와 성찰을 하다 보면 지금 여기에 필요한 (문화예술)교육이 어떤 교육이어야 하고, 나와 우리는 무엇을 준비해야 하는지에 대한 자기 점검이 이루어질 수 있다. 그 후 구체적인 교육방법론에 대해 고민해도 늦지 않다는 점을 생각해보아야 하지 않을까. 예를 들어 우리 사회에 너와 나의 마음생태가 안녕(安寧)하지 못한 사람들이 급증하는 현실을 생각해보아야 하는 것이다. 물론 이때의 성찰과 회복의 교육은 사회 일각에서 각광받는 힐링 열풍과는 상관이 없으며, 일종의 '사회적 힐링'(social care)의 의미에 더 가깝다는 점을 덧붙여야겠다.

이와 관련해 미국 교육자 마이클 애플은 "신자유주의에 대한 비판은 교육 영역에서 특히 별 영향을 발휘하지 못한다"고 지적했다. 상품화, 시장화, 경쟁을 철저히 내면화한 우리나라 교육 현장에서 돌봄, 사랑 그리고 연대의 가치가 자주 외면당해온 것도 그런 맥락에서 이해할 수 있을 법하다. 오직 이윤과 개인주의가 지상의 척도로 작동하는 사회에서 교육은 더 이상 공공(公共)의 제 기능을 다하지 못하고, 능력주의(meritocracy) 사회를 강화하고 정당화하는 새로운 신분증의 토대 역할을 하게 된다. 그런 사회에서 학교와 지역이 분리되고, 교육과 사회가 분리되며, 배움과 운동 또한 서로를 외면하는 것은 어쩌면 당연하다. 교육이 눈 감지 말아야 할 것과 더불어 우리네 삶에서 놓쳐서는 안 되는 가치들에 대한 사회적 합의와 대화가 필요하다.

"초를 쳐야 인정(人情)의 '케미'가 생기지요"

십오 년 전쯤 경기도 화성에서 태어나 지금껏 고향을 지키며 살고 있는 시인 이덕규와 화성시 향남면 행정리 쇠면 마을(윗말)을 답사한 적이 있다. 이 마을은 2003년 작고한 소설가 이문구(1941-2003) 선생이 1977년 5월부터 1980년 가을 서울로 이주하기 전까지 약 4년간 거주하며 1970년대 대표작 『관촌수필』과 『우리동네』 연작소설을 쓴 곳이다. 「우리동네 김씨」, 「우리동네 강씨」, 「우리동네 황씨」 같은 작품이 이곳에서 탄생했다. 작품뿐만 아니라 연년생 남매까지 얻었다. 선생은 마을을 떠난 지 14년이 되는 해에 쓴 어느 산문에서 당시 스물세 집 농가가 있는 마을 사람들의 인심이 후했다고 회고했다. 마을 사람들은 14년이 되도록 여전히 '우리 동넷 사람'으로 쳐주었다는 것이다.

그러나 십년 전쯤 이곳을 찾았을 때는 선생은 이미 세상을 하직하셨고, 마을은 동탄 신도시 개발을 위한 택지조성 사업에 편입되어 쑥대밭으로 변해 있었다. 인적 없는 황량한 벌판에 버려진 옛 우물만이 한때나마 이곳이 사람 살던 마을이었음을 가까스로 증명하고 있었다. 1977년 출간된 선생의 연작소설집 『관촌수필』의 첫 작품인 「일락서산(日落西山)」의 한 대목을 연상한 것은 어쩌면 당연한 일이다. "내 살과 뼈가 여문 마을이었건만, 옛 모습을 제대로 지키고 있는 것이라곤 아무것도 없던 것이다. 옛 모습으로 남아난 것이 저토록 귀할 수 있을까." 도시화, 산업화, 근대화라는 이름 아래 우리가 사는 터의 무늬가 무자비하게 파괴되는 현장에 입회한 듯하여 자못 비감에 찼던 기억이 어제 일처럼 새롭다. 그날 우리는 술을 좋이 마셨으리라.

십오 년 후 다시 찾은 동탄 신도시는 나의 그런 기억 때문인지 이물

감이 강했다. 이른바 '장소의 혼'과 장소감이 잘 느껴지지 않는 공간이어서 그랬으리라. 지리학자 에드워드 렐프의 『장소와 장소상실』(1976)에 나오는 표현을 빌리자면 '무장소화'의 표상과 같은 것이랄까. 그는 그런 무장소화의 특징으로 거짓 지리적 다양성을 꼽은 바 있다. 동탄 신도시만 그런 게 아니라는 점을 나도 모르지 않는다. 갈수록 우리 사는 공간이 국가-자본 동맹에 의해 삶의 직접성이 박탈되는 추상화된 공간으로 변질되는 현상을 보라. 누군가가 "우리는 장소(place)다"라고 한 선언의 의미를 숙고해보아야 하지 않을까. 그것은 우리 사는 공간/장소의 인간다움을 회복하기 위한 성찰과 대안을 향한 시도라고 할 수 있다. 인간답다는 것은 특정 사이트에서 인기척이 살아 있고, 의미 있는 장소로서 작용하며, 나와 우리 사이에 관계의 중력이 형성된다는 것 아니겠는가. 사람들을 배척하는 척력(斥力)보다는 사람과 사람 사이를 끌어당기는 인력(引力)이 더 지배적인 장소가 되어야 하는 것이다. 추상화된 공간을 구체적인 장소로 바꾸려는 다양한 시도들이 필요함은 물론이다.

화성 동탄후마니타스아카데미의 〈식초인문학, 식초가 익어가는 동네〉 프로젝트는 낯선 신도시 주민들이 식초의 발효 과정에 관한 저마다의 노하우를 공유함으로써 서로 인정(人情)을 느낄 수 있는 프로그램이다. 무엇보다 '우리가 우리에게' 가르친다는 취지를 살려 프로그램을 이끌어가는 점이 특징이다. 전문강사에만 전적으로 의존하지 않고, 식초 만들기 비법에 관한 저마다의 영업비밀을 나누고 함께 시음하는 등 일상의 깨알 같은 교감 과정에서 서로 간에 화학적 관계로 서서히 변해가고 있다. 이 의미는 작은 것이 아니다. 식초를 만드는 데 효소가 절대적으로 작용하듯이, 인정이 익어가는 것 또한 일종의 관계의 '케미'가 상호작용하지 않고서는 불가능하기 때문이다. 이 관계의 케미 형성에 미디어 구실을 하는 것이 바로 식초인문학인 셈이다.

식초가 만들어지는 데는 발효라는 신비한 작용이 필수적이다. 우리가 발효라는 작용의 배후에 신의 존재를 느끼곤 하는 것도 무리는 아니다. 발효는 효모라는 미생물 없이는 불가능한데, 효모에도 개성이 있다는 것은 잘 알려진 사실이다. 마찬가지로 사람과 사람 사이의 인정의 네트워크를 형성하는 데도 언제나 보이지 않는 존재의 부드러운 손이 작용하는 것인지도 모르겠다. 그런 과정에서 장소 정체성이 180도 형질변경된 신도시 주민들 간에 인정도 싹트고 새로운 동네문화가 형성되지 않겠는가. 음식에 초를 쳐서 숙성하듯이, 사람들 간에도 '초를 쳐야' 화학적 케미가 형성되며 상호작용이 가능한 것이리라.

동탄 후마니타스아카데미의 "식초인문학, 식초가 익어가는 동네"는 동네를 다양한 방식으로 디자인하는 생활조형 문화예술교육으로서 적잖은 의미가 있다. 그러나 이 의미는 식초 만들기라는 일종의 소재주의와는 전혀 상관이 없다. 최근 문화예술교육 현장에는 식초 만들기를 비롯해 온갖 형태의 다양한 생활조형 프로그램들이 교육과정에 탑재되어 실시되고 있다. 이러한 프로그램의 다양성이 문제되는 것은 아니다. 문제는 핸드메이드 같은 프로그램들이 다양성을 표방하지만, 정작 현장에서는 소재주의 그 이상도 이하도 아닌 형태로 소비되고 있다는 점이다. 경향 각지에서 핸드메이드 마켓 같은 형태의 벼룩시장이 서지만, 품목도 그렇고 참여한 작가들과 주민들의 상상력도 제자리걸음을 걷고 있다는 인상을 지울 수 없다. 특정 프로그램이 종료된 후에도 참여 주민들 간에 상호작용하는 프로그램으로 유지되는 경우가 많지 않은 현실에서도 이 점을 확인할 수 있다.

다시, 생각하는 손의 의미와 문명의 미래를 생각해보아야 할 때가 아닌가 싶다. 사회문화예술교육 프로그램이라면 그런 숙고와 성찰의 시간이 더욱 필요하지 않을까. 되도록 지역에 거주하는 기획자와 강사의 참여는 물론, 지역 주민과의 일상적인 스킨십을 어떻게 형성하고 강화할지에 대한 일상적 차원의 고민이 필요하다. 무엇보다 주민들과 교류하고 소통할 줄 아는 생활인의 언어에 대한 고민은 결코 무시할 수 없는 문제다. 기획자 또는 전문강사 자신만이 아는 전문용어나 외계어를 구사하며 주민들과 소통한다는 것은 애초부터 틀린 것인지도 모르겠다. 이런 점에서 볼 때, 〈식초인문학, 식초가 익어가는 동네〉 프로그램을 진행하는 박희선 기획자의 역량이 인상적이다. 특히 주민들의 마음을 무장해제하며 자발적으로 참여를 끌어내는 능력이 인상적이다. 교육이라는 말의 뜻이 '잠재된 역능과 재능을 끌어내는 것'이 아니던가. "혹시 주민운동(CO)을 해보셨느냐?"는 나의 질문에 "그런 적 없다"고 하는데, 추후 확인해볼까 하는 생각마저 든다.

이런 생각을 하게 된 것은 단독주택에 사는 참여 주민의 집에 수강생들과 방문해 주민들이 눈으로 보고, 느끼고, 직접 말하도록 유도하는 과정에서 확인할 수 있었다. 집주인 이명선 주부는 남자 수강생 1명(오세욱)을 포함해 십여 명이 우르르 몰려갔는데도 갖은 간식을 내놓고 이야기보따리를 풀어놓으며 손님들을 환대했다. 이기심(self-love)이라는 개인의 악덕이 사회의 이익이 된다는 식의 견해는 마땅히 수정되어야 한다. 수강생들 간에 일상적인 스킨십이 더 무르익는다면, 밑반찬과 공동김장을 함께 담그는 등의 공동부엌 형태의 작은 공동체의 형성도 머지않아 이루어지리라 본다. "혁명은 가장자리에서 시작된다"고 했던가.

신도시에 문화가 있는가. 온갖 식초가 발효하고, 아이들이 건강하게 자라고, 사람들 간에 인정이 넘치는 신도시라면, "문화가 있다"고 확언할 수 있다. 그런 마을이라면 신도시 주민 누구랄 것 없이 서로가 서로에게 작은 선물이 되고, 동네 자체가 비빌 언덕이 될 수 있다. 발효라는 보이지 않는 손이 제대로 작용해야 함은 물론이다. 일본에서 괴짜 빵집을 운영하는 것으로 유명한 와타나베 이타루는 『시골빵집에서 자본론을 굽다』(대숲, 2014)에서 자신은 "지역통화 같은 빵 만들기에 도전한다"고 말한다. 그의 이런 말은 발효와 부패의 의미에 대한 새로운 해석에서 나온 것이다. 둘 다 '썩는다'는 의미에서는 같지만, 그 결과는 전혀 다르다. 화성 동탄후마니타스아카데미의 "식초인문학, 식초가 익어가는 동네" 같은 프로그램이 '우리동네' 신도시 동탄 사람들의 새로운 마을문화를 형성하는 데 작으나마 제 역할을 했으면 하는 마음 간절하다. 사람들 간에 케미가 무르익어 갈수록 인정 넘치는 우리 동네가 되리라.

"우리가 작은 도서관에 가는 이유는 사람을 만나기 위함이다!"

박용남 선생이 쓴 『꿈의 도시 꾸리찌바』(녹색평론사, 2009)를 보다가 "꾸리찌바에서 태어난 생명은 가치 있다"라는 구절에서 한참 생각에 잠긴 적이 있다. 재미와 장난이 만든 생태도시를 표방하는 브라질 꾸리찌바 시의 시정(市政) 철학이 이 한 줄에 함축적으로 요약되었다 해도 과언이 아니다.

이웃의 윤리를 생각하고, 환대하는 마을을 상상하는 무수한 표현 가운데 이토록 멋지고 감동적인 표현을 나는 알지 못한다. 우리가 생각하는 도덕성의 본질이란 결국 책임감과 연대라고 할 때, 위 표현은 그것에 대한 공동체의 관습과 법도를 표현한 말이 아닐 수 없다. 사람과 장소에 대한 새로운 가치의 전환을 꾀하고, 그런 가치의 실현을 실생활의 세세한 부분에까지 적용하려 한 시적 표현이라 할 수 있다. 사람과 장소를 바꾸는 '통합예술'을 구현하고자 했던 셈이랄까. 이 작은 예만 보더라도 왜 꾸리찌바가 존경의 수도(首都)라는 별칭을 얻게 되었는지 알 수 있다.

어떤 사례에 대한 과도한 낭만화는 도움이 되지 않을 수도 있다. 그렇지만 '품위 있는' 삶을 만들어내는 문화 능력을 회복하기 위한 마을공동체 사업이 시급한 우리 실정에서 꾸리찌바 사례가 좋은 참조점이 될 수 있는 것은 분명하다. 문화와 예술에 기초한 마을 커뮤니티 사업이 다른 무엇보다 사라져가는 또는 비어가는 (공적) 공간을 정비하여 '사람'을 채워넣는 일이어야 한다는 점에서 그러하다. 누구랄 것 없이 삶의 목표를 잃은 정신적 난민(難民) 신세와 다를 바 없는 우리 현실에서 이와 같은 가치의 전환이 요구되는 것은 당연하다. 동네가 키우는 아이들, 동네에서 자라나는 아이들을 위한 마을 커뮤니티 형성이라는 가치의 전환이 시급하다.

이 점에서 십수 년 전부터 추진되어온 작은 도서관 운동이 갖는 의미는 매우 크다. 작은 도서관 운동은 제대로 된 자녀교육을 바라는 중산층 시민들의 자치(self-rule) 욕구와 문화·교육에서의 양극화를 해소하려는 사회운동 차원에서 추진되었다. 이러한 작은 도서관 운동은 아이는 물론 마을 어른들까지 함께 나누고 어울릴 수 있는 동네의 다목적 복합문화공간 구실을 함으로써 도서관의 '문턱'을 낮추는 데 획기적으로 기여했다. 이 점은 빈민촌에 건립된 꾸리찌바의 〈지혜의 등대〉 도서관이 빈민촌 문화의 횃불이 된 것과 같은 효과에 결코 뒤지지 않는다. 우리의 경우 관(官)에서 움직이지 않으니까 시민의 힘으로 작은 도서관 건립과 운영은 물론 프로그램 기획 과정을 추동하고, 민-관이 함께 도서관 프로그램을 진행하는 방식을 취하고 있다. 마을 커뮤니티 형성과 강화를 위한 사업에서 제재와 관리보다는 '허용'과 이용자들의 '편의'를 먼저 생각하는 작은 도서관 운동이 중요한 것은 작은 도서관 특유의 낮은 문턱 때문이다.

지역 주민들의 만남, 소통, 교육의 장소로 활용되는 작은 도서관의 이용자는 마을 아이들과 주부들이지만, 주요 프로그램 대상자는 아이들이 절대 다수를 차지한다. 현재 작은 도서관 10곳이 운영 중인 고양시작은도서관협의회에서 역점을 두고 추진하는 "다원예술과 책이 만난 작은 도서관 이야기"에서 눈길을 끄는 것은 아이들도 아이들이지만, 작은 도서관을 이용하는 30~40대 '경단녀'('경력단절여성'의 약자) 엄마들을 대상으로 다원문화예술교육 프로그램 〈북(Book)새통 UCC〉를 추진한다는 점 때문이다. 영상, 책, 미술이 어우러진 프로그램에 참여한 주부들이 육아의 고민은 물론 '나'와 마을 이야기를 통해 자존감을 높이고, 동네에 대한 애착을 높이기를 바라는 취지에서 이 프로젝트는 시작됐다. 프로그램 진행은 마포공동체라디오(FM) 활동에서 배출된 숨쉬는문화예술교육 '자몽'의 강사들이 맡았다. 참여한 주부들은 디지털 카메라를 활용해 마을의 일상을 탐색하고, 작업 결과물을 통해 이웃과 소통하게 된다. 초등학생 및 청소년과 진행하는 다른 프로그램은 라디오방송 제작 등을 경험한다는 점이 다를 뿐, 큰 차이는 없다.

신도시 지역의 작은 도서관 운동의 주체는 대체로 고학력 중산층 주부들이다. 이들은 아이들의 육아를 위해 도서관 건립에 조합원으로 참여해 도서관 운영과 프로그램 진행에서 중요한 역할을 맡아왔다. 문제는 아이들이 성장하면서 도서관 운영에서 점차 손을 놓게 되고, 동네에 대한 관심 또한 시들해지는 경우가 많다는 점이다. 지속가능한 작은 도서관 운영에서 엄마들의 '역량 강화'를 위한 예술교육 활동이 매우 중요하다. 다른 작은 도서관의 사정 또한 대동소이할 것으로 보인다. 이런 이유 때문에 작은 도서관에 대한 정책적 지원의 방향을 일종의 '마을강사'를 육성하는 차원에서 아이들은 물론 엄마들을 대상으로 한 프로그램 지원으로 적극 전환하는 것을 고려해야 한다. 그런 마을강사 육성과 역량 강화 활동을 통해 배양된 작은 도서관 운동가 엄마들이 아이들 교육에 관한 프로그램을 자체 진행할 수 있는 선순환 구조를 만들어낸다면 지속가능한 도서관 운동이 가능해지지 않을까 싶다.

부산의 대안 책방 어린이도서관 맨발동무, 인디고 서원, 청주 초롱이네도서관·도깨비어린이도서관, 서울 성대골 어린이도서관, 난곡 새숲어린이도서관 같은 경우를 비롯해 배영환 작가의 제안으로 경기문화재단이 2010년부터 추진한 '컨테이너 책방' 형태의 5개의 〈내일책방〉 사례는 마을 교육공동체로서 작은 도서관의 기능과 미래에 대해 많은 생각을 하게 한다. 그 핵심은 우발성과 즉흥성을 중시하면서 도서관 내부에서 마을 커뮤니티의 문제를 해결하려는 '시간'을 쌓아가는 일의 아름다움이다. 고양 작은도서관협의회 〈다원예술과 책이 만난 작은 도서관 이야기〉 프로그램에서 아쉬운 점이 바로 이 점이었다. 차후 이 사업을 진행할 때는 작은 도서관 운영의 지속가능성을 생각하면서 '마을강사' 육성을 강화하는 프로그램 설계가 필요한 것도 그런 이유에서다. 쉽지 않을지 모르겠다. 그러나 마을 어른들을 중심으로 한 내부역량을 강화하고 도서관의 비전을 고민하지 않는다면, 작은 도서관 운동이 추구해온 육아공동체로서의 설립 목표는 '내 아이주의'라는 이기심 때문에 퇴색될 수도 있다.

도서관에 관한 우리 사회의 관심과 지원은 여전히 미흡하다. 우리는 학교와 동네에 도서관을 짓는 운동조차 '기적' 운운해야 하는 사회에 살고 있다. 육아·보육 예산 등을 참여예산제를 통해 '지원'하는 게 아니라 '투자'한다는 프레임으로 주민들을 설득한 브라질의 룰라 전 대통령 같은 정책적 프레임 형성과 후속 지원책이 요구된다. 작은 도서관 내부에서도 자체 역량강화를 위한 다양한 활동과 함께 비조합원에 대한 문호개방을 통해 커뮤니티 외부로 시선을 확장하려는 열린 마음으로 마을 커뮤니티의 안과 밖을 상상하고 사유하면서 '환대하는 마을'을 실천하려는 의지와 열정이 필요하다. 우리가 마을의 작은 도서관에 가는 것은 책이 아니라 인간을 만나기 위해서다!

'누구의' 것 아닌
'누구나'의
공간을 꿈꾸며

　강화도에 사는 함민복 시인은 뻘(갯벌) 예찬론자다. 시인이 뻘을 예찬하는 까닭은 뻘 고유의 '말랑말랑한 힘'을 무한 신뢰하기 때문이다. 어느 시에서 시인은 "거대한 반죽 뻘은 큰 말씀이다/ (중략)/ 무엇을 만드는 법을 보여주는 게 아니라/ 함부로 만들지 않는 법을 펼쳐 보여주는/ 물컹물컹 깊은 말씀이다"(「딱딱하게 발기만 하는 문명에게」)라고 읊조린다. 시인이 전하려는 메시지는 "함부로 만들지 않는 법"이라는 표현에 모든 것이 집약되어 있다고 보아도 좋으리라.

　우리가 사는 세상은 '함부로'라는 부사(副詞)의 진정한 의미를 잊어버린 사회가 아닐까. 함부로 돈으로 사고팔 수 없는 것들조차 돈으로 살 수 있고, 돈이면 다 된다는 식의 '사유화' 원리가 유례없이 작동하는 소유자 사회가 아닐까. 우리는 이런 사회에서 나날의 삶과 노동 가운데 공유의 비극을 실감하며 살아간다. '함부로' 사유화해서는 안 되는 것들마저 사유화하는 것을 용인한 나머지 경제의 사유화는 말할 것도 없고 사회의 사유화마저 허용한 것이다. 문제는 여기에 그치지 않는다. 이런 사유화 현상은 우리 욕망의 사유화와 상상력의 사유화를 빼놓고 말할 수 없다는 점에서 그렇다. "이 시대의 잠재적 낙원의 문은 지옥 속에 있다"(레베카 솔닛) 는 말에 깊이 공감하는 것도, 좋은 쪽이건 나쁜 쪽이건 어떤 파열구가 지금 당장 필요하다는 생각에서다. 파열이 아니라면 작은 균열이라도 있어야 하지 않을까. 그래야 유토피아를 뜻하는 영어 'No-Where'를 '지금 여기(Now-here)'의 의미로 전환할 수 있는 접점을 찾을 수 있지 않을까.

'공간이 네트워크를 만든다'는 점에 대해 생각해보아야 한다. 그런 공간에서 사람들과 더불어 협력 자체가 예술이 되는 삶-예술의 경지를 일상적으로 구현하는 것이야말로 우리 모두가 '비빌 언덕'이 될 수 있다는 점을 생각해보아야 한다. 나는 그런 공간을 '창조적 공유지'라고 부르련다. "근대는 '마을을 버린 사람들'에서 시작해서 '마을을 만드는 사람들'로 끝이 날 것이다"(조한혜정)라는 말 또한 창조적 공유지로서 마을의 중요성을 강조한 표현이다. 한번 미끄러지면 재기 불능 상태에서 빠져나오지 못하는 미끄럼틀 사회를 넘어 '인기척'이 있는 마을(공동체) 아지트를 형성하고 구축해야 할 필요가 있는 것이다. 쉽게 말해 공유(共有)된 사회 공간이 있어야 한다. 20세기 초 이탈리아의 민중회관(casa del popolo)을 비롯한 다양한 저항 공간을 분석한 정치학자 마거릿 콘이 『래디컬 스페이스』(원제 Radical Space, 삼천리, 2013)에서 "다양한 동맹체를 하나로 접속시킨 것은 공유된 언어가 아니라 공유된 사회 공간이었다"고 한 말은 적절한 참조점이 될 것이다. 창조적 공유지는 그런 공유된 사회 공간에서 돌봄, 소통, 학습이 일상적으로 이루어질 때 형성되고 강화되는 것이 아니겠는가.

부천시 오정구 약대동오거리에 있는 담쟁이문화원(원장 한효석) 또한 커뮤니티 아지트를 꿈꾸는 공유 공간(Sharing Space)이라고 할 수 있다. 그러나 담쟁이문화원이 다른 곳들과 구별되는 점은 "함부로 무엇을 하지 않겠다"는 한효석 원장의 공간운영 철학이 확고하다는 점이다. 뭔가 자체적으로 기획하여 공간 운영을 어떻게 하겠다는 식의 구체적인 청사진이 있지 않다. 일종의 무위(無爲)의 공간이라 해야 할까. 지하 1층, 지상 3층 건물을 매입해 새로 단장하여 2012년 11월 오픈한 담쟁이문화원의 경우 현재 식당(1층), 북카페 겸 책놀이터(2층)가 있고, 3층에는 문화원 사무실과 강당을 비롯해 일과사람, 의료생협(주), 민족문제연구소 부천지부, 부천교육연대 같은 4개 시민단체가 함께 사용하고 있다. 46평 규모의 지하 소극장에는 교육극단 '틱톡'을 비롯해 4개 예술단체가 요일별로 공간을 나누어 사용한다. 옥상에서는 작은 (예술)캠프와 행사가 가능하다. 공간을 사용하겠다는 시민단체에게는 여건이 허락하는 한 공간을 대여한다. 공간 사용료는 없었으나, 전기료 수준(시간당 5천 원)의 사용료는 받기로 했다고 한다.

무위의 공간을 표방하는 담쟁이문화원의 하루하루는 다양한 행사와 교육으로 분주하다. 60명을 수용할 수 있는 3층 강당에서는 동네 어르신들을 대상으로 한 한글교실과 ABC교실이 열린다. 자체 기획한 것이 아니다. 한글교실에 다니는 어느 할머니가 쓰고 그린 그림일기들을 보며 내 가슴이 더워졌다. "노래도 부르고 그림도 그린다. 난 오늘도 학교에 간다." 시화로 꾸민 김순연 할머니의 시 「어머니 제비꽃」을 보며 우리는 누구나 한때 '문학소년·소녀'였다는 사실을 생각하게 된다. '평균 연령 79.2세'에 이르는 24명의 충북 옥천군 안내면 할머니들이 펴낸 『날 보고 시를 쓰라고』라는 시문집이 문득 떠오른다. 어린이와 청소년과 함께하는 강좌도 여럿이다. 청소년 백범(白凡)학교를 비롯해 다양한 행사와 프로그램이 진행되고 있다. 개원한 지 얼마 안 되지만, 약대동 일대 주민을 비롯해 다양한 사람들이 모이고, 떠들고, 꿈꾸는 일상의 네트워크 공간이 된 셈이다. 한 효석 원장은 "현재로서는 어떤 것도 계획하지 않는 것이 계획이다"라고 말한다.

그러나 무위의 공간을 표방한다고 하여 담쟁이문화원이 아무것도 하지 않는다는 의미는 아니다. 남들이 하지 않는 사업은 자체적으로 추진한다. 지난봄 부천 내 각종 정파(政派)들을 망라하여 강사진을 짜고 수강생을 모집하여 추진하려 한 〈여성정치학교〉의 경우 수강생 미달로 끝내 무산되었지만, 지역 정가에 미묘한 긴장감을 조성하며 담쟁이문화원의 '존재감'을 확실히 알리는 계기가 되었다. 담쟁이문화원이 특히 역점을 두려는 것은 주민밀착형 생활 강좌와 다양한 커뮤니티 사업이다. 노무, 경매, 세무, 역사특강을 아우르는 〈우리가 알아야 할 상식〉 강좌와 〈협동조합〉 강좌를 무료로 진행하는가 하면, 〈지역신문 협동조합을 만나다〉 강좌를 진행한 것도 그런 이유 때문이다. 현재는 2014년 창간한 〈콩나물신문〉을 주민 스스로 기획하고 발행하고 있다. 한효석 원장은 "스스로 감당할 수 있는 만큼 신문을 찍으면 좋겠다. 하소연하고 싶은 사람은 말할 공간이 되며, 중소 자영업자와 제조업자는 자기 상품을 소개할 수 있고, 공무원은 지역 여론을 파악하여 시정(市政)을 제대로 구현하는 도구가 될 것이다. 담쟁이문화원이 주춧돌을 놓겠다"고 말한다.

한 원장이 협동조합 형태로 운영되는 지역신문 〈콩나물신문〉을 고려하는 것은 담쟁이문화원의 미래에 대한 고민 때문이다. 담쟁이문화원은 한 원장이 전액 사재(私財)를 출연해 만든 공간이다. 부천고에서 국어교사를 지낸 한 원장은 2001년 명예퇴직 후 12년간 부천 여월동(안골)에서 보리밥집을 운영했다. 그리고 지금의 삼정동에 담쟁이문화원을 열었다. 건물 1층에 안골텔레기식당이 위치한 것도 그런 이유에서다. 한 원장은

"담쟁이문화원은 '누구의' 소유(所有)가 아니라 '누구나' 공유(共有)할 수 있는 커뮤니티 공간이었으면 한다"고 말한다.

그러나 건물주 한 사람의 선행(善行)에 의지하는 공간 운영이 과연 언제까지 지속가능할까. 한 원장 또한 이 점을 모르지 않는다. 1층 안골텔레기식당의 영업 실적이 예전 같지 않은 점이 신경 쓰이는 것은 어찌할 수 없다. 지속가능한 '딴따라질'이든 일상의 네트워크든 항산(恒産)이 있어야 항심(恒心)이 있다는 사실은 불변의 진리가 아니던가. 2~3년 뒤 문화원을 주민들이 '공동 소유'하는 형태로 바꾸려는 것도 그런 이유와 무관하지 않다.

무엇 하나 가진 것 없는 주민들이 스스로 다스리는[自治] 공간을 갖는다는 점은 그 자체만으로도 매력적이다. 사람들이 그런 자치 공간에서 나누는 것은 공간만이 아니기 때문이다. 그곳에서 인정과 우정 그리고 사랑과 행복을 나누게 되는 것이다. 내부경제 혹은 공유경제의 활성화는 그런 과정에서 발생하는 부가적인 산물이다. 그곳에서는 '서로 손-잡기'의 원리가 필요할 따름이다. 마거릿 대처 식의 "다른 대안은 없다"(TINA·There Is No Alternative)는 말이 유포되는 사회에 맞서서 우리는 서로 손 잡고 입을 모아 '대안은 여기 있다!'라고 말할 수 있어야 한다.

그 과정이 쉽지 않을지도 모른다. 생활문화예술운동의 메카인 인천시민문화예술센터(대표 임승관)가 임대 보증금 때문에 재정적 곤란을 겪고 있는 것에서도 알 수 있다. 이 땅에서 주민들이 자치하는 공간을 스스로의 힘으로 유지하고 운영하는 것이 이토록 힘들다는 점을 말해주는 사례가 아니던가. 첫술에 배부를 수는 없다. "공간 지킴이로도 나는 지금 행복하다"는 한 원장의 말에 나도 행복하다. 장삼이사(張三李四)들이 모이고, 떠들고, 서로 손 잡고 춤추며, 함께 꿈꾸는 공유 공간이 되는 그날을 나는 '이미' 보았다. 부천에는 인기척이 있는 마을 커뮤니티를 생각하고 실천하는 담쟁이문화원이 있다. 원고 '쫑'하고 나니까 술 생각이 간절해진다. 텔레기(어죽) 한 그릇에 탁주 한 사발 마시러 가야겠다.*

---

* 부천 담쟁이문화원의 실험은 2019년 재정난 등의 이유로 종료되었다. 그러나 지역 주민들이 협동조합 형태로 발행하는 〈콩나물신문〉은 지금도 발행되고 있다.

제 5 장 50+ / 노인

새로
쓰는
노년학개론

○ 새로 쓰는 '노년학개론'을 위하여

○ 전환의 삶, 야생의 교육

○ '전환'의 삶은 어떻게 가능한가

○ 전환의 삶을 위한 문화예술교육

○ 꽃대-되기를 위한 문화예술교육

○ 자기 민족지를 구성하는 '노년예술'

○ "나는 노인이 아니라 어르신이고 싶다"

칼럼 정원에 구현한 작은 '월든'
 : 영화 〈인생 후르츠〉(Life is Fruity, 2017)

새로 쓰는
'노년학개론'을
위하여

우리 사회에 어른이 있는가. 이 질문은 우리 사회에 노년 문화가 있다고 할 수 있는가 하는 질문과 통한다. 우리나라 노년 문화를 생각하면 소위 '꼰대' 이미지가 가장 먼저 연상되는 것은 왜일까. 유감스럽지만, 우리 사회에서 꼰대 문화는 견고한 문화적 문법을 이루었다 해도 좋을 법하다. 노년 문화는 생물학적으로 노년이 되었다는 이유로 대가연(大家然)하며 이 시대의 핵심적 모순을 외면한 채 조화사회 운운하는 것과는 아무런 상관이 없다.

우리나라의 경우 세상과 타협하지 않으려는 노년의 멋진 삶을 보여주는 예도 드물지만, 무엇보다 자신에 저항하려는 감정구조가 형성되지 않았다. 어쩌면 해방과 분단 그리고 전쟁과 독재 시절을 거치며 오로지 지금 당장 나와 내 가족의 끼니를 해결하며 먹고사는 문제를 고민해야 했던 우리의 가난한 현대사의 사정과 무관할 수 없다. 성석제의 소설 『투명인간』(2014)과 김훈의 소설 『공터에서』(2017)에 등장하는 '김만수'와 '마동수-마장세·마차세' 부자(父子)는 그 생생한 문화적 실체다. 특히 베이비부머 세대를 대표하는 김만수, 마장세·마차세의 삶은 개인의 진실이 그대로 역사의 진실이 되는 것이 아니라는 점을 강력히 환기한다.

물론 어느 누구도 한 개인의 인생과 내력에 대해 함부로 말할 자격은 없다. 그러나 개인의 진실을 절대화하는 것은 온당한 처사가 아니다. 꼰대 문화의 본질이란 개인의 진실을 강변하고 강요하려는 태도와 습관에서 비롯하는 것이 아닐까 싶다. 그런 견고한 마음의 습관에서는 후속 세대와의 대화와 소통이 불가능하다. 70대를 전후한 아버지 세대의 삶과 시대를 소재로 한 영화 〈국제시장〉과 〈허삼관〉 같은 영화를 보며 마음이 불편해지는 것도 그런 이유와 무관할 수 없다. 〈국제시장〉의 '덕수'(황정민 분)가 "이만하면 내 잘 살았지예"라고 하는 대사는 개인의 진실 차원에서는 진실일 수 있겠지만, 일종의 노년 세대의 자기 합리화를 위한 알리바이로서의 독백(獨白)과 얼마나 먼 것인지 더 성찰해보아야 한다. 사람은 합리적인 존재가 아니라 자신의 말과 행동을 합리화하려는 존재라는 점에서 그러하다.

이 점에서 신영복 선생이 〈허난설헌의 무덤에서 띄우는 엽서〉(1995. 12. 5.)에서 언급한 말은 하나의 척도가 될 수 있다. "자기 시대를 고뇌했던 사람에 대한 평가는 그 시대가 청산되었는가 아닌가에 따라 당연히 달라질 수밖에 없다." 여기 등장하는 '자기 시대를 고뇌했던 사람'이라는 표현에서 개인의 진실과 역사의 진실을 일치시키려는 지행합일(知行合一)의 삶의 양식을 보게 된다. 그런 삶의 양식이야말로 에드워드 사이드가 역설한 말년의 양식이고, 멋진 노년의 양식이라고 감히 정의할 수 있을 법하다. 그런 노년의 삶은 꼰대가 아니라 '꽃대'라고 할 수 있을 것이다. 그런 꽃대의 삶은 생산자로서의 노년을 의미하는 생성(generativity)의 삶이라 해도 좋으리라.

호모 헌드레드(Homo Hundred) 시대를 운운하는 시대에 노년의, 노년을 위한, 노년에 의한 새로운 문화적 양식(樣式)이 필요하다. 생물학적으로 노년이 되었다는 이유로는 더 이상 젊은 세대와 대화할 수 없고 소통할 수 없다. 노년의 삶에서 가장 경계해야 할 태도가 "내가 왕년에" 하는 식의 소위 '꼰대질'이라는 점은 말할 나위 없다. 한 사람의 인격과 인품은 과거에 어떤 일을 했느냐가 중요할 수 있다. 그러나 더 중요한 것은 현재 무슨 일을 하고 있고, 누구와 만나고 있느냐가 아닐까. 누군가가 노년은 철학적이고 영적인 물음을 던지는 시기라고 했다. 다시 말해 삶을 위한 철학수업으로서 자유로운 삶을 위한 '필로—비오스(philo—bios)'로서의 공부가 필요하다는 것이다. 이때의 공부란 지식을 쌓는 공부가 아니고, 자신만의 아상(我相)을 고집하는 공부도 아니다. 자신의 내공을 쌓는 진짜 공부가 무엇이고, 어떻게 살 것인가에 대한 공부가 요청된다.

다시, '노년은 무엇으로 사는가'를 물어야 한다. 이 점에서 새로 쓰는 '노년학개론'이 필요하다. 그래서 노화와 죽음 자체를 긍정하고, 노동과 정의가 제자리를 찾는 품위 있는 사회와 문화의 토대를 형성해야 한다. 그런 멋진 노년의 삶의 양식을 위한 사회적 프로그램 개발에도 신경을 써야 한다. 그렇지 않는 한, 압축된 죽음, 노화 지연, 노화 중지처럼 노화(老化)에 맞서는 안티에이징(anti-aging)의 길을 그저 따르는 것이 노년문화의 전부인 것처럼 생각할 수 있다. 늘 호기심을 갖고 행동하며 살아가려는 '삶의 전환'을 통해 세상이 아니라 나 자신에게 도전하는 삶을 살아가는 문화적 문법을 형성하고 강화해야 한다. 잘 나이 드는 것은 우리 모두의 숙제이기 때문이다.

○ 전환의 삶,
 야생의
 교육

"당신은 지금 어떤 시간을 살아가고 있나요?"

문화인류학자 조한혜정의 『선망국의 시간』(사이행성, 2018) 표지에는 이 구절이 있다. 지금·여기 대한민국에 살고 있는 사람이라면 한번쯤 이 질문에 진지하게 자문자답할 필요가 있다. 우리는 물리적인 시간과 생리적인 연명을 넘어, 무엇이 의미를 생성하는 진짜 삶인지 깊이 성찰하며 살아가지 못하기 때문이다. 쉽게 말해 우리는 나를 위한 시간조차 소비사회의 주체로서 쇼핑하는 데 소진하며, 유명 셀렙들의 자기계발 서적 따위를 탐독하며 각종 스펙 쌓기에 탕진하고 있다. 이런 현상은 신자유주의 시대가 요구하는 새로운 자아상이 나 자신의 몸과 마음을 '나 주식회사의 최고 경영자'(CEO of Me Inc.)로서 개인 브랜딩하도록 다그치는 것과 무관해 보이지 않는다.

그러나 조한혜정은 『선망국의 시간』에서 이제는 다른 시간을 설계하고 직접 살자고 제안한다. 그가 말하는 다른 시간이란 이 책의 구성요소이기도 한 '전환의 시간, 미래의 시간, 신뢰의 시간, 시민의 시간'이다. 그렇다면 우리는 왜 시간을 재구성해야 하는가? 문화와 행복의 본질이 시간 활용 자체에 있으며, 바로 거기서 시간의 향기도 우러나오기 때문일 것이다. 책 서문에 실린 고정희 시인의 「예수 전상서」에 나오는 "그대도 나도 불온한 땅의 불온한 환자"라는 표현에 아프게 공감하는 것은 그런 이유에서다.

조한혜정이 생각하는 이러한 인식틀은 다음 문장에 집약되어 있다. "세상이 계속 좋아질 것을 믿는 문명이 수명을 다했다." 이 문장은 이 책의 핵심 문장이다. 특히 세월호 사건을 겪으며 저자가 대한민국의 변화상을 침통하게 응시하는 인식틀이라고 생각된다. 쉽게 말해 세월호 사건 이후 우리는 모두 그냥 생존하다 죽는 존재일 뿐인 한낱 '호모 사케르(헐벗은 삶)' 같은 존재로 전락했다는 것이다. 모두가 난민이고 고아가 되어버린 것이다. 개인이 자신의 취향을 좇는 소비자인 동시에, 이익을 좇는 투자자가 되었고, 개인이 모든 것을 판단하는 조물주가 되어버렸다는 저자의 진단이 결코 억측은 아니라고 생각한다. 이 점에서 조한혜정이 '먼저 망한 나라'를 뜻하는 의미에서 '선망국(先亡國)'이라는 말을 쓴 것도 이해가 된다. 처음 이 말을 접했을 때 '이생망'이라는 말을 저절로 연상하는 것은 자연스럽다. 이생망은 '이번 생은 망했다'는 뜻의 신조어다.

그러나 오해는 마시라. 조한혜정은 「선망국에서 선망국으로」라는 서문에서 대한민국이 '먼저 망한 나라'가 아니라 지구촌 주민들이 부러워할 '선망국(羨望國)'으로 변신하자고 제안한다. 극단적 상황에서 도리어 좋은 길을 찾아내는 것은 우리 모두의 손에 달렸다는 것이다. 저자의 이런 주장은 독일 사회학자 울리히 벡이 제안한 '해방적 파국'이라는 개념에서 비롯했다. 한국이 어느 나라보다 먼저 위험을 맞았으므로, 길도 앞장서서 찾자는 주장인 것이다. 그리고 조한혜정은 공유재에 대한 감각을 회복하며, 대한민국이라는 커뮤니티가 일종의 '사회적 자궁' 역할을 하는 환대의 커뮤니티가 되자고 주장한다. 여기서 (문화예술)교육의 중요성은 아무리 강조해도 지나치지 않다.

이러한 조한혜정의 주장은 너무나 소중하다. 대한민국이라는 커뮤니티가 사람과 사람 사이에 온도가 있고 인기척이 살아 있는 삶터가 되어야 한다는 주장은 결코 외면당해서는 안 되기 때문이다. 우리가 살아가는 삶터가 서로가 서로에게 작은 비빌 언덕이 되고, 기쁨의 공동체가 되어야 한다는 오래된 믿음은 쉽게 포기되어서는 안 되는 유구한 에토스다.

이를 위해서는 '전환'이라는 키워드가 각별하다. 자산가치의 극대화를 추구하는 인생길이 아니라, '쉼'의 자유를 통해 새로운 재활력화운동이 필요한 것은 당연하다. '각자'와 '각자'로 서로를 존중하며, 돌봄의 감각을 회복하며, 소통과 관계의 재생을 통해 '전환'의 삶과 전환의 문명을 위한 노력이 필요하다. 학습자 중심의 맞춤형 학습 현장을 만들어내야 하고, 그 실험들을 체계화해야 한다는 조한혜정의 목소리는 문화예술교육 현장에서도 적극 경청되어야 한다. 이른바 '재산권신수설'과 '학력신수설'을 신봉하는 사회에서는 어떠한 새로운 활력도 희망도 감지될 수 없기 때문이다.

"큰 귀를 가진 일꾼이 필요하다"

조한혜정의 『선망국의 시간』에 나타난 문제의식은 교육자 정광필의 문제의식과도 통한다. 2003년 이우학교 초대교장이었고, 길 위의 학교 혁신 전도사로서 명성을 날렸고, SBS 창사특집 〈바람의 학교〉를 운영했으며, 2016년 이후 서울시 50+ 인생학교 학장으로 활발히 활동하고 있는 정광필의 『미래, 교육을 묻다』(살림터, 2018)는 주로 학교 현장을 중심으로 교육의 미래 혹은 미래의 교육에 대해 성찰하는 책이다. 무엇보다 문답 형식으로 쉽게 쓴 책이어서 학교 예술강사를 비롯해 아이들의 교육을 걱정하는 독자들이 읽으면 좋은 책이다.

정광필이 말하는 핵심 논지는, 교육의 본질, 다시 말해 내면의 힘과 야성(野性)에 대해 사유와 행동을 멈추어서는 안 된다는 것이다. 아이의 성장을 긴 호흡으로 바라보아야 하며, 발달단계에 맞게 기획하고 자극하며 아이들을 '각성된 시민'으로 성장시키는 일에 집중해야 한다는 것이다. 이를 위해서는 '야생성'을 길러주는 교육이 지금 당장 필요하다는 것이다. 무엇보다 오랫동안 교육 현장에서 실무와 이론을 겸비한 실천가로서 활동해온 내공이 느껴진다. 예를 들어 50+ 생애전환 세대를 대상으로 한 교육에서는 강의보다 워크숍 위주로 운영해야 한다는 등의 생생한 '간증'의 말들을 확인할 수 있다.

이 책을 보며 '창의는 시체'라는 말을 떠올렸다. 이 말은 '창의적 체험활동은 시켜서 하는 활동'이라는 뜻이다. 현재 초등학교에서 법이 강제하는 범교과 활동을 진행하려면 전체 창의 시간의 무려 86%를 할애해야 한다는 것이다. 그래서 '창의는 시체'라는 말이 나도는 것도 이해가 된다. 따라서 아이들이 활동을 기획하거나 준비하는 과정 없이 일방적으로 주어진 프로그램대로 움직이는 것은 엄밀히 말해 활동을 '하는' 것이 아니라 활동을 '당하는' 것이라는 저자의 말에 공감하게 된다. 그런 창의적 체험활동은 아이의 내적인 성장으로 결코 이어질 수 없다. 힐링 성격이 강한 주제나 팀원들의 구성이 느슨한 경우 이론 학습이 잘 안 이루어지고, 두려움이 아이들을 길들일 수는 있지만 성장으로 이끌 수는 없다는 저자의 진단과 처방에 충분히 공감하는 것은 그런 이유에서다.

문제는 어떻게 학교 현장을 바꿀 것인가이다. 정광필은 "30%는 양보한다"는 허심(虛心)이 필요하며, "큰 귀를 가진 일꾼이 필요하다"고 말한다. 이것은 학교 현장의 변화뿐만 아니라 대한민국이라는 커뮤니티의 변화를 위해서도 필요한 덕목이라 생각한다.

○ '전환'의 삶은 어떻게 가능한가

2018년은 내 인생에서 '전환'의 해로 기억될 전망이다. 2018년 초 사회학자 김찬호, 여성학자 조주은 선생과 함께 베이비부머 3명을 심층 인터뷰한 구술집 『당신의 이야기는 무엇입니까』(서해문집)를 출간했다. 최영식·정광필·김춘화 세 분 중 내가 인터뷰한 사람은 별명이 '문래동 홍반장'인 최영식 선생이다. 1954년 전북 순창 출신으로, 은행원으로 일하다 퇴직한 최 선생은 은퇴 후 문래동 젊은 예술가들과 철공소 아저씨들을 연결하는 커넥터(connector)이자 지역 살림꾼으로서 더 역동적인 삶의 '전환'을 이루며 꼰대가 아니라 열혈 '꽃대'의 삶을 살고 있다. 신중년/신노년으로 전환하며 자신의 삶을 멋지게 살고 있는 것이다.

또 하나, 2018년 문화체육관광부와 한국문화예술교육진흥원은 이른바 50+ 신중년을 대상으로 한 시범사업 "생애전환 문화예술학교" 프로젝트를 추진하고 있다. 17개 전국 광역센터를 대상으로 사업 수요조사를 한

후 추진단을 구성해 일종의 협력 기획 형식으로 진행하고 있다. 인천·대전·세종·전남·경남 5개 지역센터가 참여했고, 교육진흥원 자체 사업으로 〈문학과 함께 한 달 살아보기〉라는 프로그램을 진행하고 있다. 이 사업의 추진단장을 맡아 참여 지역센터와 고민을 나누고 있는데, '전환'이라는 키워드는 부사어로 '하마터면'과 같은 용례와 의미가 아닐까 싶다. 다시 말해 신중년 세대의 경우 '하마터면 열심히 살 뻔했다' 같은 성찰적 태도와 더불어 다른 삶을 살려는 한 줌의 작은 용기가 필요한 것이다. 지금까지의 삶의 궤도(volution)와는 좀 다른 궤도를 상상하고 '다시 돌리려는'(re-volution) 전환의 태도와 실천이 필요하다고 본다. '두 번째 삶'을 위한 앙코르 커리어는 저절로 형성되는 것이 아니기 때문이다.

"우리는 사소하고 위대했다"

장석주 시인의 『베이비부머를 위한 변명』(yeondoo, 2017)은 베이비부머 당사자의 정직한 기록으로서 의미가 있다. 베이비부머 당사자인 사회학자 송호근이 쓴 『그들은 소리 내 울지 않는다』(이와우, 2013)가 출간되었지만, 장석주 시인의 기록은 더 내밀하고 더 개인적이라는 특징이 있다. 1955년 충남 논산에서 태어나 서울에서 성장하며 경기상고를 중퇴한 후 시인·문학평론가로 데뷔하고 출판사를 운영하다 마광수 교수의 『즐거운 사라』 사건에 연루되어 구속되는 등, 한 사람의 인생역정이 행간에 펼쳐진다. 가장 기억나는 문장은 "나는 현무암처럼 단단한 가난과 불행을 묵묵히 견뎌내며 불혹을 넘어서고 이순의 문턱을 넘어섰다"는 표현이다. 여기 등장하는 '현무암처럼 단단한 가난과 불행'이란 베이비부머 세대가 공유하는 집단기억이고, '아버지(세대)처럼 살고 싶지 않았다'는 세대의식의 발로라고 할 수 있으리라.

그러나 베이비부머가 살았던 시대는 '국민교육헌장'이 상징하듯 학교와 사회 곳곳에 폭력이 지배했고, '박정희'라는 이름을 빼놓고는 그 시대를 설명할 수 없다. 장석주 시인은 "우리는 민족중흥의 역사적 사명을 띠고 이 땅에 태어났다"는 국민교육헌장이란 '반공 민주정신에 투철한 애국애족'하는 인간을 양성하겠다는 것에 불과하며, 1980년 광주항쟁 이후 등장한 신군부 시절이란 "내 1980년 기억의 바탕을 이루는 감정은 무기력과 나르시시즘이다"라고 고백한다. 다시 말해 "내 1980년대 기억의 빈곤함은 내가 심장이 뛰는 삶을 살지 못했다는 증거"라고 자책한다.

이렇듯 장석주 시인은 자기 삶을 서사화하며 '읽는 인간'으로서 자신의 인생길을 담담히 살아가겠다는 구상을 털어놓는다. 책 뒤에는 5명의 고교 동창을 인터뷰한 내용을 약전(略傳) 형식으로 덧붙였다. 이 책을 보며 신중년과 함께하는 문화예술교육이란 각자의 개별성을 탐색하며 진행하는 프로그램이어야 한다는 점을 실감한다. 쉽게 말해 동학 2대 교주 해월 최시형 선생이 구한말 1897년 경기도 이천시 설성면 앵산동(수산1리)에서 '향아설위(向我設位, 나를 향하여 신위를 베푼다)' 제례법을 반포한 것처럼 생애전환 문화예술학교에서는 신중년의 관심을 세상을 향해 돌리는 것이 아니라 '나 자신'의 삶을 향해 돌리도록 설계하고 운영해야 하는 것이다. 50+신중년을 하나의 '덩어리'로 보아서는 안 되기 때문이다. 문화예술교육이란 저마다 고유의 색과 리듬을 지닌 개별자들과 눈빛을 마주하며 얼굴을 익히는 행위라고 할 수 있기 때문이다. "우리는 사소하고 위대했다"는 장석주 시인의 문장이 오래도록 여운을 남긴다.

자립하는 농적 순환의 삶

이 점은 노인 혹은 노년을 위한 문화예술교육 현장에서도 여일하다. 1922년 강원도 양양에서 태어나서 열여덟 살에 시집 와 지금의 양양 송천 마을에서 평생 '호미'를 놓지 않는('못하는'이 아니라) 삶을 사는 이옥남 할머니 의 농사일기집 『아흔일곱 번의 봄여름가을겨울』(양철북, 2018)은 한 사람의 생 애사가 어떻게 형성되는지를 잘 알 수 있는 감동적인 기록이다. 부모 복 없고, 재산 복 없고, '일복'만 타고난 이옥남 할머니는 영감 사별 후 스스 로 배운 글자 연습을 하기 위해 '도라지 까서 번 돈'으로 공책을 사서 1987 년부터 일기를 쓰기 시작했다. 할머니의 이토록 '사소하고 위대한' 기록을 보며 자립의 삶에서 형성되는 건강한 습관(habit)은 한 장소에서 오래도록 거주(habitat)할 때 형성되는 것임을 분명히 깨닫는다. 그리고 전환의 삶을 위해 나이 듦에 대한 태도와 감수성이 어떻게 달라져야 하는지를 파악하 게 된다. 항노(抗老) 혹은 안티에이징(anti-aging)으로는 부족하다는 점은 분 명하다. 노년의 삶에서는 늙어가는 것을 수용하고 긍정하려는 '향노(向老)' 의 태도와 감수성이야말로 더욱 중요하다.

혼자 사는 이옥남 할머니의 일상은 단순하다. 저녁에는 텔레비전과 시간 보내고, 낮에는 호미 들고 밭에 가는 게 취미 생활이다. 곡식이 귀여 워서 키우는 걸 재미로 알고 농사짓는다. 속표지에 실린 삐뚤빼뚤한 할머 니의 글씨가 못내 가엾다. 복숭아꽃 피면 호박씨 심고, 꿩이 새끼 칠 때 콩 심고, 뻐꾸기 울기 전에 깨 씨 뿌리고, 깨꽃 떨어질 때 버섯 따며 자연 속에서 일하며 사는 할머니의 일상은 너무나 평범하다. 그러다 문득 "나 무는 단풍이 들어도 예쁘고 보기나 좋지만, 사람은 쭈글쭈글한 것이 얼 마나 보기 싫을 것을 생각하니 정말 한심하구나" 하며 한탄하기도 한다.

그러나 다른 삶을 살고자 하는 할머니의 욕망은 멈추지 않는다. 어려운 이웃을 보면 '사람의 도리'를 먼저 생각하고, 숏적새(소쩍새)·매미·도토리·노루·방게 같은 미물들에게도 가없는 애정을 쏟는다. 무엇보다 한국글쓰기교육연구회 회보와 월간 『작은책』을 구독하며 책에 수록된 이오덕 선생을 비롯해 이상석·조향미·추송래 같은 필자들의 글에 깊이 공명하고, 동화작가 권정생의 『몽실언니』와 『한티재 하늘』을 탐독하며 노동하고 묵상하는 삶을 멈추지 않는다. 권정생 선생의 『한티재 하늘』에 등장하는 '이순이'의 곡절 많은 삶을 보며 "잠든 차옥이를 (이옥이가) 안고 젖을 먹이는데 눈물이 괜히 난다"(1999. 7. 5.)고 한 대목이 잊히지 않는다. 이옥남 할머니는 "내 몸이 아프니 뻐꾹새 소리가 더 처량하게 들린다"고 한 표현처럼 겨우 존재하는 것들에 대한 가없는 애정을 보내고, 인간의 인간됨이란 무엇인지 잊지 않으며, 사람의 도리를 잊지 않고자 한다. 곳초(고추), 두럭(두둑), 이약가(손수레), 배차(배추), 거두미(추수) 같은 강원도 사투리의 맛을 보는 재미도 쏠쏠하다. 많이 배운 먹물들의 문어체가 아니라 구체적 생활세계인 농적(農的) 순환의 삶에서 경험하는 살아 있는 입말[口語]이 주는 건강한 아름다움이라고 생각한다.

오늘은 텔레비 위에 덮는 뜨게를 다 떠서 수동집 갖다 주고
저녁에 딸한테 욕만 실컷 먹고 이런 인간은 왜 안 죽고
살아 있는지 답답하기만 하다.
지 맘에는 날 생각해서 고생한다고 편하게 있으라고 하는데
우두카니 있으니 열 빠진 거 같은 기 심심해서 손으로
뭘 만져야 정신이 드니 뜨게라도 뜨는 건데 하도 쏘아붙이니
서운하기만 하다.

비교적 최근에 쓴 위 일기는 딸을 '디스'하며, 자신이 바라는 노년의 삶이 무엇인지 적은 대목이다. "손으로 뭘 만져야 정신이 드니"라는 할머니의 토로는 노년을 대상으로 한 문화예술교육에서 간과해서는 안 되는 핵심가치가 아닌가 생각한다. 어르신을 대상으로 하는 문화예술교육은 '모두를 위한 문화예술교육'을 지향하는 것이 아니라 '한 사람을 위한 문화예술교육'의 형식이어야 하기 때문이다. 이 점을 간과하면 어르신 대상의 문화예술교육은 기능 위주 교육에 매몰되고 만다. '초짜' 예술강사들이 자주 범하는 실수가 '기능 따로, 스토리텔링 따로' 구분해 진행하는 것인데, 그러다 보면 참여 어르신들이 기능 수업할 때만 참석하곤 한다.

'온몸이 귀가 되는' 수업을 위하여

결국, 스토리텔링이란 것도 한 사람 한 사람 어르신들과 눈빛을 나누며 얼굴을 알아가며 저마다의 '사연'을 알아가는 상호작용이 필요한 것이다. 이를 위해서는 수업 중 어르신들이 토로하는 한마디 말도 흘려듣지 않고 '온몸이 귀가 되는' 경지가 필요하다. 할머니의 외손주가 양양 조산초등학교 아이들과 함께 신나게 놀며 가르치고 있는 탁동철 선생님이라는 사실이 더 이상 놀랍지 않다. 『달려라 탁샘』(2012)에서 '가르치는 손'을 감추는 데 탁월한 솜씨를 발휘한 바 있는 탁동철 선생님이 책 뒤에 쓴 "짐승이나 작은 벌레도 함부로 하지 않는 마음, 곡식을 가꾸고 거두는 모습, 이웃에 대한 정성. 내가 찾고 싶고, 우리 아이들한테 찾아주고 싶은 삶이다"라는 문장은 이옥남 할머니의 삶이 결코 헛되지 않고, 손주 세대로 계속 이어지고 있다는 믿음을 갖게 한다.

장석주 시인, 이옥남 할머니의 책은 신중년 및 어르신의 내밀한 결들을 섬세히 이해하고, 잘 나이 듦이란 무엇인가 이해하는 데 좋은 참조가 될 책이다. 나 또한 2018년 초 갑자기 건강을 잃은 후 자주 내 삶을 돌아보게 되었다. 그런 고독한 시간은 어쩌면 내 삶의 '전환'을 위한 시간이었다고 생각한다. 그런 혼자만의 고독한 시간을 보내며 앞으로의 내 삶은 '무엇인가를 하겠다'는 것보다는 '무엇인가를 하지 않겠다'는 다짐을 더 많이 했다. 앞으로도 내 삶의 '전환'을 위한 고민은 계속될 것이다. 두 책이 작지만 단단한 디딤돌이 되었음을 여기 고백한다.

'두번째 삶'을 위한 앙코르 커리어

사람의 생애에서는 자기 자신을 설명할 수 있는 서사(narrative)가 중요하다. 개인이든 집단이든 나는 어떤 인간이고, 어떤 이야기의 일부이며, 어떤 이야기의 주인공이고 싶어 하는지 모른다면 큰 혼란을 겪게 된다. 그런데 신중년에 속하는 베이비부머 세대가 겪는 고령화 쇼크는 인류 역사상 처음 겪는 일이어서 개인 차원에서건 집단 차원에서건 이들의 삶을 설명할 수 있는 '이야기'가 아직 부족하다. 따라서 베이비부머 세대의 노년에 대한 연구와 담론이 중요함은 말할 나위가 없다. 인생 후반전 '두 번째 삶'으로 전환할 수 있는 베이스캠프도 필요하다. '꼰대'가 아니라 '꽃대'로 전환할 수 있는 문화예술교육이 필요한 것은 그런 이유에서다.

그러나 신중년 세대의 전환의 삶을 위한 문화예술교육은 지금까지의 삶을 계속 이어가겠다는 방식과는 달라야 한다. 비유적으로 말하자면 '하마터면 열심히 살 뻔했다'(하완) 같은 태도가 요구되며, 지금까지 안해 본 일들에도 도전해 봐야 한다. 「꼰대 말고 꽃대」(<한겨레>, 2014-11-01)라는 제목의 칼럼을 쓴 것도 그런 측면을 의식해야 한다는 취지였다. 다시 말해 신중년 세대가 책임의식을 가지고 공공선을 발현하는 선배시민(Senior Citizen)으로서의 역할을 하며, 멋진 신중년의 양식(late style)을 보여주는 '세대문화'를 형성해야 한다. 멋진 신중년의 양식이라는 말은 팔레스타인 출신 지식인 에드워드 사이드가 주창한 '말년의 양식'(late style)을 변주한 것이다. 에드워드 사이드는 최후의 순간까지 세상과 타협하지 않으며, 멋진 말년의 양식을 보여주는 예술가들의 다양한 사례를 검토하며 이러한 개념을 제시했다.

신중년 하면 '꼰대'를 가장 먼저 떠올리는 사회는 행복하지 못하다. '꼰대'로 대표되는 우리나라 신중년의 문화적 문법을 '꽃대'의 문화로 바꾸어야 한다. 그리고 이러한 '꽃대' 문화를 형성하고 강화하기 위한 한 방법으로 신중년과 함께하는 문화예술교육의 패러다임을 바꾸어야 한다. 이러한 나의 생각은 2018년 초 사회학자 김찬호, 여성학자 조주은과 함께 베이비부머 3명을 심층 인터뷰한 책『당신의 이야기는 무엇입니까』(서해문집)에서 다룬 바 있다. 신중년 세대 한 사람 한 사람의 이야기를 경청해야 하며, 상투화된 기능교육 위주의 문화예술교육 프레임에서 벗어나 신중년 세대를 자기 주도성을 지닌 주체로 온전히 바라보게 하려는 인생재설계 과정과 운영이 요청된다. 어쩌면 문화예술교육이 의미 있는 것은 삶의 전환 혹은 전환의 삶을 위한 접점이나 작은 실험을 제공하는 일에 있을 터이다. '문래동 홍반장' 최영식 선생이 다음과 같이 말하는 것에서도 여실히 확인할 수 있다. 여기 등장하는 '희망제작소 행복설계아카데미'를 '문화예술교육'으로 바꾸어 읽어도 무방하다.

고: 선생님의 경우에는 희망제작소에서 수강하신 게 인생 2막의 중요한 전환점이 된 것 같습니다.

최: 네, 그렇습니다. 은행에서 퇴직교육을 받고, (2010년) 퇴직한 후 동네에서 놀다가 활동하게 됐는데요, 그 계기가 바로 희망제작소에서 연 행복설계아카데미입니다. 사회 공헌, 재능 기부 강좌를 수강했죠. 인생 1막을 치열하게 살아왔으니, 인생 2막은 어떻게든 사회에 공헌하고 재능도 기부하는 삶을 살고 싶었습니다. 직장 다닐 때는 시간이 없어서 아름다운재단이나 환경운동연합 같은 단체에 후원금만 내고 직접 참여하지는 못했어요. 그래서 구체적인 계획은 없었지만 그런 삶을 살아야겠다고 꿈꿨습니다. 그때 아내가 저한테 '돈 벌어 오는 건 좋은데 돈 벌어 오느라고 스트레스를 받을 거면 그냥 제쳐라'고 하더라구요. 참 고마웠어요. 지금쯤은 후회할지도 모르겠지만요. (웃음)

저는 '땡큐'였죠. 당시는 막 퇴직한 상태니까 위로 차원에서 말한 것일 수도 있지만 전 진지하게 들었어요. 그리고 어떻게 살 것인가를 고민하며 희망제작소에서 명함 만드는 프로젝트에 참여했습니다. 멸종 위기 동물과 짝꿍을 맺으면, 그 돈이 멸종동물을 보호하는 데 작은 도움이 된다는 거예요. 백수가 돼서 명함도 없고 하니 일단 만들었죠. 다른 한편으로 제 인생 2막은 안단테(Andante)로, 다시 말해 '느리고 단순하게' 살자고 다짐했습니다. 아무리 의미 있는 삶이라도 재미없으면 절대 안 한다는 것이 제 원칙입니다. 이 원칙을 '느·단·삶'이라고 줄여서 명함에 넣었는데, 아내는 '느지막이 고단한 삶'이라고 읽더라구요.[1]

전환의 삶을 위한 베이스캠프

'전환'이라는 키워드는 생애전환 문화예술학교에서 가장 핵심적인 말이라고 할 수 있다. 문화인류학자 조한혜정이 『선망국의 시간』(2018)에서 강조하는 '전환'의 의미는 경청할 만하다. 조한혜정은 "당신은 지금 어떤 시간을 살아가고 있나요?"라고 묻는다. 지금·여기 대한민국에 살고 있는 사람이라면 한번쯤 이 질문에 진지하게 자문자답할 필요가 있다. 우리는 모두 물리적인 시간과 생리적인 연명(zoe)을 넘어, 무엇이 의미를 생성하는 진짜 삶(bios)인지 깊이 성찰하며 살아가지 못하기 때문이다. 우리는 나를 위한 시간조차 소비사회의 주체로서 쇼핑하는 데 소진하며, 유명 셀럽들의 자기계발 서적 따위를 탐독하며 각종 스펙 쌓기에 탕진하며 살고 있다.

그러나 조한혜정은 『선망국의 시간』에서 '다른 시간'을 설계하고 직접 살아갈 것을 제안한다. 내 식으로 말하자면, 시간의 재구성을 통해 관계의 재구성을 하자는 주장으로 요약할 수 있다. 개개인이 자신의 취향을 좇는 소비자인 동시에 이익을 좇는 투자자가 되었고, 이제는 개인이 모든 것을 판단하는 조물주가 되어버렸다는 조한혜정의 진단이 억측은 아니라고 생각한다. 조한혜정이 '먼저 망한 나라'를 뜻하는 의미에서 '선망국(先亡國)'이라는 말을 쓰는 것도 충분히 이해된다.

이런 주장은 너무나 소중하다. 우리가 살아가는 대한민국이라는 커뮤니티가 사람과 사람 사이에 온도가 있고 인기척이 살아 있는 삶터가 되어야 한다는 주장은 결코 외면당해선 안 되기 때문이다. 우리가 살아가는 삶터가 서로가 서로에게 작은 비빌 언덕이 되고, 기쁨의 공동체가 되어야 한다는 오래된 믿음은 쉽게 포기되어서는 안 되는 유구한 에토스(ethos)라고 생각한다. 따라서 전환은 돈을 향한 자산가치의 극대화를 추구하는 인생길이 아니라, '쉼'의 자유를 통해 새로운 재활력화 운동이 필요하다. '각자'와 '각자'로 서로를 존중하며, 돌봄의 감각을 회복하며, 소통과 관계의 재생을 통해 전환의 삶과 전환의 문명을 위한 노력이 필요하다. 학습사 중심의 맞춤형 학습 현장을 만들어내야 하고, 그 실험들을 체계화해야 한다. 이른바 '재산권 신수설'과 '학력 신수설'을 신봉하는 사회에서는 그 어떠한 새로운 활력도 희망도 감지될 수 없기 때문이다. 나는 생애전환 문화예술학교 추진단장으로서 이러한 문제의식을 공유하며 몇 가지 사업의 기조와 원칙을 제안했다. 아래는 생애전환 문화예술학교 설계와 운영에서 내가 제안한 기본 문제의식의 일단이다.

1) 지금까지 내 인생에서 더하고(+) 뺄 것(−)이 무엇인지 생각하고, 앞으로 내 인생에서 곱하고(×) 나눌 것(÷)이 무엇인지 생각하는 나를 위한 '시간'과 '공간'을 제공하는 것을 목적으로 한다. 생애전환기에 맞는 시간 과잉, 관계 소멸 현상을 어떻게 극복하며 새로운 자아상을 형성하고 구축할 것인지 고민하고 실천하는 베이스캠프다.

2) 생애전환 문화예술학교는 인생 후반전 두 번째 삶을 위한 네트워크를 형성, 강화한다. 두 번째 삶을 위해 노력하는 지역의 예술인, 예술단체를 비롯해 50+ 당사자 및 당사자 모임들과의 네트워크를 형성, 강화한다.

3) 생애전환 문화예술학교는 일자리 창출을 목적으로 하지 않는다. 일을 놀이처럼 생각하고 대하려는 습관 형성을 하는 베이스캠프다. 평생직업으로 삼을 수 있는 나만의 전문 콘텐츠는 넘버원(No. 1)이 아니라 온리원(only One)에서 비롯한다는 점을 생각한다. 프로그램

운영 과정에서 일-관계-놀이의 적절한 균형(a fine balance)을 최우선적으로 고려한다.

4) 생애전환 문화예술교육은 '교육에서 활동으로' 프레임을 전환하며, 강사의 가르침이 아니라 수강생들의 배움을 목적으로 교육 프로그램을 운영한다.

5) 생애전환 문화예술교육은 프로그램 운영에서 단순한 체험이 아니라 직접 행함(doing)과 고통 당함(suffering)을 주요 구성원리로 삼는다. '비로소', '하마터면', '태어나 처음으로' 같은 부사어는 그러한 표현이며, 머리로 아는 지식이 아니라 몸으로 할 줄 아는 암묵지의 경지를 지향한다.

6) 행복은 타인으로부터 오는 것이다. 생애전환 문화예술교육은 운영에서 나를 중심에 두되 동료들과의 연결과 협력을 최우선으로 고려한다. 기획자, 강사, 참여자들은 프로그램 과정에서 얀테의 법칙[2]을 충분히 이해하고 이를 바탕으로 운영한다.

7) 생애전환 문화예술교육은 처음부터 50+ 세대의 사회공헌(사회기여)을 목적으로 운영하지 않는다. 사회공헌(사회기여)은 사업 과정에서 제기될 수 있겠지만, 사업 성과로 사회공헌(사회기여)을 지향하지 않는다.

8) 생애전환 문화예술교육은 수강생 선발과 운영에서 다양성(성비, 연령, 경력 등)을 최우선으로 고려한다. 연령이 너무 많거나 적은 분들은 선발을 지양하고, 남녀 성비 및 인생 경력에서도 다양한 사람들을 선발해 참여자들의 다양한 감각을 충분히 깨우도록 한다.

9) 생애전환 문화예술학교는 프로그램 구성 및 운영에서 참여자들의 자기 주도성과 자기 결정권을 고려한다. 자치회를 구성해 운영한다.

<표1> 2017년 서울시 서부캠퍼스 3기 50+ 인생학교 세부 구성안

회차	날짜	구분	프로그램 내용
1	3.23 목	입학식	O.T. (인생학교 소개 총동문회 소개) 인생학교 로드맵 제시; 비전과 목표, 세부 커리큘럼 제시
		워크숍1	[마음열기 & 마음먹기] ; 자기소개를 중심으로
		환영회	총동문회 환영회
2	3.30 목	주제포럼1	주제: 생애전환기 '일'과 '돈'에 관한 발상 전환 발표1) 50+경제학에서 본 노후 준비 발표2) 50+인식전환을 위한 앙코르커리어
3	4.6 목	워크숍2	어쩌다 만난 예술 Story method / 영화 / 연극
4	4.13 목		
5	4.20 목	워크숍3	1박2일 / 'Dragon 虎' 탑승하기 - 구민정 부학장
6	4.21 금		
7	4.27 목	워크숍4	상상하는 모든 것을 함께할 커뮤니티 만들기(100분)
		현장수업1	[혁신파크 탐방] 100분 탐방 전 혁신파크 입주기업 2곳 선정 간략 소개 - 소개 각 20분, 40분 / 탐방 60분
8	5.11 목	주제포럼2	주제: 생애전환기 '주거' 및 '관계'에 관한 발상 전환 발표1) 100세 시대, 주거공동체 실험/ 김수동 대표 발표2) 마을에서 실현한 1인 자립경제: 마을과 나/ 최영식
		현장수업2	인생학교 3기 자치회 구성 및 경력관리에 도움이 되는 과제 부여 - 어떤 종류의 과제인지 '워딩'이 필요
9	5.18 목	발표회1	과제와 관련된 활동 발표 스스로 만드는 커뮤니티 활동 1
10	5.25 목	주제포럼3	주제/내용 결정 - '놀이/여가'에 대한 이야기 특강 + 사례 발표. 강원재(○○은대학) / 김윤진(무용가)
		발표회2	스스로 만드는 커뮤니티 활동 2
11	6.1 목	발표회3	스스로 만드는 커뮤니티 활동 3
12	6.8 목	발표회4	인생 후반부 스토리텔링 발표회
		졸업식	졸업행사 (커뮤니티 발표회)
-	자체일정	졸업여행	인생학교 3기 졸업여행

10) 프로그램은 50+ 세대들 간 커뮤니티 형성 및 강화를 목적으로 구성한다. 프로그램 예시로 △1박2일 워크숍, △포럼, △커뮤니티, △문화/예술 같은 다양한 프로그램을 구성한다. 포럼은 흐름상 분위기와 맥을 끊지 않는 선에서 최소화하고, 커뮤니티 과정은 커뮤니티가 구성되기 전까지 촘촘하게 만들어 가는 과정이 필요하다. 문화/예술 프로그램을 통해 자신의 생각과 이야기를 풀어갈 수 있고, 다른 사람의 생각을 공유하는 시간으로 삼는다. 진지하게 내 얘기를 하는 시간을 살리며 스토리텔링 발표회를 열고, 졸업식 때 커뮤니티 발표회를 구체적으로 진행한다. 참고로 2017년 서울시 서부캠퍼스 3기 50+ 인생학교 세부 구성안을 덧붙인다.

교육에서 활동으로: 시범사업의 경우

2018년 시범사업에 참여한 전국 광역센터는 5개이며, 아르떼 자체사업으로 〈문학으로 한달 살기〉라는 프로그램이 추진되었다. 두 차례 워크숍(5월/10월)과 전문가 모니터링 결과를 종합하면 2018년 시범사업은 '가지 않은 길'을 개척하느라 고군분투하고 있는 것으로 보인다. 결코 속단할 수 없지만, 두 차례 워크숍과 모니터링을 해본 결과 프로그램 설계와 운영에서 시범사업은 여전히 상투성을 면치 못한다는 인상을 지울 수 없다. 이 점은 노년예술수업을 비롯해 문화예술교육 전반의 문제와도 관련되지만, 문제의 핵심은 문화예술'교육'이라는 프레임에서 비롯되는 문제가 아닐까 생각한다.

<표2> 2018년 생애전환 문화예술학교 추진 현황

	센터명	세부사업명	비고
1	세종문화예술교육지원센터	청춘문화VJ '세종진담'	한국영상대와 협약. 미디어교육. 자체 50+ 대 상 FGI 진행.
2	대전문화예술교육지원센터	꽃보다작가, 일상탈출	프로젝트팀(5명) 협업 플랫폼. 미디어교육.
3	경남문화예술교육지원센터	고마운 내 인생, 쓸만한교(校)	음악, 문학 등
4	인천문화예술교육지원센터	인천시민문화대학 <하늬바람> 50플러스 학교	학습 플랫폼 운영 전용카페 까미노(camino) 임대
5	전남문화예술교육지원센터	아따매(아저씨 아줌마의 따뜻한 매순간) 앵콜	장흥, 구례 2개 권역 운영 귀촌예술가 중심 무용, 연극 등

<표3> 2018년 문학으로 한 달 살기 선정 단체 현황

연번	팀명	인원(명)	지역	대표자 명
1	마고의 이야기 공작소	12	전북 익산	송용희
2	국도따라 발길따라	12	경기 의정부	최돈구
3	끄덕끄덕	10	경기 고양	배홍숙
4	코(co)끼리 이웃작가	10	서울	신윤상
5	한번 해 보자 문학 살이	9	전북 군산	안병훈
6	산책녀(산청에서 책읽는 여신들)	11	경남 산청	정남수
7	고래등	12	경기 고양	이윤정
8	리딩피아(루덴스키친)	10	경기 고양	송혜란
9	사단법인 함께사는 성북마을문화학교 (푸른꿈꾸는언니들)	10	서울	김준용
10	물레방아골 문사철5060	10	경남 함양군	정해길
11	낭만! 그리고 문학을 함께하는 사나이들!	10	부산	배기윤

<표4> 아르떼 생애전환 문화예술교육학교 시범 운영

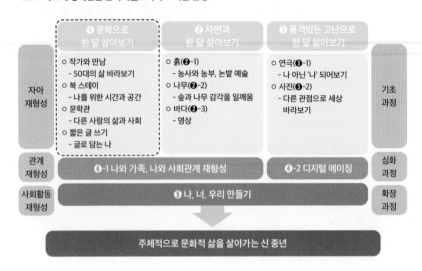

다시 말해 신중년의 삶과 욕망에 대한 이해가 부족하고, 기능 위주 프로그램 강습이 교육의 전부인 것처럼 생각하는 '상투화'된 습관을 버려야 한다. 시범사업 중 일부 광역센터에서 진행하는 미디어교육의 경우 그런 문제의식을 갖고 고민할 필요가 있다. 2차 모니터링 때 내가 구한말 동학의 2대 교주 해월 최시형 선생의 '향아설위(向我設位, 나를 향하여 신위를 베푼다)' 개념을 차용해 생애전환 문화예술학교에서 생각하는 미디어교육은 카메라의 방향을 세상을 향해서가 아니라 '나 자신'을 향해 돌려야 한다고 역설한 것은 그런 이유에서다. 그러나 작은 성취 또한 나오고 있다. 경남센터에서 진행하고 있는 <삶을 디제잉하다> 프로그램에 대한 신중년 참여자들의 호응도가 매우 높게 나타나는 현상에 대해 면밀한 검토와 평가가 필요하다. 강사의 스킬이 좋아서만은 아니리라 판단되기 때문이다. 이 밖에도 아르떼 시범사업으로 추진되는 <문학으로 한 달 살기> 프로그램에 참여한 전국 11개 동아리의 경우 참여자들의 '자발성'에 기초하여 프로그램을 이끌어가기 때문인지 참여자들의 의지와 열정이 높다는 점을 헤아릴 필요가 있다. 유명강사가 진행하는 방식이 중요한 게 아니라 참여자들의 태도와 관점 그리고 감각의 변화를 운영 과정에서 어떻게 촉진할 것인지가 중요하다.

그뿐만이 아니다. 프로그램 설계와 운영에서 세대와 세대가 서로 섞이고 스며들 수 있는 세대 간 대화와 통합을 위한 '연령통합적인' 공간 운용을 고민해야 한다. '연령폐쇄적인' 시설과 프로그램으로는 문화예술교육의 한계는 너무나 분명하다. 노년학자 김동배가 "노인들만 모여 있는 그곳에서 바로 노인에 대한 편견이 시작된다"고 한 언급은 노년 세대를 비롯해 신중년 대상의 생애전환 문화예술학교에서도 적극 고민되어야 한다. 어르신들이 노인복지관에서 그들끼리만의 교류로 정서적 안정감을 느낄 수는 있겠지만, 사회적 통합 면에서는 바람직하지 못하다는 현실을 숙고해야 한다. '꼰대' 문화란 그들끼리만의 만남과 교류 속에서 강화되는 확증편향(確證偏向) 현상과 무관하지 않기 때문이다. 전국 노인복지관의 경우 복지관이 있는 지역과 '마을 속으로' 자신을 더 개방하고 확장해가지 않으면 안 된다고 생각하는 것 또한 여기에 있다. 마찬가지로 향후 생애전환 문화예술학교에서도 어떻게 다른 세대(특히 젊은 세대)와 만나고 대화할지는 여전히 답을 찾아야 할 숙제다.

결국 중요한 것은 참여하는 '사람'의 변화다. 자신의 상투성에 저항하려는 마음의 문화를 형성하고 강화해야 한다. 이 점은 결국 나는 내 삶을 어떻게 살아갈 것인가 하는 고민과 통한다고 할 수 있다. 강사, 기획자, 프로젝트팀, 광역센터 모두 자신의 역량을 강화하며 스스로 변할 수 있는 한 줌 용기가 필요해 보인다. 정책사업의 철학에 대한 고민과 더불어 구체적인 대안을 위한 섬세한 정책적 접근의 중요성 또한 두 말할 나위 없다.

시간의 재구성: 사색적인 삶을 위하여

2018년 여름 '문래동 홍반장' 최영식 선생과 인터뷰 내내 "내가 왕년에" 하는 식의 소위 꼰대질 언사를 단 한 번도 듣지 않은 것은 다른 삶의 문법이 가능하다는 점을 나에게 각인시켜주었다. 그리고 언제나 호기심을 갖고, 항상 행동하며, 다르게 살아가려는 최 선생의 모습에서 무엇이 '삶의 전환'을 가능하게 하는지 생각하게 되었음은 물론이다. 한마디로 말하자면, "누가 나에게 이 길을 가라 하지 않았네"라는 말로 요약할 수 있을 법하다. 기업은행(IBK)에서 퇴직한 후 새롭게 여는 인생 2막의 시간은 '관계의 재구성'이라는 키워드로 요약할 수 있으리라. 시간 속에 새로운 의미를 넣는 법을 배우고 터득하는 것이야말로 인생 2막에서 가장 중요한 일이라고 역설하는 그의 주장은 50+ 이후의 삶을 재구성하고자 하는 사람들에게 하나의 모델이 되리라 믿는다.

쉽게 말해 관계의 재구성, 삶의 재구성, 사회의 재구성이라는 키워드를 제시했다고 감히 말할 수 있을 것 같다. 이러한 재구성이 시간의 재구성에서 비롯했음은 물론이다. 그러려면 지금 내 곁에 있는 사람들 손을 잡고, 뭐라도 할 수 있는 용기를 가져야 한다는 주장이라고 할 수 있으리라. 혼자 가기 두려운 길이라면 손잡고 함께 걸어가면 된다. 수원시평생학습관 내 '뭐라도학교'에서 운영되는 여러 프로그램 중 '삼식이 브런치', '어디라도 여행' 같은 프로그램들이 설립 초기부터 지금까지 참여자들로부터 꾸준한 인기를 얻는 비결은 무엇일까. 누군가가 일방적으로 가르치는 방식이 아니라 서로의 시간을 공유하며 서로-배움의 과정을 함께하는 점에 있다. 이것이 바로 신중년 및 노년문화예술교육에서 간과해서는 안 되는 또래압력(Peer Pressure)의 강한 힘이다. 신중년 대상의 문화예술교육에서는 이 또래압력 또는 또래효과를 결코 무시할 수 없으리라. 어느 시인은 우리가 내일 부르는 노래가 명랑한 노래가 되려면 오늘 내가 부르는 노래에 달려 있다고 했다. 최영식 선생과 대담을 마치며 책에 인용한 도종환의 「귀가」라는 시가 지금·여기 대한민국 신중년의 현재와 미래가 아니었으면 하는 마음 간절하다.

언제부터인가 우리가 만나는 사람들은 지쳐 있었다
모두들 인사말처럼 바쁘다고 하였고
헤어지기 위한 악수를 더 많이 하며
총총히 돌아서 갔다
그들은 모두 낯선 거리를 지치도록 헤매거나
볕 안 드는 사무실에서
어두워질 때까지 일을 하였다
부는 바람 소리와 기다리는
사랑하는 이의 목소리가 잘 들리지 않고
지는 노을과 사람의 얼굴이
제대로 보이지 않게 되었다
밤이 깊어서야 어두운 골목길을 혼자 돌아와
돌아오기가 무섭게 지쳐 쓰러지곤 하였다
모두들 인간답게 살기 위해서라 생각하고 있었다
우리 몸에서 조금씩 사람의 냄새가
사라져가는 것을 알면서도
인간답게 살 수 있는 지전과
인간답게 살 수 있는 시간을

벌기 위해서라 믿고 있었다
그러나 오늘 쓰지 못한 편지는
끝내 쓰지 못하고 말리라
오늘 하지 않고 생각 속으로 미루어둔
따뜻한 말 한마디는
결국 생각과 함께 잊혀지고
내일도 우리는 어두운 골목길을
지친 걸음으로 혼자 돌아올 것이다

꽃대-되기를
위한
문화예술교육

메르타 할머니는 왜 감옥에 가기로 했나

　노년 대상 문화예술교육에 대한 관심이 부쩍 높아지고 있다. 노년 문
화예술(교육)을 특화한 정책사업이 활발한 것에서도 알 수 있다. 그러나 노
인 혹은 노년에 대한 우리 안의 인식과 관심은 노인 '문제'로만 접근하지
않았나 하는 반성적 성찰이 요청된다. 노인은 언제나 '문제'의 대상이 될
때 정책적 대상으로 취급되었지, 한 사람의 오롯한 '존재'로서 이해되고 존
중받는 사회문화정책은 여전히 부재하다. 이는 우리 사회에서 노인 혹은
노년에 관한 담론 자체가 사실상 전무한 것과도 깊은 관련이 있다. 노인
'문제'가 아니라 노년 '존재'로 획기적인 시선의 전환 없이는 노년의 삶과 문
화를 이해할 수 있는 예방적 사회정책의 형성은 간단치 않다는 점을 이해
해야 한다. 갈수록 세대전쟁 양상미져 띠는 세대 긴 대화 부재 상태는 우
리 사회의 미래를 위해서도 매우 걱정스럽다.

노인 혹은 노년은 누구이며, 무엇을 욕망하고, 노년은 무엇으로 살고
자 하는지 이해해야 한다. 이 점에서 스웨덴 작가 카타리나 잉엘만순드베
리(Catharina Ingelman-Sundberg)가 쓴 『감옥에 가기로 한 메르타 할머니』(열린책
들, 2013/2016)라는 소설은 노년은 무엇으로 사는가를 이해할 수 있는 작품
이다. 주인공은 노인요양소에 거주하는 전직 체육 교사 출신의 79세 메
르타 할머니다. 할머니는 체육 교사 시절 불의(不義)에 맞서 자주 반항하며
좋은 삶과 좋은 사회를 꿈꾸어온 사람이다. 그런 할머니의 삶이 한순간
에 변한 것은 '고아원 같은' 노인요양소에서 생활하면서부터다. 메르타 할
머니가 "여기, 노인요양소에 들어온 이후로는 자기가 생각해도 이상할 정
도로 모든 것을 받아들이고 있었다. 어쩌다 이렇게 무기력하게 변해 버렸
을까?"라고 자문자답하는 내용에 주의해야 하는 것은 그런 이유에서다.
요양소 같은 이른바 제도화된 복지시설에서 철저히 '의존'하는 삶을 사는
것은 메르타 할머니가 생각하는 '좋은 삶(good life)'이 결코 아니었던 것이
다. 결국, 메르타 할머니는 요양소의 은방울꽃합창단 친구들과 노인강도
단을 결성해 박물관의 그림을 훔치고, 은행을 털어 '강도 행각'을 벌이며,
마침내 외국으로 도망친다.

　　왜 메르타 할머니는 감옥에 가기로 작정한 것일까. 그것은 '빛나는' 제
3의 인생을 살고 싶었다는 욕망을 실현하기 위해서다. 8시 취침, 간식 금
지, 산책은 어쩌다 한 번만 해야 하는 노인요양소에서 썩느니 차라리 감
옥에 가는 게 낫겠다고 판단한 것이다. 메르타 할머니의 분노에 찬 목소
리를 더 들어보자. "나이 많은 노인들을 제대로 대접하지 않는 이 날도둑
놈들이 활개를 치는 사회에서 79세 노인 메르타가 할 수 있는 다른 일이
뭐가 있겠는가?" 소설은 일종의 범죄소설 형식이지만, 시종여일 유머 감
각을 잃지 않는다. 그래서 독자들은 메르타 할머니를 비롯해 스티나, 안

나그레타, 천재, 갈퀴 등 5명의 남녀 혼성 노인강도단의 범죄 행각이 진행될수록 작가의 의도가 '위협받고 있는 소수자'로서의 노인(혹은 노년)에 대한 사회적 관심의 환기에 있다는 점을 알게 된다. 작가 카타리나 잉엘만순드베리가 강도단 리더이자 소설 주인공 메르타가 '자신과 닮았다'고 술회한 것에서도 작중 의도를 확인할 수 있다. 이 소설은 출간 즉시 스웨덴에서만 40만 부 이상 팔린 것으로 알려졌으며, 이미 40여 개 나라에서 번역 출간되었다.

소설 『감옥에 가기로 한 메르타 할머니』는 이른바 100세 시대를 의미하는 '호모 헌드레드(Homo Hundred)' 시대 노년정책의 방향과 내용에 대해 많은 것을 질문하게 한다. 나는 특히 메르타 할머니가 자신의 삶을 끝내고 싶었던 곳은 '인스턴트 식품으로 배를 채운 다음 플라스틱 커피잔을 손에 들고 왔다 갔다 해야 하는 노인요양소'가 아니었다고 술회하는 대목에서 오래 눈길이 머물렀다. 이 진술에서 알 수 있듯이, 우리는 누구나 '품위 있는 삶'을 살고자 한다는 점을 깊이 이해해야 한다. 그리고 그런 삶은 단순히 정책의 '수혜자'라는 관점에서는 절대로 얻어질 수 없다는 점 또한 이해해야 한다.

다시 말해 정책 '대상'으로서 노인을 대상화하는 것이 아니라, 노년의 삶을 정책의 '주체'와 삶의 '주인공'으로서 어떻게 회복할 것인지 숙고해야 하는 것이다. 소설의 맥락에 따르면, 다음과 같은 메르타 할머니의 진술은 품위 있는 노년의 삶과 깊은 관련을 맺을 것이다. "옛날에는 이 요양소에서도 노인들이 각자 작은 개인 부엌들을 갖고 있었다. 하지만 시설이 다른 사람의 손에 넘어가면서 새로 온 주인이 이 개인 취사 시설을 없애버렸다." 결국, 누군가에게 전적으로 의존하는 타율적인 삶이 아니라, 노년 스스로의 주도성을 어떻게 일상적 삶에서 구현할 것인지가 관건이다.

노인복지관 등에서 현재 시행하는 프로그램 공급 위주의 노년 문화예술교육에서 탈피해 노인들이 주도하는 방식의 문화예술교육을 고민해야 한다. 충북 옥천군 안남어머니학교, 수원시평생학습관에서 활동하는 뭐라도학교의 사례는 그런 의미에서 참고할 만하다.

이와 관련해 나이 듦에 대한 성찰이 필요하다는 생각을 자주 하게 된다. 노년으로 살아도 괜찮은 사회는 노인친화도시를 선언하면 저절로 보장되는가? 절대 그렇지 않다. 『나이듦 수업』(서해문집, 2016)은 안양문화예술재단이 2014년부터 세대 간 문화적 공유지대의 접점을 형성하고자 〈오버 더 시니어〉라는 정책사업을 추진하면서 느껴온 문제의식을 담은 책이다. 노년의 삶을 바라보는 우리 안의 '척도' 자체가 바뀌어야 한다는 것이다. 사회심리학자 김태형이 지금의 노인은 '나쁜 사람'이 아니라 '아픈 사람'이라고 역설하는 주장에서도 그런 문제의식의 단면을 확인할 수 있다.

한 사람의 노인 혹은 노년의 삶을 이해하고 성찰한다는 것은 무엇인가. 한 사람의 삶의 이력을 온전히 주목하는 행위라고 볼 수 있다. 이력이라는 한자에서 '이(履)' 자는 '신발'이라는 뜻이다. 이력이란 결국 '신발의 역사'를 의미한다. 한 분 한 분 노인이 걸어온 신발의 역사를 더듬으며, 삶의 주인공으로서 관계 2막을 연출하며 살아갈 수 있는 노년 문화예술교육은 어떻게 가능한가. 해외로 도피하는 메르타 할머니 일행이 스톡홀름 경찰청장 앞으로 보내는 편지는 암시하는 바가 적지 않다. 특히 "정계에 입문하려는 자는 남자든 여자든, 적어도 6개월 동안 노인요양소에 와서 일한 경험이 있어야 한다"는 구절이 그렇다. 인간에 대한 질 낮은 인식에서 수준 높은 교육-활동을 기대하기란 매우 어렵다. 노년 문화예술교육을 고민하는 사람들이라면 무엇보다 '나 자신에게 도전해야 한다'는 점을 놓쳐서는 안 된다. 이것이 팔순의 메르타 할머니가 용기 있는 행동으로 일러준

지혜였다.

어르신 문화프로그램의 질적 도약을 위하여

위에서 언급한 것처럼, 우리나라 노년 문화예술교육은 노년 세대의 자기 주도성 확보라는 차원에서 새로운 고민을 해야 한다. 그래야 프로그램의 '상투성'을 극복할 수 있다. 예를 들어 한국문화원연합회가 추진하고 있는 〈어르신 문화프로그램〉을 비롯해 노년 대상의 문화예술교육에 대한 전반적인 재검토를 통해 새로운 패러다임 전환을 모색해야 한다. 그동안 노년 문화예술교육은 양적 성장에 치우친 나머지, 사업의 '상투성'을 벗어나지 못했다. 젊은 예술강사를 선발해 문화원과 노인복지관 등에 파견하든가 아니면 프로그램을 공급하는 방식이었다. 이것이 가능했던 것은 노년 정책사업이 한 사람의 노인 '존재'를 온전히 보려는 대신, 고령 사회를 앞두고 노인 '문제'를 해결하는 문화예술(교육)적 솔루션으로서만 접근한 측면과 관련이 있다. 철학 부재라고 해야 할까. 노년을 대상화하는 물량 위주의 사업에서 벗어나, 어떻게 노년을 삶의 주체로 서게 하는 동시에 지역의 주체로 서게 할 것인가에 대한 고민은 너무나 희박했다. 정책사업 계획서에는 그런 표현이 있었지만, 어디까지나 '구호'에 불과한 것이었다고 해야 할까. 그 결과가 노년 스스로 프로그램을 기획하며 자기 주도성을 발휘할 수 있는 지원 시스템이 전무했다는 것에서도 여실히 확인할 수 있다. 예를 들어 2015년 3월 출범한 수원시평생학습관에 개설된 노년 학교 〈뭐라도학교〉 같은 '변화'에는 너무나 둔감했다. 노년 문화예술교육에서 정책 패러다임의 전환이 요구되는 시점이다.

정부 차원에서도 변화를 모색하고 있는 줄 안다. 〈인생나눔교실〉의 경우 노년 세대와 젊은 세대 간에 문화적 공유지대를 형성하고 소통 가능성을 모색한다는 점에서 의미가 없지 않다. 그러나 노인(어르신) 멘토를 5개 권역별로 선발해 지역아동센터 어린이, 자유학기제 중학생, 군인 등 청(소)년 세대와 만나게 하는 형식과 내용은 더 많은 고민과 시행착오가 필요해 보인다. 노인의 경험을 청(소)년에게 '일방적으로' 전달하는 형식이 되어서는 곤란하기 때문이다. 그것은 인생 나눔과는 아무런 상관이 없다. 그리고 학습 참여자들의 '자발성'을 어떻게 끌어낼 것인가 또한 만만치 않은 숙제다. 지금의 청(소)년 가운데 자기 고민을 해결하기 위해 어르신을 만나고 싶어 하는 사람이 얼마나 될까. 노년기일수록 나와 소통하고 젊은 세대와 소통하기 위해 자기교육(self education)으로서의 배움을 중단해서는 안되는 이유가 여기에 있다. 배움은 지금 당장의 쓸모 여부와 상관없이 '누구에게나' 쓸모 이상의 가치를 준다는 점을 생각해보아야 한다. 현재 정부와 지자체에서 추진하고 있는 국내 노년 문화예술교육 지원사업의 주요 현황은 다음 표와 같다.

표에서 확인할 수 있듯이, 2005년부터 시작된 지방문화원 어르신 문화프로그램은 도입한 지 10년이 지났다. 이어 교육진흥원, 서울문화재단(서울시), 한국문화예술위원회(문화부) 등의 정책사업이 신설되어 전국에서 시행되고 있다. 그러나 문제는 정책사업의 양이 아니라 질적 제고다.

나는 예방적 사회정책 차원에서 노년을 상상하고 정책을 추진할 때, 세 가지 차원에서의 '노년의 양식'이 필요하다고 파악하고 있다. 이것은 2014년 안양문화예술재단과 함께 〈노년을 노닐다〉 포럼을 기획하고 진행하면서 느낀 경험적 사실이다. 첫째는 먹고사는 문제로서의 양식(糧食)이고, 둘째는 품위 있는 시민들의 교양으로서의 양식(良識)이며, 셋째는 일

<국내 노인 문화예술교육 지원사업 주요 현황> [3)]

시작연도	지원사업명	지원기관	사업항목(사업내용)	추진성과 비고
2005 ~	지방문화원 어르신문화 프로그램	한국문화원연합회 (문화부 지역전통 문화과)	- 어르신문화학교 - 찾아가는 어르신 문화학교 (어르신 강사 파견 등) - 문화나눔봉사단 - 문화동아리활성화 - 생활문화전승 - 세대공감한마당 - 우리마을문화로가꾸기 - 어르신인문학소풍 - 농어촌신바람문화사업 - 권역별어르신문화축제	- 2005년 10개 문화원, 10개 프로그램, 2억 4천만 원 규모의 시범사업으로 시작 (수혜자; 364명) - 2016년 268개 문화(원)시설, 391개 프로그램, 40억2,900만 원 규모의 사업 진행 (2015년 총 수혜사 14,042명)
2006 ~	사회 문화예술교육	한국문화예술교육 진흥원 (문화부 문화예술교육과)	- 노인복지관 문화예술교육지원사업 (연극,무용, 음악, 미술, 사진 5개 장르 예술강사 파견) - 노인 분야 문화예술교육지원사업 시범사업 (2014~/ 3개 지역센터 연계) - 청춘제 운영(2014~)	<2014년 지원사업 현황> - 총 190개 노인복지관 대상으로 145명 예술강사 파견 (수혜자; 5353명)
		광역문화예술교육 지원센터 (문화부 문화예술교육과 +지자체)	- 지역특성화 문화예술교육 지원사업 (노인대상 문화예술교육 실행단체 지원)	<2014년 지원사업 현황> - 총 지원 328건 중에서 노인 34건 지원 - 총 예산 57억 4,100만원 중에서 노인 3억 8천만 원 - 총 수혜인원 8,690명 중에서 노인 484명
2008 ~	어르신 특화 시민 문화예술교육	서울문화재단 (서울시)	- 꿈꾸는 청춘예술대학 (노인대상 문화예술교육 실행단체 지원)	<2008~2014 지원 현황> - 7년간 총 38억 원 규모 지원 - 7년간 총 160개 프로그램 지원 - 7년간 총 수혜자 수; 3,800명
2015 ~	인생나눔교실	한국문화예술위원회 (문화부 인문정신문화과)	- 인생나눔 멘토 양성 및 파견 운영사업 (군부대, 자유학기제학교, 지역아동센터, 보호관찰소)	- 2015년 총 4억 지원 예산 규모로 파일럿 방식의 사업 추진 중

종의 문화적 스타일(style)을 의미하는 문화형식이자 문화적 문법으로서의 양식(樣式)이다. 자유롭지만 고독하게 살려는 마음은 누구나의 욕망일 수 있지만, 누군가와 함께 사는 삶에서 필요한 세 가지 양식의 기반 없이는 이룰 수 없는 꿈이다.

이 세 가지 차원의 양식을 제대로 성찰하고, 적절한 예방적 사회정책을 만들지 못하면, 노년을 바라보는 시선과 마음의 습관은 여전히 '퇴적 공간'에 쌓인 퇴적물로서 노년의 삶을 보려는 것에서 쉽게 바뀌지 않을 것이다. 우리 시대 노년 문화에 관한 새로운 '멋론'의 문화예술교육이 필요한 것은 그런 이유 때문이다. 이 측면에서 볼 때, 두 번째 양식(良識)이 문화원의 〈어르신 문화예술프로그램〉을 비롯한 정책사업과 관련되고, 세 번째 양식(樣式)에 관한 담론 형성이 병행되어야 한다고 본다.

2014년 한국문화원연합회가 작성한 『2014 어르신문화프로그램 사업 평가 및 만족도 조사 연구』[4]는 지난 10년간 〈어르신 문화프로그램〉 운영 성과에서 도출된 주요 과제를 다음과 같이 제시한다. 무엇보다 노인에 대한 접근에서 시혜적(施惠的) 교육 방법을 넘어, 참여와 주체화에 대한 측면을 강조한다. 지원사업 참여 노인들을 대상으로 어르신 문화 활동가 및 문화 매개자로의 전환에 대한 현장에서의 실질적 요구와 가능성이 도출되는 것에서도 여실히 확인할 수 있다. 보고서는 '어르신 브랜드숍' 구축 관련 문화콘텐츠 생산자로의 전환에 대한 다양한 과제를 제안한다. 또한 지원 방식에서 기존 프로그램의 관성화를 탈피하고 피로도를 줄이는 동시에 다양한 실험들을 가능하게 하는 '기획공모'를 강화할 필요를 강조한 것도 이런 측면에서 이해된다. 프로그램 방법에서도 장르 구분보다는 융·복합적으로 접근해야 하며, 대상 설정에서도 청년 연계, 직장인 연계, 생애기술을 보유한 (예비)은퇴자, 지역 공동체(커뮤니티) 등 다른 세대와 통합할 수 있는 방안의 필요성을 제시한 점은 지방문화원이 적극적으로 참조해야 할 것이다.

다시 말해 노년 문화예술교육은 이른바 정책 공급자의 시선과 관점에서 과감히 벗어나야 하는 것이다. 노년 문화예술교육 정책의 경우 대체로 노년을 '위한(for)' 정책사업이 대부분이었다. 예술강사를 모집해 노인복지관 같은 사회복지시설에 파견하거나 갖은 프로그램을 공급하는 방식으로 진행되어온 것이다. 그러나 몇 개의 프로그램을 공급하고, 몇 명의 어르신들이 '수혜'를 입었다는 식의 숫자 위주의 성과지표가 노년 문화예술교육의 전부를 말해줄 수 있는가. 〈어르신 문화프로그램〉 사업 방향이 노년 스스로(by) 기획하고 교육을 진행할 수 있는 가능성을 더 많이 염두에 두고 추진해야 함은 물론이다. 그리고 노년의 삶에 대한(about) 담론 형성과 정책토론회가 꾸준히 진행되어야 함은 말할 나위 없다.

이와 관련해 수원시평생학습관이 스스로 배우고 도전하는 액티브시니어들의 베이스캠프를 표방하며 2015년 3월 25일 출범한 〈뭐라도학교〉(http://cafe.daum.net/3rd-Age) 이야기는 노년 스스로 노인을 위한 교육사업을 비롯해 다양한 사업을 진행한다는 점에서 참조할 만하다. 노년을 정의하는 개념 정립 자체가 어려운 만큼 〈뭐라도학교〉 출범이 쉬운 일은 아니었다. 〈뭐라도학교〉 사업의 핵심은 연령대의 특성과 지향에 맞는 강의 배치가 아니라 스스로 일어설 수 있는 의지와 토대를 만들어주는 것이다. 다시 말해 노년 스스로 내 안의 '사용가치'를 찾아가자는 것이라고 할 수 있다. 중장년층을 위한 맞춤형 교육과 커뮤니티를 표방하는 〈뭐라도학교〉의 특징은 1~2개 프로그램이 아니라 단계별 교육과 다양한 커뮤니티로 구성되어 있다는 점이다. 과정은 기본클래스, 전문클래스, 창작클래스로 나뉘며, 세부 과정으로 기본클래스인 〈인생수업〉과 전문클래스 〈사회적 경제 아카데미〉, 〈사회공헌 아카데미〉, 〈시니어 전문강사 양성과정〉, 〈우리들교실 강사 워크숍〉이 있으며, 창작클래스에는 〈기획강좌 월담〉, 〈우리들교실〉, 〈커뮤니티〉 등이 있다. 아직 첫발을 뗀 단계라 무수한 시행착오를 겪고 있지만, 일종의 '노노케어'로서 제 기능을 다하고 있다는 점을 빼놓을 수 없다.

충북 옥천 안남면과 안내면에서 진행하고 있는 〈어머니학교〉와 〈행복한 학교〉 이야기도 빼놓을 수 없다. 〈어머니학교〉를 수료한 79.2세의 할머니 20여 명이 쓴 시집 『날 보고 시를 쓰라고』를 보며 숙연했던 기억을 잊을 수 없다. 단순한 프로그램 공급 방식이 아니라 할머니들 스스로 성장해가면서 동아리를 형성하며 일상을 나누는 과정이 마음을 열고 관계를 발효하는 힘으로 작용했음은 말할 나위 없다. 당신들의 필요에 의한 강좌를 직접 개설하고 강사를 초빙해 진행하는 방식 또한 적극 참조되어야 한다.

그리고 간과할 수 없는 것은, 노년 문화예술교육 정책사업 또한 '노년들끼리만' 진행한다고 교육효과가 높은 것은 절대 아니라는 점이다. 이 점에서 교육 공간 구성의 변화를 상상하고 실행하려는 정책적 관심과 태도도 필요하다. 예를 들어 대전에 있는 커뮤니티센터 〈뿌리와새싹〉의 경우 노인과 아동이 함께 생활하는 노유(老幼)복합시설로서 각광받고 있다. 한화그룹의 자회사인 대덕테크노밸리가 신도시를 분양한 후 지은 이 커뮤니티센터는 노인과 아동이 함께 생활하며 나들이를 하고 텃밭을 가꾸는 등 자연스럽게 일상을 교류하고 있다. 내가 확인한 복합문화센터로는 경기도 화성시에 소재한 화성나래울의 경우를 꼽을 수 있다.

거듭 강조하지만, 어르신 대상의 문화예술교육에서는 온몸이 귀가 되는 수업이 이루어져야 한다. 그동안 어르신 대상의 문화예술교육은 '모두를 위한 문화예술교육'을 추구하는 데 치우쳤다 해도 과언이 아니다. 그러나 이제는 '한 사람을 위한 문화예술교육'의 형식으로 전환해야 한다. 다시 말해 노인 혹은 노년은 하나의 '덩어리'가 될 수 없고, 문화예술교육이란 노인 혹은 노년 일반을 대상으로 공급하는 사업이 아니기 때문이다. 이 점을 간과하면 항상 문제로 지적되는 기능 위주 교육에 빠지게 된다. 앞서 소개한 이옥남 할머니의 일기『아흔일곱 번의 봄여름가을겨울』은 한 사람의 개별성과 고유성에 주목한다는 것이 무엇을 의미하는지 생생히 보여주는 실체이다. 이를 위해서는 참여 어르신들과 '눈빛'을 주고받으며 '얼굴'을 알아가고 저마다의 '사연'을 알아가는 상호작용이 필요할 것이다. 그런 상호작용 과정에서 어르신들이 자신의 인생을 생각하며 '이야기주권(主權)'을 회복하게 되지 않을까 한다.

"인생 팔십줄. 사는 기 와 이리 재민노!"

2019년 1월 김재환 감독이 연출한 다큐영화 〈칠곡 가시나들〉을 관람했다. 경상북도 칠곡에 사는 '시쓰는 할매'들을 3년 동안 밀착해 찍은 다큐영화다. "인생 팔십줄. 사는 기 와 이리 재민노!"라는 글귀가 적힌 영화 포스터가 말해주듯이, 〈칠곡 가시나들〉은 한글을 처음 깨친 곽두조 할매를 비롯해 박금분·강금연·안윤선·박월선·김두선·이원순·박복형 할매들이 나날의 삶과 노동에서 글을 읽고 쓰고 시를 길어 올리는 과정을 잔잔하게 다루었다. 문해교실 주석희 선생과 한글공부를 하고, 나날의 삶과 일상 속에서 '몸으로' 시를 쓰는 과정이 스크린에 잘 담겨져 있다. 영화에도 소개된 바 있는 박월선 할매가 쓴 「사랑」이라는 시를 보자.

사랑이라카이

부끄럽따

내 사랑도

모르고 사라따

절을(젊을) 때는 쪼매 사랑해조대

그래도 뽀뽀는 안해밧다

_ 박월선 할매 시 「사랑」

맞춤법도 틀리고, 형식을 제대로 갖추지 못한 듯한 할매들의 시에는 독자들을 감동시키는 묘한 매력이 있다. 자의식의 잡음에 가까운 찬란한 잔재주가 없고, 꾸밈없이 자신의 감정을 표현한 데서 감동이 오는 것이다. 칠곡 할매들의 시에는 먹물들의 문어체가 아니라 살아 있는 입말[口語]의 세계가 오롯이 담겨 있다. 영화와 더불어 시집 『시가 뭐고?』(삶창, 2015)를 함께 보면 더 이해가 빠를 것이다.

『시가 뭐고?』 출간 과정에서 할매들이 쓴 600여 편의 시를 고르고 해설을 쓴 나는 「칠곡에는 문학할매들이 산다」에서 이렇게 썼다. "시집 『시가 뭐고?』는 '시 안 쓰는 시인들'이 펴내는 시집이다. 할매들은 대부분 '생애 처음' 시를 써본 분들이다. 어떤 분식(扮飾)도 없는 구체적인 생활 현장의 언어가 주는 묘미는 과연 시란 무엇인가 하는 묵직한 질문을 제기한다. 과연, 시인들이여, 시가 뭐고?" 할매들의 시는 그렇듯 기존 시단에 '시란 무엇인가?' 하는 유구한 질문을 던지며 신선한 파장을 주었다. 특히 누군가가 노년 세대를 대변하는 것이 아니라, 노년 스스로 연출하는 '노년문학/예술'의 가능성을 내장했다는 점에서 의미가 크다.

이 점은 시집 『시가 뭐고?』 출간을 전후해 경향 각지에서 할매들이 쓴 시집들이 꾸준히 출간되는 것에서도 알 수 있다. 내가 읽은 시집만 해도 다음과 같은 시집들이 있다.『날 보고 시를 쓰라고』(충북 옥천),『시집살이 詩집살이』(전남 곡성),『콩이나 쪼매심고 놀지 머』(경북 칠곡),『우리가 글을 몰랐지 인생을 몰랐나』(전남 순천) 같은 시집들이 그 목록을 이룬다. 이밖에도『내 친구 이름은 배말남 얼구리 애뻐요』(경북 칠곡)를 비롯한 문집 형태의 시집들이 여럿 출간되어 있다. 바야흐로 '문학할매'들의 전성시대인가.

'자기 민족지'를 구성하는 노년 문학/예술

최근의 이런 문화현상을 어떻게 읽어야 할까. 나는 나이 듦에 대한 성찰을 통해 '자기 민족지'를 구성하려는 노년 세대의 열망이 실현되는 중이라고 파악한다. 쉽게 말해 노년 세대에서 '자기에 대한 탐구'가 분명한 문화현상으로 나타난 것이다. 할매들이 쓴 시를 비롯해 유튜브에서 이른바 '실버인싸'들이 새롭게 각광받는 현상은 노년 문학/예술의 새로운 가능성을 지닌 문화 현상인 것이다. 기존 문단이나 예술계에 소속된 작가들이 주도하는 노년 문학/예술의 성취와는 전혀 다른 맥락에서 문화민주주의를 확장한다는 점에서 그러하다.

또 하나 간과할 수 없는 현상은 최근 출판가에 '에세이붐' 현상이 두드러진다는 점이다. 에세이스트 이다혜는 「에세이 시대의 글쓰기」라는 기고문에서 "읽고 쓰기, 혹은 쓰고 읽기는 어느 때보다 개인과 개인의 관계를 중심으로 발전하는 중이다"라고 진단한다. 이다혜 기자가 쓴『처음부터 잘 쓰는 사람은 없습니다』를 비롯해 백세희의『죽고 싶지만 떡볶이는 먹고 싶어』, 이영미의『마녀체력』같은 산문집들이 대중에게 인기를 얻는 데는 그러한 사회문화적 배경이 있다. 지식인을 비롯한 전문가의 "권위와 문자가 분리되고 있다"고 간주할 수 있다.

그러나 할매들이 쓴 시를 비롯한 노년 문학/예술은 최근 출판가에 부는 에세이붐 현상과는 다른 차원에서 주목해야 한다. 새로운 노년문화 형성과 강화를 위한 일종의 '문화운동'이 될 가능성을 지닌다는 점에서 그러하다. 이 점에서 프랑스 인류학자 마르크 오제가 자신을 인류학적 분석 대상으로 삼은 『나이 없는 시간』(플레이타임, 2019)에서 역설하는 나이 듦에 대한 새로운 이해와 제안은 한국 사회에서 충분히 참조되어야 한다. 그는 "사실 노년이란 건 따로 존재하지 않는다"고 전제하고, "시간은 자유를 뜻하지만 나이는 제약을 뜻한다"고 말한다. 오해 마시라. 이 말은 우리가 나이 들지 않는다는 뜻이 아니라, 몸과 마음이 노쇠해가는 중에도 일반적으로 이해되는 나이 듦과는 다르게 시간과 관계 맺을 수 있다는 뜻이다. 그가 유년 시절 고양이를 기른 경험을 토로하며 나이가 들수록 '고양이의 지혜'를 배우자고 하는 것은 나이 듦에 대한 새로운 인식의 전환을 촉구하는 메시지라 할 수 있다. 내 식으로 말하면, 노년의 시간에는 '뭔가를 하겠다'는 것보다는 '무엇인가를 함부로 하지 않겠다'는 마음과 태도가 더 중요하다는 의미로 읽힌다. 기존 시간과는 '다른 시간'을 재구성해야 하는 것이다. 그래야 다른 서사(敍事)도 재구성될 수 있다.

그런 점에서 칠곡 할매들을 비롯해 경향 각지에서 할매들이 쓴 시는 자신의 인생길을 성찰하며 새로운 이야기를 (재)구성하고자 한 문화활동이라는 점에서 의의가 있다. 나는 『시가 뭐고?』를 비롯한 할매들이 쓴 시에서 가장 인상적이었던 작품이 배움의 기쁨을 표현하는 '배움 시편'들이라는 점에 특히 주목하려 한다. 이런 배움 시편은 결국 사람의 격(格)에 대한 물음으로 이어지기 때문이다. 사람의 격은 어디서 오는가. ①남이 나를 어떻게 대하고, ②내가 남을 어떻게 대하며, ③나는 나를 어떻게 대하느냐에 달려 있다. 이 중에서 '나는 나를 어떻게 대하는가'가 가장 중요하다. 그런 점에서 박후불 할매가 쓴 시 「눈」에 등장하는 "심봉사도 나만큼 좋아했나"라는 표현은 한글공부 같은 배움의 과정이 노년기에 겪게 되는 역할 상실을 대체하는 새로운 '역할'로 작동하고 있음을 놓치지 말아야 한다.

누구나 시인이 된다는 것

누구나 시인이 되고, 누구나 글을 쓴다는 것은 매우 중요하다. 밀란 쿤데라는 「시인이 된다는 것」이라는 시에서 "시인이 된다는 것은/ 끝까지 가보는 것을 의미"한다고 말한다. 다시 말해 "행동의 끝까지/ 희망의 끝까지/ 열정의 끝까지/ 절망의 끝까지" 가보는 것이라고 강조한다. 그렇게 누구나 시인이 된다는 것은 자기 앞의 인생길에서 '끝까지' 가보는 과정이라 할 수 있다. 자기 자신을 설명할 수 있는 서사(敍事) 또한 거기서 형성되고 강화되는 것이다.

그런데 우리의 삶이란 실제 어떠한가. 개인이든 집단이든 나라는 인간이 어떤 인간이고, 어떤 이야기의 일부이며, 또 어떤 이야기의 주인공이고 싶어 하는지 모르고 사는 건 아닌가. 50+ 세대에 진입한 이른바 '신중년' 세대는 물론 노년 세대 또한 고령화 쇼크라는 장벽 앞에서 갈팡질팡하는 게 아닐까 싶다. 그리하여 고령화 쇼크라는 인류 역사상 처음 겪는 현상 앞에서 개인 차원에서건 집단 차원에서건 주저하며 자신의 삶을 설명할 수 있는 '이야기'를 아직 제대로 (재)구성하지 못하는 형국이다.

강원도 양양에 사는 이옥남 할머니의 농사일기 『아흔일곱 번의 봄여름가을겨울』은 자신의 민족지를 구성하며 다른 시간을 사는 노년 문학의 정수를 확인하게 한다. 특히 이 책은 나이 듦에 대한 태도와 감수성이 어떻게 달라져야 하는지를 스스로 증명한다. 항노(抗老) 혹은 안티에이징(anti-aging)의 길이 아니라, 나이 듦을 수용하고 긍정하려는 향노(向老)의 태도와 감수성이 더 중요하다. 향노(向老)의 길에서 나이 듦을 즐기는 향노(享老)를 찾게 되고, 궁극적으로는 나이 듦의 향기가 은은하게 우러나오는 향노(香老)의 삶이 되는 길을 적극 모색해야 한다.

다른 삶을 살고자 하고, 다른 시간을 (재)구성하고자 하는 이옥남 할머니의 건강한 시민적 욕망이야말로 새로운 노년문학/예술의 탄생 과정에서 중요하다고 생각한다. 우리 시대 새로운 노년문학/예술의 과제는 젊은 세대와 노년 세대 간에 그런 만남과 대화 속으로 확장하는 것이다. 누군가에게 눈길을 주고, 발길을 재촉하며 함께 서 있고자 하고, 누군가에게 먼저 손길을 내미는 행위에서 그런 멋진 '함께 살기'의 노년 문학/예술은 꽃 피우는 것이리라.

"나는
노인이 아니라
어르신이고 싶다"

치매(dementia)라는 말은 라틴어에서 유래된 말로, '정신이 없어진 것'을 의미한다. 최근 정부는 치매국가책임제를 표방하며 치매친화사회를 위한 사회적 기반을 구축하겠다고 밝혔다. 중증 치매환자의 의료비 부담 완화를 위해 건강보험에서 90%를 국가가 책임지는 '산정 특례 적용 계획'을 밝혔다. 환영할 만한 처사다. '인간은 인간에 대해 인간적이어야 한다'는 명제는 의료와 돌봄 부문에서 특히 실감되는 영역이기 때문이다. 사람을 문제로 보려는 시선에서 벗어나 존재로 전환하려는 사회문화의 형성과 정착이 요청된다. 그렇지 않고는 '세상에는 아무도 버릴 사람이 없다'는 인간존중의 가치를 실현하는 사회문화 형성은 불가능하다.

시설 중심에서 커뮤니티 케어로

우리 사회에서 사람을 '쓸모' 유무로 판단하려는 경향은 완고하다. 교육부 명칭이 '교육인적자원부'라는 이름으로 불리던 시절이 있었다. 아이들을 교육하는 목적이 '인적자원'을 양산하는 것에 있는가. 치매라는 말도 그렇다. 이 말을 들을 때마다 사람을 폄하하고 모욕하는 언어라는 인상을 지울 수 없다. 반(反)인권적이고 모욕적이고 차별적인 용어로는 자연스러운 노화에 대한 제대로 된 정의와 노인에 대한 새로운 이해가 불가능하다. 그런 반인권적인 용어로는 노인 혹은 치매환자에 대한 상상력의 개입을 허용하지 않기 때문이다. 치매라는 말을 지금 당장 폐기처분하자. '나쁜' 언어로는 오염된 우리의 생각을 바꿀 수 없기 때문이다. 치매라는 용어를 대체하는 용어로 '인지장애'가 꼽히지만 아직 정착되지 않았다.

치매친화사회는 어떻게 가능한가. 치매 환자를 돌보는 일본 마을의사 나가오 가즈히로와 돌봄 공무원 곤도 마코토가 문답 형식으로 정리한 『치매와 싸우지 마세요』(윤출판, 2017)는 제목 그대로 "치매와 싸우지 말라"고 주장한다. 저자들은 치매친화사회를 위해 인간중심돌봄 혹은 위마니튀드(humanitude) 같은 좋은 돌봄이 필요하다고 한다. 인간중심돌봄이란 환자 개개인을 존중하고 그 사람의 시점과 입장에서 이해하며 돌봄을 행하는 것을 의미한다. 사람(human)과 태도(attitude)의 합성어인 위마니튀드는 환자의 인격을 중시하는 돌봄을 뜻한다. 두 저자가 당사자인 환자 또한 '1인칭 연구회'가 필요하다고 주장하는 장면이 퍽 인상적이다. 자신의 인생을 다른 사람에게 맡기지 않겠다는 각오가 선 시민들이 늘어야 한다는 것이다.

우리나라의 경우 65세 이상 노인 10명 중 1명이 치매 환자로 추정된다. 무엇보다 빠른 고령화로 2024년에는 100만 명을 넘어설 것으로 추산

된다. 그러나 우리나라의 인지장애(치매) 환자는 아리셉트 처방을 비롯해 약물치료 위주의 처방을 받고, 요양원 같은 '시설'에 수용되는 경우가 대부분이다. 환자보다 가족을 우선하는 우리의 돌봄문화와 관련이 있다. 그러나 그렇게 할수록 환자들은 말할 상대가 더 없어지고, 다른 사람과의 커뮤니케이션도 기대하기 어려워지는 것은 아닐까. '치매 서포터 100만 명 캐러밴' 캠페인을 벌여 수백만 명의 회원을 확보하고, 오키나와 등 일부 지자체에서 '배회해도 괜찮은 마을 만들기' 프로젝트를 진행하는 일본 사례를 면밀히 참조해야 한다.

최근 들어 인지장애 환자를 위한 문화예술(교육) 프로그램 연구·개발 또한 활발하다. 문화예술 프로그램이 만능처방전은 아닐 것이다. '살면서 늙는 곳'을 표방하며 일본에서 돌봄문화의 패러다임을 바꾼 것으로 알려진 요리아이 노인홈(요양원)의 경우 문화예술 프로그램이 없고 생활 속의 재활을 기반으로 운영하고 있는 것으로 알려져 있다. 요리아이 노인홈은 인지장애 어르신들이 "안심할 수 있는 곳에서, 아는 얼굴과 살고 싶다"는 바람을 지역(동네)에 구현한 곳으로 유명하다. 노인을 맡아주는 시설이 아니라 보통 사람들이 더불어 즐거운 '일상'을 살아가는 공간인 것이다. 요리아이 노인홈을 비롯해 일본 노인복지기관을 탐방한 어르신사랑연구모임(어사연)의 최근 탐방 자료집(2018)에 따르면, 일본은 시설 중심에서 커뮤니티 케어로 급속히 전환하고 있다.

'병'만 보느라 '사람'을 잊지 말자

우리나라의 경우 인지장애 환자들과 함께하는 문화예술 프로그램 연구·개발은 아직 초보 수준이다. 이 점에서 미국 스노든 박사가 1986년부터 노트르담 교육수도회에 있는 75세~102세 수녀 678명을 대상으로 한 '수녀(修女) 연구'는 하나의 참조점을 제시한다. 수녀들은 일반인에 비해 100세를 넘기고도 정신이 맑은 경우가 많았는데, 그들이 사망한 후 뇌를 해부했더니 뇌에 알츠하이머 병변이 발견되었는데도 생전에 인지장애가 발생하지 않았던 사례가 여러 번 보고되었다고 한다. 뇌 병변과 인지장애가 반드시 일치하는 것은 아니라는 것, 알츠하이머 병변이 있더라도 뇌경색이 없다면 인지장애가 중증화되지 않는다는 것이 판명된 것이다. 그 원인이 뭘까. 수녀 특유의 강한 정신력에다 지지와 애정으로 형성된 상설 네트워크가 큰 요인인 것으로 추정된다.

위의 수녀 연구 케이스는 읽고 쓰고 묵상하는 '일상'의 중요성을 강하게 환기한다. 일본 마을의사 나가오 가즈히로 또한 생애 끝까지 현역 수녀로 활동했고, 충실한 일상이 마지막까지 보장되었기 때문이라고 풀이한다. 전통공연예술진흥재단이 2018년 하반기부터 전국 100개 요양원에서 20개 전통예술단체가 2천여 명의 인지장애(치매) 어르신들을 만나 작은 공연을 한 것 또한 인지장애 환자들의 '불안'을 없애고 일상의 '생활'을 회복하는 과정으로 이해될 수 있다. 아리랑과 자장가 같은 노래를 부르고, 다듬이질과 간단한 춤을 추는 등의 공연을 위주로 한 프로그램은 인지장애 환자에게도 무엇인가 할 일이 있다는 것을 환기하는 문화적 과정이었다. 인지장애 어르신들이 몸에 각인된 '민요와 장단'을 되살려 어깨춤을 추는 등의 작은 변화들을 보인 점에서도 알 수 있다. 이러한 문화예술(교육)의 효과는 2018년 한국문화예술교육진흥원에서 금천구 치매안심센터와 함께 진행한 시범사업에 참여한 경도인지장애 어르신들이 『동의보감』 원리에 근거한 요가를 하고, 〈춘향진〉과 〈변강쇠전〉 같은 판소리소설과 인문고전을 큰 목소리로 낭독하는 프로그램에서도 확인된다. 앞으로 〈춘

향전〉 같은 인문고전을 큰 목소리로 낭독하며 내 안의 '에로스(eros)'적 요소를 부활시키는 것 또한 필요해 보인다.

물론 인지장애(치매) 어르신을 대상으로 한 문화예술(교육) 프로그램의 활성화를 위해서는 문화예술(인)만의 노력으로는 어렵다. 치매안심센터를 비롯한 사회복지사들과의 소통이 더 강화되어야 한다. 문화예술인들은 인지증 관련 기관 담당자를 비롯해 사회복지 행정인력들과의 소통에서 특히 어려움을 겪는 것으로 나타났다. 문화예술(교육) 프로그램을 서비스 전달체계로 이해하는 사회복지사를 대상으로 한 권역별 워크숍을 진행하면서 상호이해 과정이 필요하다. 문화예술(교육)의 사회적 효과에 대한 현장 사회복지사들의 이해가 전제되지 않고서는 프로그램의 실제적인 효과를 거두기 어렵다. 영국의 예술 자선단체인 매직 미(Magic Me)의 경우, 기업 후원을 받아 예술가들을 요양원에 몇 달씩 '레지던스' 지원하는 프로그램 또한 참조할 만하다. 우리처럼 한두 차례 공연하는 프로그램이 아니라, 세대 간 연결을 촉진함으로써 더 안전한 공동체를 만들고 있는 매직 미의 교육효과는 단발성 사업에 치중하는 우리에게도 시사하는 바가 적지 않다.

결국, '인지증(치매)에 걸려도 괜찮다'는 인식을 공유하는 사회를 만드는 것이다. 그리고 그런 사회적 환경을 만들어야 한다. 일본의 요리아이 노인홈이 왜 우리처럼 문화예술 프로그램을 진행하지 않는지도 검토가 필요한 대목이다. 어르신들이 원하지 않는 프로그램을 진행하는 것이 능사는 아니기 때문이다. 잊지 말아야 할 것은 '사람'이다. 인지장애 환자는 '사람'이지 '병' 그 자체가 아니기 때문이다. 인지장애 환자의 개별성을 중시하고, 생활 중심으로 바라보는 관점으로 전환하는 것은 하루아침에 이루어지지 않는다. 사람을 하찮게 여기고, 인지장애 노인을 쓸모없는 삶이라고 여기는 우리의 돌봄문화를 비판적으로 돌아보아야 한다. 그런 사회에서는 우리의 미래도 밝지 않다. 2018년 현장 모니터링 당시 어느 경도인지장애 어르신이 "나는 노인이 아니라 어르신이고 싶다"고 한 말이 귓전에 맴돈다. 이 말은 '우리를 빼고 우리 일을 결정하지 말아요'라는 표현이리라.

정원에

구현한

작은 '월든'

_ 영화 <인생 후르츠>(Life Is Fruity, 2017)

"홍시여 잊지 말게/ 너도 젊었을 때는/ 무척 떫었다는 것을."

영화 <인생 후르츠>(Life Is Fruity, 2017)를 보고 난 후 가장 먼저 일본 작가 나쓰메 소세키(夏目漱石, 1867~1916)가 쓴 이 하이쿠(俳句)가 떠올랐다. 인생을 '홍시'로 비유한 이 하이쿠는 영화 <인생 후르츠>의 기획 의도와 썩 잘 어울린다. "오래 익을수록 인생은 맛있다!"라는 <인생 후르츠>의 메시지에서 보듯이 인생이란 열매가 잘 익어가는 것과 다를 바 없다는 비유를 확인할 수 있기 때문이다. 이 점은 여러 차례 영화에서 내레이션으로 되풀이되는 메시지에서도 확인할 수 있다. 가령 "바람이 불면 낙엽이 떨어진다. 낙엽이 떨어지면 땅이 비옥해진다. 땅이 비옥해지면 열매가 열린다. 차근차근, 천천히"라는 대사는 우리네 인생에서 나이 듦에 대한 메타포라고 보아도 무방할 듯하다.

영화 <인생 후르츠>는 90세 건축가 할아버지 츠바타 슈이치와 87세

'슈퍼 할머니' 츠바타 히데코 부부 이야기를 잔잔하게 다룬 다큐영화다. 두 사람 나이를 합치면 177세인 이 부부는 50년 동안 살아온 집 정원을 자신들만의 작은 숲으로 만들었다. 과일 50종과 채소 70종을 키우며 살아가는 노부부의 일상은 슬로 라이프의 삶 자체라고 보아도 좋다. 한마디로 자기 집 정원에 구현한 '월든(Walden)'이라고 해도 좋으리라. 헨리 데이비드 소로가 구현한 월든과 다른 점이 있다면, 이들 부부는 혼자 고립되어 산 날보다 함께 산 날이 훨씬 길고, 자신들이 꿈꾸는 이상을 정원에 직접 구현했다는 점이다.

장소의 에로스를 위하여

〈인생 후르츠〉 속 노부부는 자연결핍증후군을 온몸으로 앓고 있는 현대인과는 전혀 다른 삶을 살고 있다. 누구나 자연에서 살아가는 삶을 갈망하며, 그런 사실을 너무나 잘 알지만 좀처럼 행하지 않으며 하루살이처럼 살아간다. 혹은 〈나는 자연인이다〉처럼 혼자 세상과 등진 채 '퇴각'하는 삶을 살아간다. 그래서 번아웃을 온몸으로 앓는다. 주말이면 국내외 명승지를 찾아 여행하지만, 자연은 정복과 소비의 대상 이상도 이하도 아니다. 이른바 '생태관광'이라는 이름의 여행 열풍에 대해 《녹색평론》 발행인 김종철 선생이 『근대문명에서 생태문명으로』(녹색평론사, 2019)에서 "요즘엔 많은 사람들이 작별을 고하려는 듯이 허무주의적 태도로 야생의 자연을 소비하고 있다"고 비판하는 것도 무리는 아니다.

그렇다. 우리는 자연을 소비의 대상으로 '소비'할 뿐이다. 우리는 자연에서 녹색 회복탄력성(green resilience)을 찾을 수 있다는 점을 잘 일지만, 그것은 어디까지나 철저히 관조의 소비 대상인 선에서만 그러하다. 몸과 마음 자체가 이미 철저히 자연 혹은 자연적인 것과 '저만치' 멀어졌기 때문이다. 그래서 우리는 자연 그 자체의 경이로움을 망각한다. 그 결과 장소의 에로스를 잃어버린 채 초라한 '경제동물'이 되어버렸다. 예를 들어 어느 나무를 보고 나무의 아름다움을 발견하는 것보다는 '저 나무 자르면 책상 몇 개 나오겠는데'라고 생각하는 것을 당연시한다. 예를 들어 '4대강 살리기'라는 이름으로 아름다운 강을 파헤치고, 아름다운 제주의 비자림이 톱날에 베어지며 전국 연안의 갯벌이 메워지는 것을 '발전'이라고 생각하는 마음의 문화를 견고히 한다.

지금 당장 '장소의 에로스(eros)'를 부활시켜야 한다. 〈인생 후르츠〉에서 가장 부러웠던 것은 이 작은 숲이야말로 장소의 에로스가 생생히 살아 있는 장소라는 점이었다. 노부부는 이 작은 숲에서 모든 일을 스스로 꾸준히 행한다. 텃밭을 일구고, 정원의 갖은 열매와 채소를 따서 복숭아 조림·푸딩·체리 요구르트·훈제 베이컨 등을 만들어 사람들과 나누는가 하면, 돈보다 '사람'이 더 중요하다는 믿음으로 사람들과 시시콜콜한 관계를 꾸준히 이어간다. 한 장소에, 한 집단에, 한 공동체에 자신이 소속되어 있고 거기에 전념할 때, 인간은 자신이 무엇과 이어져 있다는 느낌을 갖게된다. 노부부가 "뭔가를 만들어내는 장소를 물려주고 싶다"며, 낙엽을 모아 텃밭에 거름 주며 '좋은 흙'을 만들기 위해 애쓰는 모습에서 그런 모습을 확인할 수 있다. 인도 사상가 사타쉬 쿠마르가 말한 것처럼, 흙(soil)에 대한 노부부의 사랑은 결국 우리 영혼(soul)과 사회(society)로 확장되는 것이리라. 3S가 하나로 이어지는 것이다.

특별한 사건이 없는 다큐영화지만, 건축가인 남편 츠바타 슈이치의 작은 변화가 퍽 흥미롭다. 도쿄대를 졸업한 엘리트 출신 남편 츠바타 슈이치는 젊은 시절 일본주택공단 창설 멤버로 활동했다. 패전 후 경제개발이 우선이던 1960년대 일본에서 나고야 외곽에 조성된 고조지 뉴타운 설계에 참여하는 등 경제개발정책에 적극 참여한 것이다. 그러나 뉴타운은 츠바타 슈이치의 설계대로 지어지지 않았고, 고조지의 산 또한 원형을 잃고 무참히 파괴되어 평지가 되었으며, 그곳에는 8만 호라는 대규모 주택단지가 건설되었다. 이후 조직 생활을 그만둔 건축가 부부는 1975년 토지 300평을 사서 15평짜리 집을 짓고, 나머지 땅에는 나무를 심고 농작물을 심어 작은 숲을 가꾼다. 좀처럼 앞에 나서지 않는 남편과 노부부의 성격이 그대로 반영된 '시크릿 가든'이라 해야 할까. 그는 말한다. "내가 가진 작은 땅으로 작은 숲을 만들면 남들도 그렇게 하지 않겠느냐"고. 이 말은 헨리 데이비드 소로가 '행복이란 무엇인가'라는 유구한 질문에 '간소, 자립, 관대, 신뢰'라는 네 단어로 말한 맥락과 잘 통한다고 할 수 있으리라.

물론 노부부가 구가하는 슬로 라이프의 삶이란 매달 32만 엔씩 연금을 받기 때문에 가능한 것 아니냐고 트집 잡을 수도 있다. 그러나 그 정도 연금을 받는 모든 은퇴자가 〈인생 후르츠〉 속 노부부처럼 작은 숲을 일구며 사는 것은 아니라는 점에서 이들 부부의 삶이 폄훼되는 것은 아니다. 영화에서는 일본주택공단 퇴직 이후 남편이 건축가로서 어떻게 살았는지 자세히 나오지는 않지만, 건축을 대하는 태도가 달라졌음을 알 수 있는 대목이 나온다. 자연과 공존하는 정신병동을 설계해달라는 의뢰를 받고 인생의 마지막 정열을 불태우다 채 완공을 보지 못하고 죽음을 맞게 되는 모습이다. 정신병동의 담당자와 아내의 대화에서 "집은 삶의 보석상자"라고 생각했던 건축가 남편의 인생철학을 확인하는 것은 영화를 보는 작은 즐거움이다.

자연 없이 문화 없다

우리는 자신의 존재가 특정 장소에 단단히 결합되어 있을 때 행복한 삶을 누릴 수 있다는 점을 모르지 않는다. 그러나 우리네 삶은 경제발전이라는 공허한 미래주의에 현혹되어 무엇을 위한 것인지조차 모르고 '더 높이, 더 멀리, 더 빨리' 어딘가로 가는 삶이야말로 성공한 삶이라는 망상에 사로잡혀 산다.

그러나 나와 당신은 무엇을 위해 어디로 가고 있는가? 국민소득 3만 달러를 돌파한 시대에 오늘의 밥은 물론 내일의 밥도 보장받을 수 없는 불안노동자가 급증하고, 한 곳에 뿌리내리지 못한 사람들이 깊은 마음의 질병을 앓고 있는 것은 아닌가. 과연 어디서 희망을 찾을 수 있을까. 근대의 저주는 '뿌리 뽑힘'에 있음을 직시해야 할지 모른다. 존재의 뿌리가 뽑힌 자들의 영혼은 불안할 수밖에 없다. 시장이 신(神)으로 숭배되고, 자연은 착취해야 할 '자원'으로밖에는 취급되지 않는 사회가 추구하는 근대화란 극도의 '정신의 빈곤'을 낳는 것은 아닌지 자문해보아야 한다.

어느 시인은 말했다. 생명의 반대는 죽음이 아니라 '무관심'이라고. 장소의 에로스가 완벽히 사라진 자연 앞에서 우리의 눈과 귀는 자연의 소리를 잘 듣고 있는가. 산불로 잿더미가 된 강원도 산하를 보며 비통한 마음을 느끼는가. 보(洑)로 막힌 강물이 얼마나 흐르고 싶어 하는지 아는가. 전기 톱날 앞에 선 제주의 비자림이 울부짖는 침묵의 소리를 들을 줄 아는 눈과 귀가 있는가. '잘 듣는' 것이야말로 자연에 대한 예의와 두려움을 생각하는 마음이다. 지금 여기 문화예술교육이 놓치지 말아야 할 감각이 바로 여기 있다고 믿어 의심치 않는다.

그런 점에서 후시하라 켄시 감독이 연출한 다큐영화 〈인생 후르츠〉

는 자연을 대하는 우리의 마음이 어떠해야 하는지, 잘 익은 '후르츠'처럼 잘 나이 든다는 것은 무엇이어야 하는지에 대해 잔잔하지만 깊이 있는 영상을 제공한다고 생각한다. 키키 키린이 여러 번 내레이션하는 영화에서 "차근차근 천천히"라는 대사가 묘한 중독성을 띠며, 우리 안의 그런 에콜로지의 마음을 일깨우는 듯하다. 차근차근 천천히, 작은 새들을 위한 웅덩샘을 만들고, 스스로 할 수 있는 일을 하다 보면 여러 길이 보이게 된다는 노부부의 메시지는 무엇이 좋은 삶인지에 대해 암시하는 바가 적지 않다.

하나 아쉬운 점을 지적하자. 타이완에서 저자 사인회를 마친 건축가가 20대 시절 타이완 해군기지 공장에서 함께 일한 친구 천칭순(陳淸順)의 묘를 찾아 옛 일본 군가를 부르는 장면이다. 묘비 옆 땅을 파고 옛 친구가 새겨준 도장을 묻어주며 "잘 가요, 천 군!"하며 작별을 고하는 장면을 나는 아름답게만 볼 수 없었다. 일본제국주의 시절 군가를 부르며 옛 친구를 회상하는 장면에서 소위 '계속되는 식민주의'(서경식)의 문제가 여전히 현재진행형이라는 점을 확인했다면 지나친 억측일까. 어쩌면 건축가의 뇌리에는 일제 시절의 경험이란 젊은 날 겪게 되는 '통과의례'쯤으로 각인된 것은 아닌지 의심하게 된다. 물론 이 영화가 옛 식민지 문제를 성찰하는 영화는 아니라는 점을 모르지 않는다. 영화를 보고 난 뒤 이 장면이 잔상으로 남아 있는 것을 '피해자의식'이라고 치부할 수만은 없으리라고 생각한다.

그럼에도 〈인생 후르츠〉는 '자연 없이 문화 없다'는 점을 잘 보여주는 웰메이드 영화다. 노부부가 자기 집 정원에 구현한 작은 '월든'은 우리가 이 세상에 잠시 살면서 가장 잘하는 일은 '나무'를 심는 일이라는 점을 나직한 목소리로 강력히 환기한다. 그래서 "살아 있는 한 최선을 다하고 싶습니다"라는 아내의 말에서 나는 진진한 감동을 빚는다. 이 말에서 "살아 있는 한 살아 있는 것들의 편(便)이 되어" 살고자 했던 이바라키 노리코의 음성을 듣는다. 문화예술교육 또한 살아 있는 것들의 '편(便)'이 되는 경험과 무관하지 않을 것이다. 그것은 자연을 정복과 착취의 수단으로 보지 않는 감각의 부활에서 시작한다. 비 온 뒤 쑥쑥 자라는 죽순을 보며 경이로운 마음으로 "죽순아, 잘 자라렴!"이라고 말할 줄 아는 감각에서 시작되는 것인지도 모른다.

1) 고영직·김찬호·조주은, 『당신의 이야기는 무엇입니까』, 서해문집, 2018, pp.59-60.

2) 얀테의 법칙은 노르웨이 소설가 악셀 산데무세(Aksel Sandemose)의 소설 『도망자는 지나온 발자취를 다시 밟는다』(1933)에 등장하는 마을인 '얀테(Jante)' 사람들이 지키는 11개 법칙이다. 사람은 모두 같으며, 우리는 서로를 위하여 태어났다는 점을 역설하는 평등주의 원칙이라 할 수 있다. 북유럽 사람들이 일상생활에서 자주 쓰는 말로는 '라곰(lagom)'과 '얀테라겐(jantelagen)'이라고 한다. 라곰은 더하지도 덜하지도 않은 적당함을 의미하며, 얀테라겐은 평등주의이다. 세부 항목은 다음과 같다. ①당신이 특별하다고 생각하지 말라, ②당신이 남들과 같은 위치에 있다고 생각하지 말라, ③당신이 남들보다 똑똑하다고 생각하지 말라, ④당신이 남들보다 나은 위치에 있다고 생각하지 말라, ⑤당신이 남들보다 많이 안다고 생각하지 말라, ⑥당신이 남들보다 중요하다고 생각하지 말라, ⑦당신이 모든 것에 능하다고 생각하지 말라, ⑧남들을 비웃지 말라, ⑨아무도 당신을 신경 쓰지 않는다, ⑩다른 사람을 가르치려 하지 말라, ⑪당신에 대해 우리가 모른다고 생각하지 말라.

3) 추미경, 「노인 문화예술교육 추진동향 및 이슈」, 『2015 서울예술교육포럼 노년의 삶과 문화예술교육』 자료집, p.23.

4) 신동호 외, 『2014 어르신문화프로그램 사업평가 및 만족도조사연구』, 2014, 한국문화원연합회.

제6장 북리뷰

'세계감'을 위한
예술교육

○ '세계감(世界感)'을 위한 예술교육

덧글 너덜너덜해진 나와 당신의 삶을 위하여

○ 말은 가르치지만, 행동은 감동하게 한다

○ 민주적 환경이 민주주의교육 낳는다

○ '케미의 정석' 이오덕과 권정생

○ '공유인 되기'는 지역을 구원할 수 있는가

칼럼 '거룩한 바보'를 위하여

○ '세계감(世界感)'을
   위한
   예술교육

'4·16' 세월호 참사 이후 예술(교육)은 무엇을 할 수 있는가. 미국 작가 수전 손택이 "문학은 더 큰 삶, 다시 말해 자유의 영역에 들어가게 해주는 여권(passport)"이라고 한 말이 떠오른다. 여기서 '문학'이라는 말 대신 '예술(교육)'이라는 단어를 넣어도 무리 없을 것이다. 수전 손택이 역설한 것처럼, "아름다움에 압도되는 능력은 놀라울 정도로 억센 것"이라는 오래된 믿음이야말로 지금 여기 필요한 감수성이라고 확언할 수 있기 때문이다. 아름다움에 대한 믿음은 어느 시인이 "지금 우리에게 필요한 것은 세계관(世界觀)이 아니라 '세계감(世界感)'"이라고 한 표현과도 통하는 어떤 것이리라. 이문재 시인이 쓴 「오래된 기도」라는 시를 세월호 참사 이후 자주 들여다보던 것도 그런 '세계감'을 기르는 감수성의 혁명이 필요하다는 내 생각과 무관하지 않다. 나는 "가만히 눈을 감기만 해도/ 기도하는 것이다"라는 이문재 시인의 표현에 자주 울컥하곤 했다.

우리는 세월호 참사 이후 어떻게 살아야 하는가 하는 물음을 자주 던져야 한다. 교육 현장에서 이러한 물음이 특히 필요하다. 그러나 세월호 참사 이후 교육 현장에서 갈수록 '안전 신화'는 견고해지고 있고, 이른바 각자도생(各自圖生)의 처세술이 자녀교육이라는 이름으로 적극 유포되고 있다는 의문이 든다. 학교 안팎의 교육 현장이 갈수록 경화(硬化)되는 현상은 무엇을 말하는가. 2014년 5월 복수의 여야 국회의원들이 〈수영교육 활성화 방안 토론회〉를 개최하려다 취소한 사건을 보라. 토론회를 알리는 포스터 문구에 세월호 참사를 "근본적으로 고민하는 자리"라는 문구를 보고 나는 기함하는 줄 알았다. 나만 그랬던 것은 아니었으리라.

그러나 이것은 단순한 실수도 아니고, 단순한 해프닝은 더욱 아니다. 우리는 이 체제 '바깥'을 전혀 사유하지 못하고, 전혀 상상하지 않으려는 후천적 상상력 결핍 증후군을 심하게 앓고 있는지도 모르겠다. 이런 세상에서 세상 자체가 위험한데 내 아이는 안전할 수 있다고 믿는다는 것은 일종의 정신승리법에 불과하다. 지금 여기 유포되는 각자도생의 처세술이란 실상 지배 세력에 의해 언제든지 '각개격파' 당하기 쉬운 통치술의 한 형태라는 점을 잊어서는 안 되는 이유가 여기 있다. 아이들 내면의 야성(野性)의 힘을 복원하려는 문화예술교육이 필요한 것은 어쩌면 당연하다. 거푸집으로 형상을 뜨듯 판에 박힌 아이들을 대량으로 주조(鑄造)하는 지금의 교육 시스템에서 벗어날 수 있는 방도를 적극적으로 찾아야 한다. 2014년 6·4 지방선거에서 진보 교육감들이 여럿 당선된 것은 그런 변화의 열망을 반영한 것이라 할 수 있다. 그렇다, 교육 현장이 변해야 한다. 저 예루살렘의 아이히만은 당시 세계 최고의 지적 수준을 자랑하던 독일 공립학교에서 수학한 인재(人才)였다는 점을 잊어서는 안 된다. 그런 인재(人才)들이야말로 인재(人災)라는 사유의 전환이 요구되는 것 아닐까. 그래서

"아니오"라고 말할 수 있는 작은 용기를 갖추고, 예의 '세계감(世界感)'의 감각을 느낄 줄 아는 아이들을 생각하는 문화예술교육 과정이 절실히 요구되는 것인지도 모르겠다.

철학자 고병권 식으로 말하자면, 그런 아이들은 '야만인'의 덕목을 갖춘 사람이라고 할 수 있을 법하다. 고병권은 산문집 『철학자와 하녀』(메디치미디어, 2014)에서 「야만인을 기다리며」라는 카바피(1863-1933)의 유명한 시를 인용하며 "너는 애국시민을 원하니? 나는 야만인을 기다린다."라고 말한다. 카바피의 시에 등장하는 야만인이란 로마제국을 멸망하게 한 역사 속 야만인들이라 할 수 있다. 그러나 고병권은 이 시의 의미를 전혀 다른 방식으로 전유한다. 나와 우리 자신을 동일자의 지옥에서 벗어날 수 있게 하는 진정한 타자로 인식하는 것이다. 로마제국 시민들이 야만인의 도래 앞에서 비로소 자신의 동일자로서의 한계를 자각하고, 제국(帝國)의 불가능성 자체를 되묻게 된 것처럼! "그들의 도래는 법과 권력의 정지이자 학자와 웅변가의 침묵이다"라고 쓴 표현에서 고병권이 왜 야만인론을 역설하는지 여실히 알 수 있다.

"법이 멈추고 말이 멈추는 시간, 법(혹은 문법)의 외부 지대에 서게 된 시간. 나는 카바피의 야만인들을 벤야민의 메시아처럼 느꼈다."라는 표현이 과장이 될 수 없음을 나는 세월호 참사를 겪은 후 직시하게 된다. 지금 여기의 폐허를 응시하려면 그런 강력한 마음의 힘과 새로운 습관이 형성되는 과정이 필요한지도 모르겠다. 고병권이 마이클 샌델 식 정의(Justice)론보다 니체 식 비르투스(virtus)의 의미를 더 강조한 맥락 또한 여기 있을 법하다. 니체의 비르투스의 의미는 지금 여기 문화예술교육에서 요청되는 핵심적인 덕목이라고 보아도 좋을 것이다.

도대체 덕이란 무엇인가? 니체의 입을 빌리자면, 진정한 힘, 비르투스는 내게 닥치는 운명(fortuna), 그 우발성에 기꺼이 자신을 여는 것이고, 그 것을 기꺼이 다루려는 힘과 의지이다. 비르투스는 통제할 수 없는 운명과 의 싸움이 아니라 그 운명에 대한 사랑이다. 그것은 친숙한 것에 대한 사 랑이 아니라 낯선 것, 내게 운명처럼 나타난 타자에 대한 사랑이다. 우발 적으로 닥치는 타자에 귀 기울이고 자신을 기꺼이 개방하려는 의지와 힘 속에서 공동체는 유덕해지고 정의로워진다.

고병권은 이 책에서 "철학은 지옥에서 하는 것이다"라는 명제를 제 시한다. 이 명제의 의미에 대해 지금 여기 문화예술교육 현장 또한 더 적 극적으로 숙고해야 한다. 철학의 경우에만 지옥에서 하는 것은 아니라는 자각과 개안(開眼)이 필요하다는 의미에서 그러하다. 고병권이 노들장애인 야간학교 교육 사례를 분석하며 '배움 이전의 배움'의 의미를 적극적으로 사유하고, "머리에 타는 불을 끄듯 공부를 하라."라고 한 대혜 스님의 말 을 인용해 새로운 '공부론'을 강조한 것도 지옥에서 철학하는 의미를 구체 적으로 표현한 비유다. 특히 「'곁에 있어 줌'의 존재론」이라는 짧은 에세이 를 보며 큰 일깨움을 얻었다는 점을 고백하려 한다. 그의 말을 들어보자. "'있어줌'. 이 말에서는 '있음'과 '줌', 다시 말해 '존재'와 '선물'이 일치한다. (중략) 그러니 '있음'이 곧 '줌'이다. 존재가 선물이라는 것이다." 쉽게 말해 "나를 너에게 선물하자"라고 하는 '있어줌'의 존재론은 결국 우리 시대 '교 사론'의 의미와 통한다고 보아도 좋을 법하다. 미국의 위대한 교사 조너선 코졸의 『교사로 산다는 것』(양철북, 2011)이 우리 문화예술교육 현장에서 음 미되어야 하는 이유가 여기 있다.

조너선 코졸은 이 책을 비롯해 여러 책에서 '교사론'을 역설한 진정한 교육자다. 1965년 수업 시간에 인종차별에 저항한 흑인 시인 랭스턴 휴즈 의 시를 읽어주었다는 이유로 학교에서 해고되는 등, 특히 빈곤층 아이들과 수십 년 동안 교육을 진행해온 교육자로 잘 알려져 있다. 1985년부터 가난한 아이들의 영혼을 말살하는 뉴욕 도심의 죽음의 수용소 같은 학교를 찾아 25년간 아이들과 인연을 맺어온 과정을 기록한 『희망의 불꽃』(열린책들, 2014)이 국내에 소개되었다. 조너선 코졸은 교과서의 감옥에서 벗어나는 불복종교육을 실천하는 교사론을 역설한다. 저마다 (문화예술)교육 현장에서 특정 유·무형의 관습들과 제도들에 순치되지 않으며, 재미를 위한 상상력의 혁명을 구현하려는 교사의 중요성을 강조하는 것은 아무리 강조해도 지나치지 않으리라.

이 점에서 영국 작가 D. H. 로렌스(1885-1930)의 시집 『제대로 된 혁명 (A Sane Revolution)』에 나오는 시들의 의미가 간단치 않으리라고 생각한다. 로렌스는 누구보다 근대의 제도와 습속 자체에 근본적으로 저항하려 한 작가다. 로렌스는 저 하늘의 '초월성'에 의존하지 않으며, 나와 우리 안의 '내재성'에 눈뜨려는 강렬한 충동과 새로운 사유에 대해 역설한다. "하느님이 태어날 때까지 하느님은 존재하지 않는다."(「하느님은 태어난다」)라는 표현에서 그의 예술정신을 여실히 짐작해 볼 수 있다. 그리고 「돈을 없애라」, 「제대로 된 혁명」 같은 시들에 깃든 로렌스의 전복적인 시정신이야말로 새로운 사회문화의 궤도에 진입하려는 상상력의 수원지가 되기에 충분하리라고 생각한다. 우리는 그동안 너무나 자주 돈이라는 '마몬'을 숭배하지 않았던가.

로렌스가 역설하는 "재미를 위한 혁명"은 지금 여기 문화예술교육이 표방하는 궁극적인 가치와 통한다. 그것은 자유를 향한 교육이다. 탐욕, 몰염치, 무책임은 우리 시대의 병통이 아니던가. 협박 경제를 속성으로 하는 이런 시대에 질서 바깥을 사유하고 성찰하는 문화예술교육을 고민하고 실천해야 한다. 그렇지 않는 한, 우리 자신은 물론 우리 아이들의 미래 또한 더 암울해질 것은 자명하다. "모든 것은 이전처럼 계속되어야 한다"라는 슬로건을 부여잡고 있는 사람은 여전히 우리 사회 지배 세력이기 때문이다. 그런 사회에서 당신은 행복하신가? 우리는 행복하기 위해 이 지상에 태어난 존재들이 아니던가. 이 변화의 과정에서 문화예술교육이 사유와 성찰 측면에서 새로운 '전복'의 가치를 구현하는 상상력의 지렛대 구실을 하기를 희망한다. 몸과 마음을 다해 '세계감'을 생각하는 아이들이 탄생하는 한, 여전히 희망을 품어도 좋을 것이기 때문이다.

조너선 코졸의 감동적인 말로 글을 맺고자 한다. "학생의 기억에 가장 오래 남는 수업은 공책에 필기한 내용도 아니고, 교과서에 인쇄된 궁색한 문장도 아니다. 그것은 수업하는 내내 교사의 눈빛에서 뿜어져 나오는 메시지다." 우리 문화예술교육 현장에는 교사의 빛나는 눈빛들이 더 많아져야 한다.

너덜너덜해진
나와 당신의
삶을 위하여

　'4월 16일' 이후 우리 일상은 파괴되었다. 그날 이후 너덜너덜해진 우리는 좀처럼 일상의 감각을 회복하지 못하고 있다. 단 한 사람이라도 생존자가 귀환하기를 온 마음으로 기도했지만, 그런 '기적'은 일어나지 않았다. 2014년 4월은 부서진 4월로 기록될 것이다.

　이런 나의 마음을 위로해준 것은 책이다. 독일 시인 베르톨트 브레히트의 시를 읽었고, 아우슈비츠 강제수용소에서 극적으로 귀환한 생존자들의 기록을 찾아 문장과 문장 사이를 눈과 손으로 더듬었다. 프리모 레비의『이것이 인간인가』, 장 아메리의『죄와 속죄의 저편』, 빅토르 프랑클의 회상록『책에 쓰지 않은 이야기』그리고 파울 첼란의 시집『죽음의 푸가』같은 책들이다. 고통스러울 때는 자신이 처한 상황보다 더 고통스러운 경험을 한 사람들의 이야기를 읽어야 진짜 위로가 된다는 경험적 진실 때문이다. 고2 때 셋째형이 자살한 후 막막했던 청소년 시절에 체험한 나의 별난 독서 치료는 지금도 계속되는 셈이다. 그 시절 나를 구원한 것은 중국 작가 루쉰의 문장들이다. "아이들을 구해야 한다"라는 「광인일기」의 마지막 문장을 읽을 때의 충격이 지금도 생생하다. 세월호 침몰 사건은 광인의 식인(食人) 공포증이 전혀 기우가 아니었음을 말하고 있다.

고통에 처한 사람들을 위로하고 작은 용기를 줄 수 있는 우리의 언어 목록은 빈약하다. 차라리 침묵하는 편이 나을 수 있다. 나와 당신은 이 점을 모르지 않는다. 아우슈비츠 강제수용소에서 생환한 사람들의 책을 찾아 읽는 것도 그런 이유와 무관하지 않으리라. 그들의 글쓰기에는 언어절(言語絶)의 참사를 겪은 사람 특유의 '화재 경보'로서의 육성(肉聲)을 행간에서 들을 수 있다. 그들의 몸과 마음에 각인된 수용소 경험은 가혹했으나, 그들이 육성으로 전하려는 이야기는 언제나 '기도'처럼 들려온다. 장 아메리가 『죄와 속죄의 저편』(길, 2012)에서 "나는 화재 경보를 울린다"라고 쓴 문장에서 여실히 알 수 있다. 어쩌면 나는 '이것이 인간인가?'(프리모 레비)라는 질문의 답을 찾고 싶었는지도 모르겠다. 물론 나와 당신은 알고 있다. 인간이 사는 곳에서는 '인간'만이 답이라는 사실을. 그래서 나와 당신은 책을 읽고 또 읽는지도 모른다. 인간적인 '인간성'을 확증하는 답을 찾기 위하여!

10여 년 전 경기도 구리에 사는 큰형님 집에 큰 화재가 난 적이 있다. 어린 조카가 죽었고, 여덟 살짜리 조카가 화상을 입었으며, 집은 전소되었다. 사고 3년 뒤 어머니는 세상을 떠났고, 참척의 슬픔을 겪은 큰형님네는 낯선 땅 일본으로 떠났다. 사실상의 '망명'이었다. 그 시절에도 나를 위로해준 것은 책이다. 공선옥 소설집 『피어라 수선화』(창비, 1994)에 나오는 「불탄 자리에는 무엇이 돋는가」라는 소설을 읽으며 나는 회한의 눈물을 흘렸다. 그러나 그것은 만지면 만질수록 덧나는 상처 같은 것만은 아니었다. 어떤 희열을 동반했다. 그리고 프랑스 작가 에밀 아자르가 쓴 소설 『자기 앞의 생(生)』(1975)을 보며 어머니의 죽음을 '애도'할 수 있었다. 애도란 "자기 안에 타자의 묘소를 마련하는 일"(자크 데리다)이라고 했던가. 에밀 아자르라는 이름은 1980년 권총 자살로 죽음을 맞이한 '로맹 가리'의 필명이다. 작품에 등장하는 열네 살 '모모'는 바로 나의 모습이었다. 모모가 자신을 돌봐주던 유대인 '로자 아줌마'가 죽자 아줌마의 얼굴 화장을 고치고 향수를 뿌리는 장면은 뭉클한 감동을 주었다. 어머니의 임종조차 지키지 못한 내 영혼이 구제받았다는 느낌마저 들었을 정도니까.

슬픔의 지리학을 넘어 분노의 정치경제학으로

나에게 책 읽기는 그런 것이었다. 그러나 책 읽기는 그 자체만을 의미하지 않았다. 책을 읽는다는 것은 다른 삶과 다른 사회를 갈망하는 꿈의 지렛대 구실을 하기도 했다. 세월호 침몰 사고의 원인 중 하나로 무리한 '변침(變針)'이 지목되었다. 이와 관련해 정작 필요한 것은 세월호의 변침 같은 것이 아니라 신자유주의의 '변침'이 필요하다는 생각을 했다. 더글러스 러미스가 『경제성장이 안 되면 우리는 풍요롭지 못할 것인가』(녹색평론사, 2002)에서 '타이타닉 현실주의'라는 개념을 제기한 것도 그런 이유에서일 터이다. 100년 전 타이타닉호가 빙산을 향해 무모한 질주를 한 것처럼, 우리는 지금 영원한 성장의 환상에 취해 아무도 '엔진'을 멈추려 하지 않는다.

그런 사회는 '기업만 있고, 나라는 없는' 사회다. 슬픔의 지리학을 넘어 분노의 정치경제학을 지상에 구현해야 함은 물론이다. 세월호 침몰 이후 행정·정치·기업이 보여준 속수무책의 '엘리트패닉' 상태로는 공통적인 것(the common)을 지킬 수 없다는 것이 확실해졌다. 고병권의 『살아가겠다』, D. H. 로렌스의 시집 『제대로 된 혁명』, 사사키 아타루의 『이 치열한 무력을』처럼 우리 마음이 '뜨거워지는' 책들을 읽을 필요가 있다. '다른 대한민국'을 상상하고 사유하기 위해! 사사키 아타루가 책 제목으로 사용해 유명해진 "잘라라, 기도하는 그 손을"이라는 파울 첼란의 시적 표현 같은 개안(開眼)과 용기가 더 많이 필요할지 모르겠다. 사사키 아타루는 3·11 후쿠시마 사태 이후 일본 사회를 진단하는 강연에서 "모든 것이 무력했다. 이 치열한 무력만이 성취할 수 있는 게 있다"라고 말한다. 이 말은 철학자 고병권이 "하루하루, 꾸준히, 살아갈 것이다"라고 쓴 말과 통한다.

책을 읽는다는 것은 무엇인가. 삶의 궤도를 조금 바꾸는 것이다. 그리고 자본주의 문명의 '변침'을 모색하려는 지극히 인간적인 상상 행위다. 자본주의를 '악마의 맷돌'(Dark Satanic Mills)에 비유한 블레이크의 표현을 보라. 영국 시인 로렌스가 시 「제대로 된 혁명」에서 "돈을 좇는 혁명은 하지 말고/ 돈을 깡그리 비웃는 혁명을 하라"고 쓴 표현도 참조해야 함은 물론이다.

그러나 '아직은' 슬퍼하고 더 슬퍼해야 한다. 나와 당신의 애도는 아직 끝나지 않았다. 팔순의 원로 시인 신경림의 시집 『사진관집 이층』(창비, 2014)에 실린 망자(亡者) 시편들은 하나의 좋은 말이 되기에 충분하다. "아무래도 나는 늘 음지에 서 있었던 것 같다"(「쓰러진 것들을 위하여」)라고 술회하는 시인의 언어가 나와 당신의 유한한 생에 대해 생각하게 한다. 나는 지금 책을 읽는다.

○ 말은 가르치지만,
  행동은
  감동하게 한다

더 많은 교육철학자가 필요하다

"신은 태초에 바보를 만들었다. 그러나 그것은 연습용이었다. 더 진화
한 신은 본격적으로 학교와 교육청을 창조했다." 19세기말 미국의 교육 문
제를 지적한 마크 트웨인의 뼈 있는 농담이다. 학교 제도교육을 받지 않
고 독학으로 공부한 마크 트웨인이 『허클베리 핀의 모험』, 『톰 소여의 모
험』 같은 소설에서 문명화된 죽음의 해독제로서 야생의 자연이라는 처방
전을 제시한 점이 이해되는 대목이다. 그는 미시시피강 유역을 정처 없이
유랑하는 소년 주인공 허크와 톰의 여정을 통해 위대한 야생의 자유를
예찬했다. "내가 이 섬의 대장이었다. 이 모든 것이 내것이나 다름없었다."
라는 허크의 진술에서 저 최초의 아이 아담의 모습을 연상하는 것은 어
렵지 않다.

유구하고 면면한 미시시피 강줄기를 따라 여행하는 허크와 톰의 이

야기는 인생에 관한 유비(類比)일지도 모르겠다. 교육의 본질에 관한 환유일지도 모르겠다. 우리는 인간의 본성과 자연을 의미하는 영어 단어가 'nature'라는 점을 자주 망각하고 사는 것 같다. 저 허크와 톰이 그러했듯이, 인생도 교육도 깊은 고독과 한밤의 위험을 경험하며 자기만의 세계를 찾아가는 모험의 여정인 것이 아닐까. 당연한 말이겠지만, 이때의 모험이 소위 관광객의 여행과는 다른 고독한 산책자의 내면여행 같은 것이지 않을까. 어느 눈 밝은 현자가 "걷기는 내게 지식, 창조성, 에너지 그리고 기쁨의 원천이었다"(비노바 바베)라고 한 이유를 생각해보아야 한다.

우리나라 교육 현장에는 더 많은 교육철학자가 필요하다. 함석헌, 장일순, 이오덕 같은 사람들이 없었던 것이 아니다. 그러나 답이 안 나오는 지금의 교육 현실을 돌아볼 때, 학교 담장 안과 밖을 동시에 사유하고 실천하며 철학과 방법론을 고민하는 교육철학자의 존재는 너무나 귀하다. 우크라이나 교육철학자 수호믈린스키(1918-1970)가 쓴 『아이들에게 온 마음을』(고인돌, 2013)을 보며 이런 생각이 더 든다. 조국 우크라이나 파블리시의 한 초등학교에서 1948년부터 죽기 직전까지 교장으로 헌신한 수호믈린스키의 교육철학을 한 문장으로 요약하면 다음과 같다. '아이들에게 온 마음을 주어야 마음에 남는 교육이 된다.' 온정, 진심, 친절함을 강조하는 수호믈린스키는 자신의 교육철학을 자연수업에서 구현하려 했다. 그는 교실 안팎에서 음악, 상상, 공상, 이야기, 창조성을 실천하는 교육을 온 마음을 다해 실천했다. 실천을 통한 배움을 강조한 미국 교육자 존 듀이와 비슷하지만, 그가 참조한 롤모델과 처한 상황이 퍽 다르다는 점을 간과해서는 안 된다. 그는 전쟁을 몸소 겪었고, 소비에트의 위성국가 우크라이나에서 살지 않았던가.

진정한 교육에 필요한 것은 한 그루 나무

수호믈린스키는 톨스토이를 비롯한 슬라브의 교육 전통에 빚지고 있다. 특히 폴란드 교육자 야누스 코르차크(1878-1942)의 삶과 사상에 큰 영향을 받았다. 유대인 게토에서 보육원을 운영하던 코르차크는 전쟁 중 나치에게 잡혀 강제수용소 가스실에서 아이들과 죽음을 선택했다. 의사였던 그의 재능을 높이 산 수용소 측에서 혼자 살 수 있는 방도를 여러 차례 종용했으나, 그는 끝내 죽음을 선택했다. 죽기 직전 코르차크는 "양심에 어긋나는 행동은 할 수 없소"라고 말했다고 한다. 코르차크의 '거룩한 바보'(리 호이나키) 같은 행동이 젊은 교육자 수호믈린스키의 사상을 형성하는 데 밑바탕이 되었음을 짐작할 수 있다. 교사는 아이들의 오랜 동무이고, 동료이고, 동지일 때 즐거운 배움의 공동체가 형성된다고 믿어 의심치 않은 것이다. 그리고 그런 자신의 교육철학을 자연수업에서 생생히 구현했다. 이 책의 진정한 재미와 묘미는 이 자연수업에 얽힌 무수한 에피소드라고 확언할 수 있다.

이 자연수업 또한 코르차크의 흔적이 역력하다. 코르차크는 말한다. "아이가 칠판을 바라볼 때 더 많이 배우는지, 창밖을 바라볼 때 더 많이 배우는지는 누구도 알 수 없다." 그러나 책에 나오는 실제 자연수업 사례는 온전히 수호믈린스키의 것이라고 할 수 있다. 자연수업 사례를 자세히 소개하지 못해 못내 아쉽다. 진정한 교육을 위해 필요한 것은 한 그루 나무이며, 교육의 목적은 한 그루 나무를 기르는 행위와 같다고 나는 생각했다. "생각의 첫 수업은 교실 안에서 이루어져서도 안 되고, 칠판 앞에서 이루어져서도 안 되고, 반드시 자연 속에서 이루어져야 한다." 아리스토텔레스가 왜 지식에 대한 사랑(철학)은 경이로움에서 시작된다고 했는지 온전히 이해할 수 있는 대목이다. 훌륭한 감정이 훌륭한 행동을 낳는다는 점에 대해 참조해야 마땅하다.

우리나라 교육 현실을 생각할 때, 이 책에서 가장 인상적인 대목이 바로 '평가' 부분이다. 수호믈린스키는 아이들에게 단 한 번도 낙제점수를 주지 않았다. 아이들 한 명 한 명에 대해 관심을 갖고 같은 과제를 여러 번 하도록 한 점이 퍽 인상적이다. 아이들이 처음보다 더 잘할 때 즐겁고 행복해하는 모습에서 자부심과 자존감을 갖게 한 것이다. 맙소사, 이 어머어마한 인내심이라니! 평가 자체가 하나의 의례(ritual)가 되는 진짜 교육예술을 추구한 셈이다. 실제 단 한 명도 낙오되는 아이들이 없었다는데, 어떻게 이런 교육예술의 차원이 가능했을까.

오늘날 교사들 사이에서 격려와 처벌에 대한 논의가 자주 벌어지고 있다. 이런 그럴싸한 이론들은 하루살이처럼 금세 생겼다가 또 금세 사라진다. 그 가운데 교육에서 가장 중요한 격려와 가장 강한 — 그러나 늘 효과가 있지는 않은 — 처벌은 바로 점수이다. 점수는 능숙한 기술과 실력이 필요한 가장 날카로운 도구이다. 이 도구를 제대로 쓰려면, 무엇보다도 교사는 아이들을 좋아해야 한다. 말로만 좋아한다고 해선 안 된다. 아이들을 걱정하는 마음으로 사랑을 표현해야 한다.

우리나라 학교 공교육 시스템의 변화가 필요한 것은 그런 이유 때문이다. 이때 미국 교육자 제시카 호프만 데이비스가 쓴 『왜 학교는 예술이 필요한가』(열린책들, 2013)를 참조할 필요가 있다. 이 책의 핵심은 '예술(교육)이 교육의 전면과 중심에 배치되어야 한다'는 것이다. 과학이 주도하는 학교에서 예술이 더 이상 자기변호에서 벗어나, 교육의 전면과 중심에 등장하여 인간적인 가치를 배우는 따뜻한 학교를 만들어야 한다는 것이다. 이런 관점에서 저자는 교육 내 예술(arts in education)의 아홉 가지 사례를 검토한다. 이 가운데 아츠 쿨투라(arts cultura) 사례는 학교와 지역을 잇는 차원에서 우리나라에서도 적극 검토할 필요가 있다. 지금처럼 학교가 지역 사회와 단절되는 현상은 사회의 미래를 위해서도 결코 바람직하지 않기 때문이다.

저자가 학교와 지역을 잇는 아츠 쿨투라 교육과정을 사유하게 된 계기가 2001년 9·11 테러 이후 문화적 공동성의 필요성을 느낀 점이 퍽 인상적이다. 9·11 테러 이후 뉴욕의 몇몇 교사와 아이들이 구술집을 만드는 과정에서 저마다 문화라는 말을 사용하지만, 민족과 종교(Cultures), 지역 사회(cultures), 개별자(culture)에 따라 분리·수용하는 현상을 본 것이다. 그런 분리 수용은 문화적 분단 현상과 무관하지 않으리라. 저자는 이러한 문화들을 보편적 인간성(Culture) 측면으로 연결함에 예술의 역할이 크다는 점을 확신했다. 10개의 특별하고도 유용한 학습 결과 측면에서 예술교육의 중요성을 역설하는 것도 그런 이유에서다. 여기서 말하는 10개의 학습 결과는 상상력-작용 주체, 표현-공감, 해석-존중, 탐구-반성, 참여-책임 같은 짝패로 이루어져 있다.

그런데 이런 생각이 든다. 이 책이 표방하는 예술교육 옹호론이 우리나라 교육 관료들에게 얼마나 설득력이 있을까. 제시카 데이비스의 예술교육 옹호론은 분명 설득력이 있다. "시험, 사실, 양적인 측정, 그것은 과학이다. 교육이 시험, 사실, 양적인 측정을 넘어서는 길, 그것은 예술이다." 문제는 우리나라 교육 관료들이 목숨처럼 사수하려는 이른바 '평가'라는 항목을 돌파하지 못하는 한, 이 책이 표방하는 예술교육 옹호론은 가차 없이 쓰레기통에 버려지리라는 점이다. 실제 우리는 예술교육 따위는 무시하는 학교 교육을 용인하고 있지 않은가. 우리 교육 문제는 교육 문제로만 해결될 수 없는 '넘사벽'이 된 점을 직시하려면 무엇보다 용기가 필요힐지도 모르겠다.

'어쩔 수 없음'의 냉소의 신화 앞에서

그런 점에서 엄기호의 『교사도 학교가 두렵다』(따비, 2013)를 '아픈' 마음으로 읽어야 한다. 엄기호는 이 책에서 교육 문제 해결의 실마리는 교육 불가능을 성찰하며, 이 폐허를 응시하려는 힘에서 나온다고 말한다. 이 책을 보며 나도 몹시 아팠다. 아들 세대가 처한 지금의 학교 상황이 답답해서 아팠고, 갈수록 '생활보수파'가 되어가는 내 모습을 보며 아팠다. 그러나 이 책을 보며 더 아픈 까닭은 따로 있다. 교사들이 학교 현장에서 뭔가 해보려 해도 동료들이 같이 나서지 않는 현실에 절망했기 때문이다. "선생님이 그런다고 되겠어요?" 이 어쩔 수 없음의 냉소의 신화 앞에서 우리는 어떻게 해야 할까. 학교 현장의 교사들이 다시 쓰는 우리 시대 교사론이 필요한 게 아닐까. 드라마 〈응답하라 1988〉을 시청하며 국제통화기금(IMF) 사태 이전의 그때 그 시절을 그리워한다고 문제가 저절로 해결되는 것은 아닐 것이다.

물론 성급한 낙관도 비관도 금물이다. 토론과 숙의 과정을 통해 서로가 우정을 회복하고 새로운 정치의 차원을 획득해야 한다. 소위 모범생의 상처를 안고 있는 젊은 교사들과 선배교사들이 만나 대화를 나누며 소통 공동체를 형성하자고 한 엄기호의 제안에 작은 희망을 품는다. 그것이 바로 동료효과(peer effect)가 아닐까 싶다. 엄기호의 책을 보며, 찰스 디킨스의 소설 『어려운 시절』의 마지막 문장을 떠올렸다. "독자 여러분! 여러분과 나의 인생에서 유사한 일이 벌어질지 안 벌어질지는 여러분과 나에게 달려 있습니다." 무관심과 무감동으로 질식할 듯한 학교의 변화를 위해 필요한 것은 결국 시민성의 회복이다. 학교 안팎의 아이들을 구해야 하기 때문이다.

민주적 환경이
민주주의교육
낳는다

나는 영훈초등학교를 나와서
국제중학교를 나와서
민사고를 나와서
하버드대를 갈 거다.
그래 그래서 나는
내가 하고 싶은
정말 하고 싶은
미용사가 될 거다.

_ 부산부전초1 박채연 어린이 시 「여덟 살의 꿈」

한 초등학생이 쓴 이 시를 우연히 발견하고 웃음을 참을 수 없었다.
문학평론가로서 장담하건대, 훗날 이 아이는 자신의 꿈인 '미용사'가 되거나 아니면 뛰어난 '저항시인'이 될 것이다. 우리나라 교육 문제를 이렇게 통렬히 풍자한 시를 최근 수년간 별로 접하지 못했다. 이 시에 곡을 붙여 2013년에 열린 〈이오덕동요제〉에 참가한 동영상이 인터넷에 있으니 확인해 보시라.

교육의 주인은 누구인가. 학생인가, 부모인가, 교사인가, 아니면 관료인가. 우리나라 공교육 현장에서 학생(학습자)이 자기주도성을 구현하는 교육과정이 제대로 실현되고 있는가. 이 물음의 답은 이미 하늘이 알고 있고 땅도 알고 있다. 일부 교육청에서 혁신학교 같은 제도 도입을 통해 새로운 변화의 바람을 현장에 불어넣고 있으나, 이러한 교육자치의 토대는 여전히 취약한 실정이다. 최근 교육부가 창의·융합 인재 양성을 목표로 하는 〈2015 문·이과 통합형 교육과정 총론 주요사항〉을 발표한 것은 비근한 예다. 졸속 추진되는 교육과정 변화가 어떤 식으로 학교 현장을 왜곡할 뿐만 아니라 교육자치의 정신을 훼손할지 우려하는 목소리가 벌써부터 드높다.

백번 양보해서 창의·융합 인재 양성이라는 교과과정 개편의 취지를 인정한다고 하자. 그러나 학생들의 자기주도성을 어떻게 보장할지에 대한 고민 없는 교육과정은 개악(改惡)에 불과하다. 차라리 "예술(교육)이 교육의 전면과 중심에 배치되어야 한다"고 한 제시카 호프만 데이비스의 주장이 훨씬 설득력이 있다. '자기주도성이 가능성이다'라는 점을 이해하고, 학생(학습자) 스스로 배움을 터득하는 교육과정을 설계하고 현장에서 (예술)교사들이 얼마나 실천하느냐에 달려 있는 것이다. 교육과정에서 학생(학습자)의 자기주도성이야말로 교육에서의 민주주의의 핵심 요체라고 할 수 있기 때문이다. 철학자 존 듀이가 "생각이든 개념이든 한 사람에게서 다른 사람에게 전달할 수 없다"고 한 것을 보라. 학생(학습자)이 배움에서 자기주도성을 얼마나 구현하느냐가 얼마나 교육에서 중요한지를 역설한 표현이라 할 수 있다. 배움과 가르침이 상호작용하는 교육과정은 "교사의 머리에서 학생의 공책으로 지식을 옮겨 적는 것이 교육의 목적은 아니다"(도널드 L. 핀켈)라는 점을 이해하고 기존 제도와 정책을 획기적으로 바꾸는 데서 출발해야 한다. 그렇지 않으면 창의·융합 인재 양성은 우리와는 전혀 상관없는 먼 나라 이야기에 불과할 것이다.

이 점에서 도널드 L. 핀켈의 『침묵으로 가르치기』(다산초당, 2010)는 좋은 참조점을 제공한다. 이 책은 제목 그대로 교육 현장에서 '침묵'으로 가르치는 방식에 관한 책이다. 그러나 오해하지 마시라. 이 책은 단순한 교육 솔루션에 관한 책이 아니다. 에버그린주립대에서 오랫동안 인문학을 가르치다 퇴임한 저자는 학생 주도적인 토의와 탐구, 글쓰기 지도 같은 교육방법론의 효과를 경험적 진실을 바탕으로 강조한다. 이 의미를 핀켈 교수는 '개념의 의미에서 기능으로'라고 풀이한다. 교사(교수자)의 말이 아니라 배움에 대한 경험을 통해서만 개념의 기능을 배울 수 있다는 것이다. "당신이 이상적으로 생각하는 '위대한 스승'을 버려라"라는 말에서 핀켈 교수의 확고한 생각을 확인할 수 있다. 핀켈 교수의 교육방법론은 오랜 교육 경험에서 우러나온 교육철학에 근거한다. 교육의 목적은 교사의 가르침이 아니라 학생들의 배움에 있다는 핀켈 교수의 주장은 우리나라 (예술)교육 현장에서 깊이 음미되어야 한다.

그렇다면 침묵으로 가르치기에는 어떤 것들이 있는가. △책이 말하게 하라, △학생이 말하게 하라, △교사와 학생이 함께 탐구하라, △친숙한 글쓰기로 말하라, △학습을 일으키는 경험을 설계하라, △민주적인 선생님이 되어라, △동료와 함께 가르쳐라, △경험을 제공하고 생각을 불러일으켜라… 같은 다양한 방법론이 그것이다. 다시 말해 직접경험과 성찰경험을 줄 수 있는 좋은 책 추천, 토론수업, 탐구, 글쓰기 경험, 정치적 경험 같은 방법론인 것이다. 어느 것 하나 (예술)교육 현장에서 실천하기가 쉽지 않다. 침묵으로 가르치기 위해서는 교사 자신이 더 많이 준비하고 공부해야 하는 사정과 무관하지 않다. 나 또한 대학생 및 성인 대상의 <글쓰기 수업> 때 빨간펜 대신 '편지 쓰기'를 몇 차례 해본 적이 있다. 그러나 학습자들의 글을 일일이 읽고 코멘트를 다는 일은 중노동과 다를 바 없었다는 점을 이실직고하지 않을 수 없다.

그럼에도 핀켈 교수는 이 방법론을 고수한다. 그가 존 듀이와 피아제 같은 교육철학자들의 생각을 자신의 교육철학에 원용했음을 보여주는 대목이다. 특히 1장에서 제시한 핀켈 교수의 질문은 나 또한 교육 현장에 임할 때마다 늘 생각하는 화두가 되었다. "지나온 삶을 돌이켜보고 가장 중요한 지식을 배운 경험 두세 가지를 떠올려보자. 이를테면 살면서 오래도록 중요한 영향을 미친 배움의 순간이나 사건을 적는다." 이 질문에 대한 학생의 답을 보며 핀켈 교수는 이렇게 결론짓는다. "예외가 있긴 했지만, 중요한 지식을 배운 중요한 사건은 대개 학교에서 일어나지 않았고, 교사 역시 중요한 역할을 하지 않았다." 핀켈 교수의 이 언급은 우리나라 공교육 현장에서도 다를 바 없으리라. 문화예술교육 현장에서 핀켈 교수의 교육철학과 방법론에 대해 생각하고 접목해 보려는 시도가 필요한 이유가 여기 있다. 교사와 학생이 함께 탐구하는 탐구 중심 수업을 설계할 때도 그렇고, 학습을 일으키는 경험을 설계할 때 응용할 만한 가치가 있다. 특히 교육과정에서의 민주주의를 생각할 때 "환경이 말하게 하라!"라고 한 핀켈 교수의 주장은 우리 (예술)교육 현장에서 결코 외면되어서는 안 된다. 민주주의를 가르치는 유일한 방법은 바로 민주주의가 아니던가. 민주주의를 말로 가르치는 데는 한계가 있다.

왜 교육과정에서 민주주의가 중요한가. 그것은 결국 '함께 살기'의 원리를 구현할 수 있는 유일한 방법론이 되기 때문이다. 노들장애인야학 교사 홍은전이 쓴 『그럼에도 불구하고 수업합시다』(까치수염, 2014)는 우리나라 (예술)교육 현장에서 일하는 사람들의 필독서라고 생각한다. 이 책을 보며 배움이 일어나는 '교육'과 '운동'은 양립할 수 있는가 하는 질문을 무수히 던지고 사유하는 계기가 되었다. '노들장애인야학 스무 해 이야기'라는 부제를 단 이 책은 1993년 개교한 노들장애인야학이 스무 해 동안 산전수전과 공중전을 거치며 중단 없는 배움과 운동을 실천해온 과정을 감동적으로 기록한 책이다. 최근 읽은 책 가운데 이 책만큼 가슴을 뜨겁게 달군 책이 없었다. 이 책의 문제의식은 다음 문장에 있다. "우리는 운동이 없는 배움, 단지 기능적 학습일 뿐인 배움을 '배움'의 이름으로 단호히 거절해야 하며, 또한 배움 없는 운동, 그저 습관이 되고 관성이 된 운동에 대해 '운동'의 이름으로 맞서야 할 겁니다." 교육이 절대 눈 감지 말아야 할 것과 운동이 결코 놓쳐서는 안 되는 것에 관한 책이다.

1990년대 중후반 이후 우리나라 장애인운동의 역사에서 노들장애인야학은 언제나 운동의 진앙지였다. 2000년 장애인 이동권 투쟁을 비롯해 장애인자립생활지원센터, 사회적기업(현수막 공장), 탈-시설운동 그리고 2019년 가족부양의무제 및 장애등급제 폐지를 위해 광화문에서 3년 넘게 농성한 오늘에 이르기까지 노들장애인야학은 늘 운동의 최전선에 있었다. 그러나 배움의 등불이 잠시라도 꺼진 적은 없었다. 대학로에서 천막을 쳐놓고 수업을 진행한 것은 유명하다. 이러한 배움과 운동 과정에서 말 그대로 '삶의 공동체'로서 자기 정체성을 확고히 다졌다고 할 수 있다. 중중장애인들이 장애인극단 '판'을 만들고, 노들음악대를 만들어 연주하고, 인권강사로서 학교 현장에서 당사자로서 강의하는 등의 이야기는 무엇이 불능(不能)인가에 대해 많은 생각을 하게 한다. 누군가가 야학에 참여한 뒤 자신의 존재 자체가 마치 염색한 것 같다고 한 말을 잊지 못하리라. 박경석 교장의 말처럼, "너희 안에는 게바라도 있고 프레이리도 있다"는 것을 우리는 너무나 자주 잊어버린 게 아닐까.

2010년 교육방송(EBS) 교육대기획 10부작으로 방영되어 화제를 모은 방송 내용을 책으로 엮은 『아이의 발견』(북하우스, 2013)도 문화예술교육 현장에서 널리 읽힐 필요가 있다. 교육과정에서의 민주주의를 고려할 때, 이 책에 나오는 '정치교육 프로젝트'는 참조해볼 만하다. 정치판에 뛰어든 초딩들이 선의의 정책토론 배틀을 하며 수준 높은 정치의식을 함양하는 과정은 프로젝트 수업의 교육적 효과를 생각하게 한다. 그리고 간과할 수 없는 것이 놀이정신에 대한 역설이다. 공부는 나중에 할 수 있지만, 모래 놀이는 어릴 때밖에 하지 못한다. 바로 놀이정신이야말로 문화예술교육의 처음이자 끝이 아니던가. 그런 놀이 과정에서 아이들(성인들 또한!)은 자기주도성, 자기조절력, 사회성, 자존감을 느끼게 된다. 텔레비전에 방영된 방송을 보며 이 책을 같이 보면 문화예술교육을 설계할 때 큰 도움이 되리라고 믿어 의심치 않는다.

창의·융합 인재 양성은 우리나라 교육의 지상 목표가 되었다. 그러나 표준화된 성과와 경제성만 우선시하는 우리 현실에서 이런 목표가 과연 달성될 수 있을까. 2014년 방한한 미국 교육자 크리스 메리코글리아노가 '아동기의 소멸' 현상을 그토록 비판한 것도, 그런 인재를 양성하는 것보다 더 중요한 것이 아이들(그리고 성인들!)의 '야생성(wildness)'을 회복할 수 있는 문화예술교육임을 강조한 맥락이 아니던가. 우리 (예술)교육 현장에서 멸종 위기에 처한 놀이정신을 회복할 수 있는 방안을 모색하는 것이 더 중요해졌다고 할 수 있다. 교육과정에서의 민주주의를 깊이 고민하고 작은 실천을 할 시점인 것이다. 『그럼에도 불구하고 수업합시다』에 추천사를 쓴 이계삼이 "교육은 교육 바깥에서 희망이 되었다"라고 한 말이 좀처럼 잊혀지지 않는 것도 그런 이유와 무관하지 않으리라.

○ '케미의 정석'
　이오덕과
　권정생

　　"온 세상 다 나를 버려/ 마음이 외로울 때에도/ '저 맘이야' 하고 믿어지는/ 그 사람을 그대는 가졌는가". 씨알 함석헌 선생(1901-1989)의 시 「그 사람을 가졌는가」에 나오는 유명한 표현이다. 고되고 힘들 때면 자주 이 시를 찾아 조용히 읊조린다. 스무 살 무렵 청계천 어느 헌책방에서 이 시가 실린 『수평선 너머』라는 시집을 구해 읽으며 얼마나 기쁨의 환희에 벅찼던가. 그때 느낀 감동의 여진(餘震) 때문일까. 지금도 함석헌 선생의 「그 사람을 가졌는가」라는 시를 읽노라면, 세상사는 일의 고단함을 이겨내게 하는 것은 동료와의 관계에서 우러나오는 관계의 힘이라는 점을 자주 생각한다.

　　그러나 우리가 사는 세상에서 그런 동료와의 재미있고 의미 있는 만남과 대화는 갈수록 희박해지고 있다. 철학자 김상봉은 20세기 한국에서 가장 의미심장한 만남의 예로 다석(多夕) 유영모와 씨알 함석헌의 만남을 꼽았다. 나도 이 견해에 전적으로 동의한다. 그러나 그런 만남은 희박해지고 있고, 저마다 자기만의 '사일로(silo)'에서 칸막이를 쳐놓고 지내는 것을 당연시한다는 인상을 지울 수 없다. 곡식을 저장하는 사일로의 특징은 세상 밖으로 난 '창문'이 없다는 점이다. 그런 사일로 효과*에 맞서는 동료효과(peer effect)*의 의미를 문화예술교육 현장에서 생각하고 일상적으로 구현할 때 지속가능한 교육을 할 수 있는 마음의 동력을 얻게 되지 않을까.

아동문학가 이오덕(1925-2003)과 권정생(1937-2007)의 만남을 특히 기억해야 한다. 두 사람이 처음 만난 것은 1973년 1월 18일이다. 1973년 〈조선일보〉 신춘문예 당선작인 동화 「무명 저고리와 엄마」를 읽은 평론가 이오덕이 권정생이 사는 안동시 일직면 조탑리를 찾아간 것이다. 이오덕은 마흔아홉 살, 권정생은 서른일곱 살이었다. 그날의 만남 이후 권정생은 이오덕에게 "바람처럼 오셨다가 많은 가르침을 주고 가셨습니다"라고 편지를 썼다. 그리고 30년간 서신을 주고받으며 우정을 나누었다. 서로가 서로를 이해하고 사랑하는 지음(知音)이었던 것이다. 두 사람이 30년간 주고받은 편지를 모은 책 『선생님, 요즘은 어떠하십니까』(양철북, 2015)는 고독과 우정에 관한 위대하고 시시콜콜한 기록이다.

이 서간집을 보며 "우정은 시간의 선물이다"라는 생각을 하게 된다. 이오덕과 권정생, 두 사람은 같고도 달랐으며, 다르면서도 같았다. 두 사람은 동화를 사랑한다는 점에서는 같았지만, 처한 조건은 너무도 달랐다. 이오덕은 경북 산골의 초등학교를 전전하며 일하는 아이들과 함께하

---

*사일로 효과(organizational silos effect): 조직의 부서들이 다른 부서와 담을 쌓고 내부 이익만 추구하는 부서 이기주의 현상

*동료효과(peer effect): 집단 내 동료들의 행동과 사고방식이 그 집단에 속한 개인의 의사결정에 영향을 주는 현상

는 문학/글쓰기 교육을 현장에서 고민한 교육자였으며 중진 평론가였으나, 권정생은 스스로 소외당한 이방인이라는 의식을 품고 외롭게 병마와 싸우며 동화를 써온 작가였다. 그러나 두 사람은 어른들의 장난감이 되어 버린 아이들을 걱정하는 동화작가였으며, 지금 쓰고 있는 작품에 대한 고민을 함께하고, 약값과 연탄값 그리고 원고료와 인세 같은 생계에 대한 고민 따위를 걱정하며 사는 생활인이었다는 점에서는 똑같았다. 연장자인 이오덕은 늘 권정생의 건강을 염려하고, 권정생의 작품이 더 많은 사람에게 읽혀야 한다는 믿음에서 서울과 대구 등지를 오가며 잡지사와 출판사에 작품을 소개하는 역할을 자청했다. 그리고 권정생은 평생의 짐이 된 병마와 싸우며 외롭게 작품을 쓰는 일의 고단함과 고됨을 호소하곤 했다.

1984년 3월 19일에 쓴 권정생의 편지가 특히 기억에 남는다. "선생님(이오덕)은 학교를 그만두고 싶다 하셨는데, 저도 세상을 그만두었으면 싶어질 때가 있답니다. 무엇을 성취한다기보다, 그냥 버티는 데까지 버티는 것으로 만족해야 하겠습니다." 권정생이 일상적으로 감내해야 했던 고통의 상황을 적은 실존의 언어다. 그렇게 두 사람은 30년이 넘는 세월 동안 우정을 나누며 이른바 '케미의 정석'을 보여주었다. 사일로 효과에 맞서는 동료효과의 진수를 두 사람의 우정에서 눈으로 보게 된다.

사람은 변하는가? 사람은 쉽게 변하지 않는다. 학교 안팎의 현장에서 어떤 동료 교사가 '열정'을 보일 때 대부분 교사들이 "선생님이 그런다고 되겠어요?"라고 냉소적으로 반응하는 것을 보라. 엄기호가 쓴 『교사도 학교가 두렵다』(따비, 2014)는 그런 학교 현장에 대한 우울한 보고서다. 그러나 사람은 '변하기도' 한다. 사람의 변화 가능성에 대한 믿음을 저버리는 것은 '교육'의 목적과는 아무런 상관이 없다. 인생에서 가장 최악의 태도는 누구에 대해서든 더 이상 놀랄 일이 없어지는 것이라는 점에 대해 생각해

보아야 한다. 지금의 문화예술교육 현장에는 어쩔 수 없음이라는 냉소의 벽이 견고하게 서 있는 것이 아닐까 싶다. 나와 당신은 이 벽 앞에서 어떻게 해야 할까. 일상을 나누고, 경험을 나누며, 토론과 숙의 과정을 통해 '우정'을 회복하며 소통의 공동체를 형성하는 것이야말로 냉소의 벽을 넘어서는 태도가 아닐까 싶다.

스무 살 무렵 처음 접한 함석헌의 시 「그 사람을 가졌는가」의 마지막 연은 다음과 같다. "온 세상의 찬성보다도/ '아니' 하며 가만히 머리 흔들 그 한 얼굴 생각에/ 알뜰한 유혹 물리치게 되는/ 그 사람을 그대는 가졌는가." 나와 당신은 시에 등장하는 "그 한 얼굴"을 지금 가졌는가. 그리고 누군가에게 "그 한 얼굴"이고 싶지는 않은가. 나 또한 지금 옆에 있는 사람들에게 그런 "그 한 얼굴"이 되고 싶다.

○ '공유인 되기'는
　　지역을
　　구원할 수 있는가

　　담쟁이문화원을 아시는가? 경기도 부천시 오정구 약대동 오거리에 있는 담쟁이문화원은 지역을 대표하는 창조적 공유 공간이다. 수년 전 이곳을 방문했을 때, 담쟁이문화원을 설립한 한효석 원장과 밤늦도록 술잔을 기울이며 이야기를 주고받던 추억이 떠오른다. 담쟁이문화원이 부천을 대표하는 창조적 공유 공간의 아지트가 된 이유는 공간을 지역 사회에 개방했기 때문이다. 담쟁이문화원이 입주한 4층 건물은 한효석 원장 개인 소유 건물이다. 그러나 한 원장은 자신의 공간을 지역 문화예술단체와 시민사회단체들에 개방해 지금껏 운영해오고 있다. '누군가의' 소유 공간이던 곳이 '누구나의' 열린 공간이 된 것이다.

　　여기서 담쟁이문화원 이야기를 하는 이유는 한 사람의 선행을 칭찬하려는 것이 아니다. 이른바 '공유지의 비극'이 이야기되고 있는 시절, 부천 담쟁이문화원 이야기는 소유자사회를 넘어 지역의 회복력을 어떻게 복원할 것인가 하는 점에서 어떤 단서를 제공하기 때문이다. 그것은 공유(共有)라는 키워드로 요약할 수 있을 법하다. 그리고 공유인(commoner) 되기의 상상력과 실천이야말로 소유자사회를 넘어 우리 사는 지역의 회복력을 높이는 유일한 방법이 될 수 있다는 점을 생각해보자는 것이다.

당신이 사는 지역은 회복력이 있다고 할 수 있는가. 자본주의만 살아남고 사회적인 것(the social)이 죽어버린 사회에서 어느 누가 지역의 회복력을 자신할 수 있을까. 철학자 M. 푸코가 1975~1976년 콜레주드프랑스 강의에서 "사회를 보호해야 한다"고 한 사회문화적 맥락을 생각해보아야 한다. 그렇다, 우리는 사회를 보호해야 한다. 그러나 사회를 보호하기 위해 필요한 것은 환원주의자의 과학도 아니고, 결정주의자의 경제학도 아니다. 공유인 되기의 상상력과 실천이 요구된다. 그런 공유인이야말로 영원한 성장이라는 우리 시대의 주술을 넘어 '탈성장 시대'의 문화적 문법을 준비하며 지역 공동체와 상호부조의 가치를 재발견함으로써 회복의 경제학과 행복의 경제학을 추구할 수 있는 존재라고 할 수 있다.

원래 공유인이라는 말은 사전적으로는 중세 봉건 시대 영국에서 서민과 평민을 뜻하는 말이었다. 그런데 이 말을 주체적이고 높은 지성을 갖춘 존재로 전유하고자 한 논자는 미국의 공유경제학자 데이비드 볼리어다. 데이비드 볼리어의 『공유인으로 사고하라』(원제 Think like a Commoner, 갈무리 2015))는 잊혀진 공유재(commons)의 역사를 추적하며, 인간은 기본적으로 협력하는 사회적 존재라는 점을 입증하는 책이다. 공유인에 대한 데이비드 볼리어의 정의는, 개인은 자신의 이익을 최대화한다는 전제에서 비롯한 호모 에코노미쿠스(경제적 인간)적 인간관과는 전혀 딴판이다. "토지, 노동, 화폐는 상품이 될 수 없다"고 한 경제인류학자 칼 폴라니의 주장이 근대의 호모 에코노미쿠스들이 주도하는 자본주의의 가공할 '상품화' 경향에 속절없이 무너져온 역사를 생각해보라. 그 결과 우리 사회는 "시장경제 사회에서 시장사회(market society)를 이룬 시대"(마이클 샌델)로 변질된 것이 아닌가. 여기서 말하는 시장사회는 시장과 시장가치가 원래 속하지 않았던 삶의 영역으로 팽창하는 것을 의미한다.

공유인 되기를 역설하는 데이비드 볼리어의 주장은 2009년 노벨경제학상을 수상한 엘리노어 오스트롬의 『공유지의 비극을 넘어』(알에이치코리아, 2010)라는 역작에 빚진 바 크다. 중세 시대의 돌담과 울타리 대신, "현대판 인클로저는 국제통상조약, 재산법, 느슨한 규제, 기업의 자산 매입을 통해 달성된다"는 데이비드 볼리어의 주장을 반박하기란 쉽지 않다. 물질적/비물질적 대상으로서 공유재를 보존하고 공유할 수 있을 때 지역의 회복력이 높아질 수 있기 때문이다. 데이비드 볼리어의 공유철학은 사회학자 리처드 세넷이 쓴 『투게더』(현암사, 2013)와 함께 읽으면 지역에서 공유인 되기를 실험하는 데 필요한 구체적인 아이디어를 얻을 수 있을 것 같다. 세상의 힘에 맞서는 진짜 힘은 '협력의 의례'나 '의례적 연대'에 있는 것 아니냐고 하는 세넷의 주장과 통하는 지점이 있기 때문이다. 리처드 세넷이 역설하는 협력의 모델은 일종의 공동 작업장 모델이다.

요즘 나는 '지역은 당신의 캔버스가 아니다'라는 생각을 자주 한다. 지역에서 이루어지는 갖은 형태의 예술(교육) 현장들을 볼 때마다 지역을 캔버스로 여기는 경향이 적지 않다고 보기 때문이다. 지역을 캔버스로 생각한다는 것은 무엇인가. 어느 화가가 캔버스에 마음대로 붓질을 하면 자신이 그토록 원하던 어떤 '그림(청사진)'이 나올 수 있으리라 보는 경향을 의미한다. 이것은 애초 문화예술교육자들이 원한 그림이 아니었을 것이다. 지금의 지원사업의 구조가 지역에 대한 그런 위계화된 시선을 내면화하도록 재촉한 면이 없지 않다. 문제는 지역 회복력이란 하루아침에 복원되는 성질의 것이 아니라는 점이다.

우리가 사는 지역에는 부천 담쟁이문화원처럼 다양한 문화적 공유지대를 형성하려는 실험들이 더 많아져야 한다. 데이비드 볼리어와 리처드 세넷의 책은 결국 나를 바꾸는 것과 지역을 바꾸는 것은 결코 둘이 아니라 하나일 수 있다는 점을 환기한다. 그것이 바로 '공유인 되기'의 진짜 의미라고 생각한다. 나는 데이비드 볼리어가 말하는 "초국가적 공유인의 공화국"의 시민으로 살고 싶다. 그런 이유 때문일까. 책을 덮고 난 뒤 나의 고민은 더 깊어진다.

'거룩한 바보'를
위하여

교육 문제는 교육 문제로만 풀 수 없다. 교육 문제를 교육 문제로 푸는 대중요법으로는 진짜 '답'이 나오지 않는다. 교육 문제의 해법은 우리 사회 구성원들이 어떻게 살 것인가 하는 가치의 문제와 깊이 연결되어 있다. 무엇이 좋은 삶이고, 무엇이 좋은 사회인지에 대한 사회적 합의를 이루고, 비전을 공유하고, 그런 삶과 사회를 위해 '저마다' 실천하고 '더불어' 연대할 때 교육 문제의 해법을 찾을 수 있다. 이런 사정은 문화예술교육의 경우에도 별반 다르지 않다.

그러나 문화예술교육 현실에서 이 문제의 해법을 찾기란 말처럼 쉽지 않다. 제도화 10여 년이 학교 안팎의 현장에 드리운 '그림자'가 너무나 넓고도 짙기 때문이다. 그럼에도 "좋은 실천은 그 자체가 목적이다"(아리스토텔레스)라는 말처럼 좋은 실천을 위한 사유와 행동을 멈추어서는 안 된다.

그렇지 않으면 우리는 극단적 이기심과 경쟁의 신화를 철저히 내면화하면서 성공, 부유, 건강, 명예를 추구하는 스놉(snob)의 삶, 즉 그들만의 사적 유토피아를 추구하는 삶이야말로 승리자(winner)가 된다는 판타지를 용인하게 되는 것이다. 이런 사회가 과연 행복한 사회일까. 그렇지만 사회와 교육의 변화를 전적으로 법(제도화)에 의존하는 것으로는 충분하지 않다.

적어도 문화예술교육에 관한 한, 우리는 이미 그런 경험을 제도화 10여 년을 맞는 동안 무수히 하지 않았던가. 하나의 제도가 모든 것을 해결할 수 있으리라는 인식 또한 환상에 불과할 수 있다는 점을 잊어서는 안된다. 나는 차라리 어느 경제학자가 『강수돌 교수의 '나부터' 교육혁명』(2003)이라는 책에서 언급한 바 있는 '나부터' 교육혁명이라는 말에 더 깊은 신뢰와 지지를 보낸다.

'나부터' 교육혁명을 추진한다는 것은 교육공학적 입장에서 교육 개혁을 추진하지 않겠다는 것을 의미한다. 교육 대상이 되는 아이들 혹은 성인들 입장에서 생각하고, 나부터 바꾼다는 자세로 이 문제의 해법을 찾는다는 의미가 여기 있다. 오늘날 병든 교육의 문제가 병든 사회의 문제에서 비롯한다는 점을 나도 모르지 않는다. 그러나 적어도 문화예술교육의 미래에 대해 논의하는 이 자리에서 미국의 저명한 아나키스트운동가 애먼 헤나시(1893-1970)가 주창한 바 있는 '한 사람의 혁명(One-man Revolution)'이라는 관점에서 생각해보자고 제안한다.

한 사람의 혁명은 세계를 변화시키는 방법은 자기 자신의 변화를 위한 시도라는 관점을 전적으로 수용하는 것을 의미한다. 이 관점을 승인하고 수용한다는 것은 우리 스스로 시스템의 인질에서 벗어나고, 규칙의 내면화로부터 자유로워짐을 의미한다. 우리는 너무나 자주 시스템의 인질 신세를 면치 못했다!

지금의 문화예술교육 문제는 예술교육 정책에서 표준화 문제와 함께 이른바 '지침 행정'이라는 이름의 사회적·심리적 관리기술을 너무나 섬세하게 적용하는 문제와 깊은 관련이 있다. 그러나 우리가 일정한 리듬 속에서 살고 있다는 감각을 완전히 상실한 이 사회에서 그런 표준화 정책과 관리기술이 사회적인 것(the social)을 재구성하려는 문화예술교육을 제대로 구현하는 것과는 전혀 상관이 없음은 말할 나위도 없다. 이 점에서 E. F. 슈마허의 용법을 차용하면 "최고의 행정은 '행정부정이론'을 지키는 것"이라고 한 주장에 공감하게 된다. 슈마허는 '최소한'의 행정으로도 잘 돌아가는 조직구조를 찾아내자고 역설한다.

슈마허가 자발성을 억압하는 이른바 크리스마스 트리 유형의 조직 대신, 놀이공원에서 끝에 수백 개의 작은 풍선이 달려 있는 줄을 쥐고 있는 사람이 바닥에 서 있는 조직 유형을 이상적인 구조라고 파악한 것은 그런 이유 때문이다. 물론 그 줄을 놓치지 않고 잘 쥐고 있을 사람이 필요한 것은 당연하다. 이 비유는 인간적 접촉이 가능한 규모를 유지하는 것이 조직 유형의 원칙이 되어야 함을 역설한 것으로 해석할 수 있겠다.

그러나 슈마허가 제창한 행정부정이론을 지금 당장 현실에서 기대하는 것은 난망하다. 이 점에서 한 사람의 혁명이 갖는 의미와 맥락에 대해 더 숙고해야 한다. 그 의미와 맥락은 미국 작가 리 호이나키가 『정의의 길로 비틀거리며 가다』(녹색평론사, 1999)에서 "우리는 지금 세 종류의 분리 혹은 고립 상태에 처했다"고 진단한 것과 관련이 있다.

그는 "사람을 그 육체와 장소와 시(詩)로부터 떼어놓으려는 노력"이 우리 시대에 전면화되었다고 진단한다. 육체, 장소, 시(詩), 이 셋은 삶의 핵심 구성원리가 되어야 한다. 리 호이나키의 진단에서 나는 육체, 장소, 시(詩)의 회복이야말로 문화예술교육의 목표이고 지향점이어야 하며, 우리 삶의 재구성을 위해 필요한 출발점이어야 한다고 생각하게 된다. 그러나 실상은 어떠한가. 우리는 육체노동을 혐오하는 문화에서 살고 있으며, 자신의 토착적 에토스로부터 추방당한 근대의 저주로부터 여전히 자유롭지 못하며, 삶의 온전함을 위한 필수적인 시의 세세로부터 필사적으로 빗어나 산문적 삶을 살아가고 있다.

특히 산문적 삶을 산다는 점에 주목해야 한다. 그것은 삶에서 '기쁨'이라곤 없이 강압과 의무만 따르는 것을 의미한다. 그런 산문적 삶을 추구한다는 것은 우리 자신이 '더 좋은 것'이 아니라 '더 많은 것'을 추구한다는 것과 깊은 관련이 있다. 그러나 우리는 처리해야 하는 과다한 정보로 도처에서 정보 과부하에 시달리는가 하면, 늘 접속 가능하고 연락할수 있어야 하는 과잉 커뮤니케이션에 중독되었다.

과연 그런 산문적 삶에서 우리 자신이 웰리빙(well-living)의 기쁨과 의미를 누릴 수 있을까. 이 점에서는 성인들은 물론 소비주의에 중독된 아이들도 별다를 바 없다. 그러나 인생에서 저지른 최대의 실수를 묻는 질문에 독일의 어느 재력가가 "친구들과 지낸 시간이 너무 적었다"고 고백한 것은 무엇을 말하는가.

학교 안팎에서 이루어지는 문화예술교육은 우리 자신이 한 사람의 주체로 탄생하는 것을 목표로 해야 한다는 교육철학과 교육방법론에 더 철저히 따라야 한다. 문화정책을 세심하게 시행한 것으로 유명한 프랑스 대통령 조르주 퐁피두가 "예술은 관리행정의 대상이 아니라 삶의 뼈대이며, 뼈대이어야 한다"고 한 것도 그런 이유와 무관하지 않다. 한나 아렌트가 "문화(즉 예술)의 핵심은 아름다움이다"라고 주장한 것 또한 인간의 진취성과 문화예술의 관련 양상을 언급한 주목할 만한 발언이다. 이 점에서 정책을 결정할 때 최소 단위의 의사결정권을 존중하려는 자세를 뜻하는 보충성(subsidiarity) 원리가 제대로 구현되는 것은 매우 중요하다. 우리의 경우 이 보충성의 원리가 지방분권 혹은 지방자치의 기본 바탕이 되어야 함은 물론이다.

그럼에도 나는 한 사람의 혁명이 어느 때보다 지금 당장 필요하다고 생각한다. 예의 리 호이나키는 좋은 삶은 '용기'의 결여, '상상력'의 결여 그리고 '진실'의 결여와는 전혀 상관이 없다고 주장한다. 용기, 상상력, 진실이 결여된 삶은 주체적 행동 대신 조건반사적 행동이 지배적인 양식이 되어버린 삶을 의미한다. 그런 조건반사적 행동이 지배적인 삶의 양식이 되어버린 사람은 필연적으로 무감각의 상태에 빠지게 된다. 이 정신적 무감각 상태에서 핵무기적 자아가 발아되는 것은 당연한 일이다. 그래서 '아니오'라고 할 수 있는 용기를 갖는 것이 중요하다. 무엇보다도 나 자신의 나쁜 관행들과 습속들에 대해 '아니오'라고 하는 용기 있는 태도가 요구된다. 그러나 너무 비장하지는 말자. 늘 웃음과 여유를 잃지 말자. 톨스토이 소설에 등장하는 '바보 이반'처럼! 거룩한 바보가 나와 세상을 바꾸는 법이다.

삶과 문화의
'근본'을
생각한다

　"우리는 아무 대가 없이 무언가를 얻고 있는 것이 아니라 전부를 걸어 아무것도 얻지 못하고 있다." 미국의 위대한 작가 웬델 베리가 벗의 죽음을 추모하며 한 말이다. 미국 1세대 환경운동가로서 평생을 살아온 웬델 베리의 사상이 집약된 표현이다. 전부를 걸어 아무것도 얻지 못하는 '투기꾼'과도 같은 삶의 방식에서 벗어나, 독립적이고 자유로운 시민인 자작(自作) 소농(小農)의 삶으로 돌아가야 한다는 웬델 베리의 시적 선언이라고 할 수 있으리라.

　그러나 웬델 베리의 이러한 열망은 실현되지 않았다. 아니, 시간이 지날수록 '자연이 남아 있다면 더 발전할 수 있다'는 경제성장 중심의 근대 신화는 위력을 더하고 있다. 나쁜 이야기를 유포하고 권장하는 '나쁜 언어'는 힘을 잃지 않고 우리의 눈과 귀를 사로잡고 있다. 문제는 문화예술교육 현장을 모니터링할 때, 그런 나쁜 언어가 유포하는 나쁜 이야기를 자주 접한다는 점이다. 경제성장 제일주의라는 질 나쁜 관점을 내면화하며 호모에코노미쿠스(homo economicus, 경제적 인간)의 삶과 문화를 철저히 옹호하고 묵수(墨守)하는 문화예술교육 현장을 볼 때마다 아득해진다. 어린이와 청소년 대상의 문화예술 '환경교육' 현장에서조차 그런 쓰디쓴 경험을 할 때가 적지 않다. 환경교육을 표방하지만, 어린 미적 인간에 대한 사유와 실천적 교육방법론은 보이지 않고, '무늬만 환경교육'인 양상을 보여주는 현장들이 너무나 많은 것이다.

생태철학적인 전환이 필요하다. 특히 잘못된 언어 사용의 문제들에 대한 깊은 성찰이 요구된다. 왜 잘못된 언어 사용이 문제인가. 말이 인식을 낳고, 인식이 행동을 낳고, 행동이 변화를 낳기에 그러하다. 나쁜 언어 사용이 갖는 '오만한 무지'에 대해 깊이 있는 성찰을 한 사람이 바로 미국 작가 웬델 베리와 일본 생태사상가 마사키 다카시라고 할 수 있다. 웬델 베리의 첫 저작 『소농, 문명의 뿌리』(1977년, 한국어판 2016년 출간)와 마사기 다카시의 『나비문명』(2009년, 한국어판 2010년 출간)은 생태철학적 전환에 값하는 훌륭한 텍스트다. 대지(大地)의 청지기로서 땅을 지키고 농적(農的) 순환의 삶을 지키려는 위대한 보수주의자로서의 풍모를 여실히 확인할 수 있다. 이때의 보수주의는 자신의 이익과 재산만 지키려는 보수주의와는 아무런 상관이 없다.

웬델 베리는 『소농, 문명의 뿌리』에서 인간 생존이 지속될 수 있는 것은 자연과 사람이 문화적으로 결합될 때뿐이라고 말한다. 그러나 근대화·산업화·도시화는 덕성의 위기, 농업의 위기, 문화의 위기를 낳으며, '지탱

불가능한' 생태 위기로 사람들을 몰아넣었다. 농업과 자연이 상실되고, 그에 따라 농업과 자연에 근거한 절제와 겸손의 문화도 위기에 처하게 되었다. 미국 사회를 지탱해 온 문명의 뿌리가 뽑히고 있다는 것이다. 이 상황에서 웬델 베리는 호메로스의 『오디세이아』 같은 위대한 고전 텍스트들을 원용하며 '집을 향한 여행'에 나서자고 제안한다. '집으로 돌아가는' 길을 생각한다는 것은 무엇인가. 그것은 우리가 누리는 이 문명의 현재는 물론, 이 문명의 파괴적 미래에 대해 생각하자는 것이다. 나는 근본주의자는 아니지만, 우리 삶과 문화의 '근본(根本)'을 생각해야 한다는 차원에서 웬델 베리의 제안을 깊이 경청해야 한다고 본다.

웬델 베리의 이러한 제안은 마사키 다카시의 '그라운딩(Grounding, 회귀)' 개념과 통한다. 마사키 다카시는 젊은 시절 도쿄적 질서에서 탈출하여 일본 남단 규슈의 시골에 가서 나무를 심고 한국과 일본 각지를 순례하며 '전쟁국가 일본'을 성찰한다. 그는 자신의 그러한 삶에 대해 침몰하는 배에서 스스로 내리는 삶의 방식이라는 의미에서 '드롭아웃(drop-out)'이라고 풀이한다. 다시 말해 제 안의 우물에서 벗어나는 것을 의미하는 탈정(脫井)의 사유와 실천적 행보를 보여준 것이다. 그가 "학교에 '못' 간다가 아니고 '안' 간다였다"고 자기 인생의 방향전환을 술회하는 대목이 퍽 강렬하다.

그리고 마사키 다카시는 대량생산-대량소비-대량폐기로 유지되는 파괴적 자본주의 문화를 상징하는 '애벌레 문명'에서 환골탈태하여 새로운 '나비 문명'으로 방향전환하자고 한다. 자연에서 떨어져 나온 현대인이 존재의 기반인 자연으로 돌아가는 과정을 '그라운딩'이라고 하는 것을 보라.

나무를 심고 숲을 만드는 기쁨을 역설하는 그의 심오한 생명평화사상은 아이들을 위한 미적(생태적) 교육 현장에서 좋은 참조점이 되어야 한다고 믿는다. 모든 것을 인간 편이 아니라 숲(자연)의 편에 서서 보려는 열린 감수성이야말로 문명 전환을 예감하는 새로운 희망이 될 수 있기 때문이다. 원자력발전소가 있는 와사카 만(灣)을 순례하던 중 한 젊은이가 "저는 이제 바다 편에서만 사물을 보게 되었습니다"라고 하는 대목이 감동적이다.

웬델 베리는 "삶의 방식은 삶을 통해서만 변할 수 있을 뿐"이라고 말한다. 마사키 다카시는 "삶 전체를 새롭게 디자인하다 보면 유기농업이든 대안 교육이든 그저 자연스러운 과정일 뿐"이라고 말한다. 두 사상가의 이러한 '어록'은 하루아침에 탄생한 것이 아니다. 결국 우리는 무엇이 좋은 삶이고, 무엇이 좋은 문명인지에 대해 깊이 성찰해야 한다. 이렇게 사는 게 잘 사는 삶인지 치열하게 자문자답해야 한다. 그런 과정 없는 문화예술교육은 이른바 '기능교육'의 악무한(惡無限)에 갇히게 된다.

두 사상가의 사유와 실천을 나침반 삼아 '집으로 돌아가는' 길에 대해 생각해야 한다. 우리는 이미 오래전부터 길을 잘못 들어선 것인지도 모른다. 모든 결과를 예측하지 못한다는 개안(開眼)적 깨달음이 요구되는 것은 당연하다. 마사키 다카시가 소개한 일본 시인 가네코 미스즈(1903-1930)의 시 「대어(大漁)」를 함께 읽는 것으로 결론을 대신할까 한다. 그는 이 시의 의미를 '바다를 위해' 눈물을 흘리는 게 아니라 '바다로서' 눈물을 흘리게 된 것이라고 풀이한다. 이것이 바로 그가 말하는 '나비문명'의 에콜로지적 감수성이라고 보아도 좋으리라.

아침 노을 작게 다오른다
대어(大漁)다
커다랗게 날개 펼친 멸치 떼
대어다

바닷가는 축제같이
보여도
바다 속에서는
몇만의
멸치 떼가 아파하겠지

_ 가네코 미스즈 「대어」

삶의 행복을 꿈꾸는 교육은 어디에서 오는가?

● 교육혁명을 앞당기는 배움책 이야기 혁신교육의 철학과 잉걸진 미래를 만나다!

한국교육연구네트워크 총서

01 핀란드 교육혁명　　　　　　　　　　　　　한국교육연구네트워크 엮음 | 320쪽 | 값 15,000원

02 일제고사를 넘어서　　　　　　　　　　　　한국교육연구네트워크 엮음 | 284쪽 | 값 13,000원

03 새로운 사회를 여는 교육혁명　　　　　　　한국교육연구네트워크 엮음 | 380쪽 | 값 17,000원

04 교장제도 혁명　　　　　　　　　　　　　　한국교육연구네트워크 엮음 | 268쪽 | 값 14,000원

05 새로운 사회를 여는 교육자치 혁명　　　　한국교육연구네트워크 엮음 | 312쪽 | 값 15,000원

06 혁신학교에 대한 교육학적 성찰　　　　　　한국교육연구네트워크 엮음 | 308쪽 | 값 15,000원

07 진보주의 교육의 세계적 동향　　　　　　　한국교육연구네트워크 엮음 | 324쪽 | 값 17,000원

08 더 나은 세상을 위한 학교혁명　　　　　　한국교육연구네트워크 엮음 | 404쪽 | 값 21,000원

09 비판적 실천을 위한 교육학　　　　　　　　이윤미 외 지음 | 448쪽 | 값 23,000원

10 마을교육공동체운동: 세계적 동향과 전망　심성보 외 지음 | 376쪽 | 값 18,000원

11 학교 민주시민교육의 세계적 동향과 과제　심성보 외 지음 | 308쪽 | 값 16,000원

12 학교를 민주주의의 정원으로 가꿀 수 있을까?　성열관 외 지음 | 272쪽 | 값 16,000원

13 교육사상가의 삶과 사상　　　　　　　　　심성보 외 지음 | 420쪽 | 값 23,000원

14 교육사상가의 삶과 사상 2　　　　　　　　김누리 외 지음 | 432쪽 | 값 25,000원

한국교육연구네트워크 번역 총서

01 프레이리와 교육　　　　　　　　　　　　존 엘리아스 지음 | 한국교육연구네트워크 옮김 | 276쪽 | 값 14,000원

02 교육은 사회를 바꿀 수 있을까?　　　　　마이클 애플 지음 | 강희룡·김선우·박원순·이형빈 옮김 | 356쪽 | 값 16,000원

03 비판적 페다고지는 세상을 변화시킬 수 있는가?　Seewha Cho 지음 | 심성보·조시화 옮김 | 280쪽 | 값 14,000원

04 마이클 애플의 민주학교　　　　　　　　　마이클 애플·제임스 빈 엮음 | 강희룡 옮김 | 276쪽 | 값 14,000원

05 21세기 교육과 민주주의　　　　　　　　　넬 나딩스 지음 | 심성보 옮김 | 392쪽 | 값 18,000원

06 세계교육개혁 민영화 우선인가 공적 투자 강화인가?　린다 달링-해먼드 외 지음 | 심성보 외 옮김 | 408쪽 | 값 21,000원

07 콩도르세, 공교육에 관한 다섯 논문　　　니콜라 드 콩도르세 지음 | 이주환 옮김 | 300쪽 | 값 16,000원

08 학교를 변론하다　　　　　　　　　　　　얀 마스켈라인·마틴 시몬스 지음 | 윤선인 옮김 | 252쪽 | 값 15,000원

09 존 듀이와 교육　　　　　　　　　　　　　짐 개리슨 외 지음 | 심성보 외 옮김 | 376쪽 | 값 19,000원

10 진보주의 교육운동사　　　　　　　　　　윌리엄 헤이스 지음 | 심성보 외 옮김 | 324쪽 | 값 18,000원

11 사랑의 교육학　　　　　　　　　　　　　안토니아 다더 지음 | 심성보 외 옮김 | 412쪽 | 값 22,000원

12 다시 읽는 민주주의와 교육　　　　　　　존 듀이 지음 | 심성보역 | 620쪽 | 값 32,000원

● 비고츠키 선집 시리즈 발달과 협력의 교육학 어떻게 읽을 것인가?

01 생각과 말　　　　　　　　　　　　L.S. 비고츠키 지음 | 배희철·김용호·D. 켈로그 옮김 | 690쪽 | 값 33,000원

02 도구와 기호　　　　　　　　　　　비고츠키·루리야 지음 | 비고츠키 연구회 옮김 | 336쪽 | 값 16,000원

03 어린이 자기행동숙달의 역사와 발달 Ⅰ　L.S. 비고츠키 지음 | 비고츠키 연구회 옮김 | 564쪽 | 값 28,000원

04 어린이 자기행동숙달의 역사와 발달 Ⅱ　L.S. 비고츠키 지음 | 비고츠키 연구회 옮김 | 552쪽 | 값 28,000원

05 어린이의 상상과 창조　　　　　　　L.S. 비고츠키 지음 | 비고츠키 연구회 옮김 | 280쪽 | 값 15,000원

06 성장과 분화　　　　　　　　　　　L.S. 비고츠키 지음 | 비고츠키 연구회 옮김 | 308쪽 | 값 15,000원

07 연령과 위기　　　　　　　　　　　L.S. 비고츠키 지음 | 비고츠키 연구회 옮김 | 336쪽 | 값 17,000원

08 의식과 숙달　　　　　　　　　　　L.S 비고츠키 | 비고츠키 연구회 옮김 | 348쪽 | 값 17,000원

09 분열과 사랑　　　　　　　　　　　L.S. 비고츠키 지음 | 비고츠키 연구회 옮김 | 260쪽 | 값 16,000원

10 성애와 갈등　　　　　　　　　　　L.S. 비고츠키 지음 | 비고츠키 연구회 옮김 | 268쪽 | 값 17,000원

11 흥미와 개념　　　　　　　　　　　L.S. 비고츠키 지음 | 비고츠키 연구회 옮김 | 408쪽 | 값 21,000원

12 인격과 세계관　　　　　　　　　　L.S. 비고츠키 지음 | 비고츠키 연구회 옮김 | 372쪽 | 값 22,000원

13 정서 학설 Ⅰ　　　　　　　　　　　L.S. 비고츠키 지음 | 비고츠키 연구회 옮김 | 584쪽 | 값 35,000원

14 정서 학설 Ⅱ　　　　　　　　　　　L.S. 비고츠키 지음 | 비고츠키 연구회 옮김 | 480쪽 | 값 35,000원

비고츠키와 인지 발달의 비밀　　　　　A.R. 루리야 지음 | 배희철 옮김 | 280쪽 | 값 15,000원

비고츠키의 발달교육이란 무엇인가?　　비고츠키교육학실천연구모임 지음 | 412쪽 | 값 21,000원

비고츠키 철학으로 본 핀란드 교육과정　배희철 지음 | 456쪽 | 값 23,000원

비고츠키와 마르크스　　　　　　　　앤디 블런던 외 지음 | 이성우 옮김 | 388쪽 | 값 19,000원

수업과 수업 사이　　　　　　　　　　비고츠키 연구회 지음 | 196쪽 | 값 12,000원

관계의 교육학, 비고츠키　　　　　　　진보교육연구소 비고츠키교육학실천연구모임 지음 | 300쪽 | 값 15,000원

교사와 부모를 위한 발달교육이란 무엇인가?　현광일 지음 | 380쪽 | 값 18,000원

비고츠키 생각과 말 쉽게 읽기　　　　진보교육연구소 비고츠키교육학실천연구모임 지음 | 316쪽 | 값 15,000원

교사와 부모를 위한 비고츠키 교육학　　카르포프 지음 | 실천교사번역팀 옮김 | 308쪽 | 값 15,000원

레프 비고츠키　　　　　　　　　　　르네 반 데 비어 지음 | 배희철 옮김 | 296쪽 | 값 21,000원

혁신학교　　　　　　　　　　　　　성열관·이순철 지음 | 224쪽 | 값 12,000원

행복한 혁신학교 만들기　　　　　　　초등교육과정연구모임 지음 | 264쪽 | 값 13,000원

서울형 혁신학교 이야기　　　　　　　이부영 지음 | 320쪽 | 값 15,000원

혁신교육, 철학을 만나다　　　　　　　브렌트 데이비스·데니스 수마라 지음 | 현인철·서용선 옮김 | 304쪽 | 값 15,000원

대한민국 교사, 어떻게 가르칠 것인가?　윤성관 지음 | 320쪽 | 값 15,000원

아이들을 어떻게 가르칠 것인가　　　　사토 마나부 지음 | 박찬영 옮김 | 232쪽 | 값 13,000원

모두를 위한 국제이해교육	한국국제이해교육학회 지음 I 364쪽 I 값 16,000원
경쟁을 넘어 발달 교육으로	현광일 지음 I 288쪽 I 값 14,000원
혁신교육 존 듀이에게 묻다	서용선 지음 I 292쪽 I 값 14,000원
다시 읽는 조선 교육사	이만규 지음 I 750쪽 I 값 33,000원
교실 속으로 간 이해중심 교육과정	온정덕 외 지음 I 224쪽 I 값 13,000원
대한민국 교육혁명	교육혁명공동행동 연구위원회 지음 I 224쪽 I 값 12,000원
포스트 코로나 시대의 교육	성열관 외 지음 I 224쪽 I 값 15,000원
내일 수업 어떻게 하지?	아이함께 지음 I 300쪽 I 값 15,000원
핀란드 교육의 기적	한넬레 니에미 외 엮음 I 장수명 외 옮김 I 456쪽 I 값 23,000원
한국 교육의 현실과 전망	심성보 지음 I 724쪽 I 값 35,000원
독일의 학교교육	정기섭 지음 I 536쪽 I 값 29,000원
교실 속으로 간 이해중심 통합교육과정	온정덕 외 지음 I 224쪽 I 값 15,000원
초등 백워드 교육과정 설계와 실천 이야기	김병일 외 지음 I 352쪽 I 값 19,000원
학습격차 해소를 위한 새로운 도전 보편적 학습설계 수업	조윤정 외 지음 I 240쪽 I 값 15,000원

● 경쟁과 차별을 넘어 평등과 협력으로 미래를 열어가는 교육 대전환! 혁신교육 현장 필독서

학교의 미래, 전문적 학습공동체로 열다	새로운학교네트워크·오윤주 외 지음 I 276쪽 I 값 16,000원
마을교육공동체 생태적 의미와 실천	김용련 지음 I 256쪽 I 값 15,000원
학교폭력, 멈춰!	문재현 외 지음 I 348쪽 I 값 15,000원
학교를 살리는 회복적 생활교육	김민자·이순영·정선영 지음 I 256쪽 I 값 15,000원
삶의 시간을 잇는 문화예술교육	고영직 지음 I 292쪽 I 값 16,000원
미래교육을 디자인하는 학교교육과정	박승열 외 지음 I 348쪽 I 값 18,000원
코로나 시대, 마을교육공동체운동과 생태적 교육학	심성보 지음 I 280쪽 I 값 17,000원
혐오, 교실에 들어오다	이혜정 외 지음 I 232쪽 I 값 15,000원
수업, 슬로리딩과 함께	박경숙 외 지음 I 268쪽 I 값 15,000원
물질과의 새로운 만남	베로니카 파치니-케처바우 외 지음 I 이연선 외 옮김 I 240쪽 I 값 15,000원
그림책으로 만나는 인권교육	강진미 외 지음 I 272쪽 I 값 18,000원
수업 고수들 수업·교육과정·평가를 말하다	박현숙 외 지음 I 368쪽 I 값 17,000원
아이들의 배움은 어떻게 깊어지는가	이시이 쥰지 지음 I 방지현·이창희 옮김 I 200쪽 값 11,000원
미래, 공생교육	김환희 지음 I 244쪽 I 값 15,000원
들뢰즈와 가타리를 통해 유아교육 읽기	리세롯 마리엣 올슨 지음 I 이연선 외 옮김 I 328쪽 I 값 17,000원
혁신고등학교, 무엇이 다른가?	김현자 외 지음 I 344쪽 I 값 18,000원
시민이 만드는 교육 대전환	심성보·김태정 지음 I 248쪽 I 값 15,000원
평화교육 과거, 현재 그리고 미래를 그리다	모니샤 바자즈 외 지음 I 권순정 외 옮김 I 268쪽 I 값 18,000원

학교의 미래, 전문적 학습공동체로 열다	새로운학교네트워크·오윤주 외 지음	276쪽	값 16,000원
마을교육공동체 생태적 의미와 실천	김용련 지음	256쪽	값 15,000원
학교폭력, 멈춰!	문재현 외 지음	348쪽	값 15,000원
학교를 살리는 회복적 생활교육	김민자·이순영·정선영 지음	256쪽	값 15,000원
삶의 시간을 잇는 문화예술교육	고영직 지음	292쪽	값 16,000원
미래교육을 디자인하는 학교교육과정	박승열 외 지음	348쪽	값 18,000원
코로나 시대, 마을교육공동체운동과 생태적 교육학	심성보 지음	280쪽	값 17,000원
혐오, 교실에 들어오다	이혜정 외 지음	232쪽	값 15,000원
수업, 슬로리딩과 함께	박경숙 외 지음	268쪽	값 15,000원
물질과의 새로운 만남	베로니카 파치니-케처바우 외 지음	이연선 외 옮김	240쪽	값 15,000원
그림책으로 만나는 인권교육	강진미 외 지음	272쪽	값 18,000원
수업 고수들 수업·교육과정·평가를 말하다	박현숙 외 지음	368쪽	값 17,000원
아이들의 배움은 어떻게 깊어지는가	이시이 준지 지음	방지현·이창희 옮김	200쪽 값 11,000원
미래, 공생교육	김환희 지음	244쪽	값 15,000원
들뢰즈와 가타리를 통해 유아교육 읽기	리세롯 마리엣 올슨 지음	이연선 외 옮김	328쪽	값 17,000원
혁신고등학교, 무엇이 다른가?	김현자 외 지음	344쪽	값 18,000원
시민이 만드는 교육 대전환	심성보·김태정 지음	248쪽	값 15,000원
평화교육 과거, 현재 그리고 미래를 그리다	모니샤 바자즈 외 지음	권순정 외 옮김	268쪽	값 18,000원
마을교육공동체란 무엇인가?	서용선 외 지음	360쪽	값 17,000원
강화도의 기억을 걷다	최보길 지음	276쪽	값 14,000원
체육 교사, 수업을 말하다	전용진 지음	304쪽	값 15,000원
평화의 교육과정 섬김의 리더십	이준원·이형빈 지음	292쪽	값 16,000원
마을로 걸어간 교사들, 마을교육과정을 그리다	백윤애 외 지음	336쪽	값 16,000원
혁신교육지구와 마을교육공동체는 어떻게 만들어지는가?	김태정 지음	376쪽	값 18,000원
서울대 10개 만들기	김종영 지음	348쪽	값 18,000원
선생님, 통일이 뭐예요?	정경호 지음	252쪽	값 13,000원
함께 배움 학생 주도 배움 중심 수업 이렇게 한다	니시카와 준 지음	백경석 옮김	280쪽	값 15,000원
다정한 교실에서 20,000시간	강정희 지음	296쪽	값 16,000원
즐거운 세계사 수업	김은석 지음	328쪽	값 13,000원
학교를 개선하는 교장 지속가능한 학교 혁신을 위한 실천 전략	마이클 풀란 지음	서동연·정효준 옮김	216쪽	값 13,000원
선생님, 민주시민교육이 뭐예요?	염경미 지음	244쪽	값 15,000원
교육혁신의 시대 배움의 공간을 상상하다	함영기 외 지음	264쪽	값 17,000원
도덕 수업, 책으로 묻고 윤리로 답하다	울산도덕교사모임 지음	320쪽	값 15,000원

교육과 민주주의	필라르 오카디즈 외 지음	유성상 옮김	420쪽	값 25,000원
남도 임진의병의 기억을 걷다	김남철 지음	288쪽	값 18,000원
프레이리에게 변혁의 길을 묻다	심성보 지음	672쪽	값 33,000원
다시, 혁신학교!	성기신 외 지음	300쪽	값 18,000원
백워드로 설계하고 피드백으로 완성하는 성장중심평가	이형빈·김성수 지음	356쪽	값 19,000원
우리 교육, 거장에게 묻다	표혜빈 외 지음	272쪽	값 17,000원
교사에게 강요된 침묵	설진성 지음	296쪽	값 18,000원
왜 체 게바라인가	송필경 지음	320쪽	값 19,000원
풀무의 삶과 배움	김현자 지음	352쪽	값 20,000원
비고츠키 아동학과 글쓰기 교육	한희정 지음	300쪽	값 18,000원
교실을 위한 프레이리	아이러 쇼어 엮음	사람대사람 옮김	410쪽	값 23,000원
마을, 그 깊은 이야기 샘	문재현 외 지음	404쪽	값 23,000원
비난받는 교사	다이애나 폴레비치 지음	유성상 외 옮김	404쪽	값 23,000원
한국교육운동의 역사와 전망	하성환 지음	308쪽	값 18,000원
철학이 있는 교실살이	이성우 지음	272쪽	값 17,000원
왜 지속가능한 디지털 공동체인가	현광일 지음	280쪽	값 17,000원
선생님, 우리 영화로 세계시민 만나요!	변지윤 외 지음	328쪽	값 19,000원
아이를 함께 키울 온 마을은 어떻게 만들어야 할까?	차상진 지음	288쪽	값 17,000원
선생님, 제주 4·3이 뭐예요?	한강범 지음	308쪽	값 18,000원
마을배움길 학교 이야기	김명신 외 지음	300쪽	값 18,000원
다시, 남도의 기억을 걷다	노성태 지음	332쪽	값 19,000원
세계의 혁신 대학을 찾아서	안문석 지음	284쪽	값 17,000원
소박한 자율의 사상가, 이반 일리치	박홍규 지음	328쪽	값 19,000원
선생님, 평가 어떻게 하세요	성열관 외 지음	220쪽	값 15,000원
남도 한말의병의 기억을 걷다	김남철 지음	316쪽	값 19,000원
생태전환교육, 학교에서 어떻게 할까?	심지영 지음	236쪽	값 15,000원
어떻게 어린이를 사랑해야 하는가	야누쉬 코르착 지음	396쪽	값 23000원
북유럽의 교사와 교직	예스터 에크하트 라르센 외 묶음	유성상·김민조 옮김	432쪽	값 25,000원
산마을 너머 지금 뭐해?	최보길 외 지음	260쪽	값 17,000원
전문적 학습네트워크	크리스 브라운·신디 L. 푸트먼 엮음	성기선·문은경 옮김	424쪽	값 24,000원
선생님이 왜 노조 해요?	윤미숙 외 지음	326쪽	값 18,000원
자율성과 전문성을 지닌 교사되기	린다 달링 해몬드·디온 번즈 지음	전국교원양성대학교총장협의회 옮김	412쪽	값 25,000원
초등 개념 기반 탐구학습의 설계와 실천 이야기	김병일 외 지음	380쪽	값 27,000원
교실을 광장으로 만들기	윤철기 외 지음	220쪽	값 17,000원

선생님, 완벽하지 않아도 괜찮아요 유승재 지음 | 264쪽 | 값 17,000원

지속가능한 리더십 앤디 하그리브스 외 지음 | 정바울 외 옮김 | 352쪽 | 값 21,000원

남도 명량의 기억을 걷다 이돈삼 지음 | 280쪽 | 값 17,000원

교사가 아프다 송원재 지음 | 300쪽 | 값 18,000원

존 듀이의 생명과 경험의 문화적 전환 현광일 지음 | 272쪽 | 17,000원

왜 먹고 쏘고 걸어야 하는가? 김태철 지음 | 300쪽 | 18,000원

미래 교직 디자인 캐럴 G. 베이즐 외 지음 | 성바울 외 옮김 | 192쪽 | 값 17,000원

타일러 교육과정과 수업 설계의 기본 원리 랄프 타일러 지음 | 이형빈 옮김 | 176쪽 | 값 15,000원

시로 읽는 교육의 풍경 이상철 외 지음 | 384쪽 | 값 22,000원

부산 교육의 미래 2026 이성우 지음 | 272쪽 | 값 17,000원

11권의 그림책으로 만나는 평화통일 수업 경기평화교육센터·곽인숙 외 지음 | 304쪽 | 값 19,000원

멍랑 10대 명량 첼린지 강정희 지음 | 320쪽 | 값 18,000원

교장이 바뀌면 학교가 바뀐다 홍제남 지음 | 260쪽 | 값 16,000원

교육정치학의 이론과 실천 김용일 지음 | 308쪽 | 값 18,000원

모두 아픈 학교, 공동체로 회복하기 김성천 외 지음 | 276쪽 | 17000원

참된 삶과 교육에 관한
생각 줍기